Sabine Vetter · Ego

AF190362

Ego

Jugend · Medizinsoldat · Neustart

Jörg Vetter
Chronik der Jahre 1919-1953
Eine Materialsammlung

Sabine Vetter

Bibliografische Information der Deutschen Nationalbibliothek:
Die Deutsche Nationalbibliothek verzeichnet diese Publikation in der Deutschen Nationalbibliografie; detaillierte bibliografische Daten sind im Internet über http://dnb.d-nb.de abrufbar.
Dieser Titel ist auch als E-Book erhältlich.

© 2020 Sabine Vetter, 82380 Peißenberg, http://vetter-publizistik.de
Juni 2022 überarbeitete Fassung
Herstellung und Verlag: BoD – Books on Demand, Norderstedt
ISBN: 9783750460935

Bildnachweis
Wenn nicht anders in der Bildunterschrift angegeben, sind Bilder und Grafiken den Fotoalben von Jörg Vetter, Erna Murtfeldt (Vetter) und dem Archiv von Sabine Vetter entnommen.

Covergestaltung
Dipl. Grafik-Designerin Pia Kleimaier, Garmisch-Partenkirchen, https://piakleimaier.de

Für Barbara und Axel

Inhaltsverzeichnis

Inhaltsverzeichnis

Vorwort

Das vorliegende Buch ist eine Materialsammlung.

Der Text besteht aus zwei Teilen. Der Hauptteil ist eine Rekonstruktion des Lebens von Jörg Vetter in den Jahren 1919 bis 1953, der Zeitraum von Geburt bis zur beruflichen Niederlassung. Details zu seiner Familie und seinen Ahnen bilden im Anschluss den zweiten Teil. Ich habe das umfangreiche Material für dieses Buch komprimiert und chronologisch geordnet, damit zentrale Details nicht verloren gehen und zur Hand sind, wenn jemand danach sucht.

Das Material

An meinem Projekt, eine Chronik zu schreiben, beteiligte sich mein Vater am Anfang dieses Jahrhunderts, schon in hohem Alter, sehr konstruktiv. Wir führten viele Gespräche und Telefonate, schickten Faxe und schrieben E-Mails. Er gab mir seine beiden Tagebücher, die er während seiner Kriegseinsätze in Polen September-Oktober 1939 und Norwegen 1941-42 schrieb, dazu 14 Fotoalben aus den Jahren 1930 bis 1955. Diese Kriegstagebücher und gleichzeitig aufgenommenen Fotos mit Anmerkungen ergänzen sich. Der Nachlass enthält außerdem viele Dokumente, darunter Urkunden, Zeugnisse, Studienbücher, Ausweise, Schriftwechsel mit Behörden und Militaria.

Meine Mutter ist 1986 gestorben, mit ihr hatte ich mich bis dahin kaum über ihre Jugend, ihr Leben im Nationalsozialismus und vor der Familiengründung unterhalten. Von ihr sind aber ebenfalls zahlreiche Dokumente und Fotos vorhanden, so dass zumindest einiges auch zu ihrem Leben hier eingeht.

Ein Fotoalbum von Erna Vetter, der Mutter meines Vaters, enthält Bilder mit Anmerkungen aus ihrer Zeit in St. Petersburg bis zur notwendigen Ausreise der Familie nach Deutschland 1914 sowie zu ihrem anschließenden Leben in Berlin, Köln und Kassel. Ebenso hatten Erna und ihr Mann Hans zahlreiche Dokumente zu ihren Vorfahren in Russland und Thüringen aufbewahrt. Daraus ließ sich ein Stammbaum bis hin zu den Urgroßeltern meines Vaters erstellen. Ernas Informationen und Recherchen der Autorin zu verschiedenen Familienmitgliedern bilden den Anhang.

Der Text

Das Material meines Vaters macht es möglich, sein Leben von seiner Geburt 1919 bis zur Niederlassung mit seiner eigenen Familie in Wolfhagen 1953 beinahe lückenlos zu 'rekonstruieren'.

Im Wesentlichen gehe ich bei der Bearbeitung folgenden Fragen nach:
Wie waren Kindheit und Jugend, Schule und Freizeit?
Wie lebte er in den Jahren 1933 bis 1945?
Wie stand er zum Nationalsozialismus?
Wie erging es ihm nach 1945?

Ich füge Informationen ein zu zeithistorischen Zusammenhängen, Begriffen, Persönlichkeiten und Institutionen. Diese Passagen kennzeichne ich als 'Hintergrund'.

Ego

Das lateinische Wort 'Ego' bedeutet 'Ich'. Dieser Titel für die Chronik ergibt sich aus zwei Gründen. Zum einen schreibt mein Vater selbst 'Ego' unter viele seiner Fotos, auf denen er abgebildet ist. Außerdem passt 'Ego' zu seinem Wesen und zu seiner Lebensweise. Er war selbstbewusst und verfolgte seine Interessen zielstrebig.

Ich bemühte mich, meine persönliche Meinung und Interpretation herauszuhalten. Kommentare und Anmerkungen sind kenntlich gemacht.
Meinen Vater nenne ich 'JV'.

Einleitung

Eltern haben eine Geschichte.

Ab meiner Geburt 1950 kenne ich meine Eltern. Ich weiß, wo und wie sie seitdem lebten. Doch wie erging es Jörg und Gisela vorher?

Unkenntnis über die Geschichte der eigenen Eltern, bevor sie eine Familie gründen, ist sehr verbreitet. Geht man allerdings auf die Suche nach ihrem 'Vorleben', trifft man möglicherweise auf Persönlichkeiten, die einem fremd sind, von denen man während des eigenen Lebens ein ganz anderes Bild gewann. Das 'Vorleben' der Eltern kann verwundern oder gar verwirren. Neue Einblicke können unbequeme Wahrheiten hervorbringen, aber auch ein Gewinn sein, Antworten auf Fragen bieten, die ohne eine gewisse Kenntnis der persönlichen Geschichte und Erfahrungen der Eltern schwer zu finden sind.

Für viele Menschen, die wie ich zur Generation der sogenannten Nachkriegskinder gehören, treffen Fragen nach dem 'Vorleben' der Eltern auch noch auf eine zeitgeschichtliche Besonderheit, den Nationalsozialismus von 1933 bis 1945.

1919 und 1920 in Kassel geboren, sind meine Eltern in der Epoche nach dem ersten Weltkrieg aufgewachsen. Als 1933 der Nationalsozialismus die Macht in Deutschland ergriff, waren sie 14 und 13, zu Beginn des Zweiten Weltkriegs 20 und 19 Jahre alt. Sie kannten sich schon Mitte der dreißiger Jahre, da waren sie etwa 15, und sind beide gemeinsam in die nationalsozialistische Diktatur hineingewachsen.

Die Eltern meines Vaters galten als ‚wohlhabend'. Als Jugendlicher verbrachte er viel Freizeit mit den Pfadfindern und in der Hitlerjugend. Beide Organisationen boten Unternehmungen mit abenteuerlichem und paramilitärischem Charakter, das gefiel ihm. Militärisch ging es nach dem Abitur im Reichsarbeitsdienst und in der Rekrutenzeit weiter. Schon zum Ende der Schulzeit stand sein Berufsziel fest: Er wollte Militärarzt werden.

An der Militärärztlichen Akademie (MA) studierte er von 1939 bis 1944 Medizin in Berlin, Heidelberg und München. Zum System der MA gehörte der regelmäßige Wechsel von Studium und Fronteinsatz mit der Wehrmacht. Die

Studenten der MA nannte man auch 'Medizinsoldaten'. An Besatzungen in Polen, Frankreich und Norwegen beteiligte sich mein Vater leidenschaftlich.

Nach dem Krieg änderten sich die äußeren Umstände auch für ihn grundsätzlich. Deutschland zerstört, stolzes Soldatentum vorbei, Kinder, Wechsel zwischen kurzzeitigen Anstellungen und Arbeitssuche. Seinen Plan, Sanitätsarzt bei den Gebirgsjägern zu werden, konnte er nicht verwirklichen. Stattdessen schloss er seine medizinische Ausbildung im Bereich Frauenheilkunde ab und fand schließlich eine feste Stelle in der nordhessischen Kleinstadt Wolfhagen, wo er sich mit seiner jungen Familie 1953 endgültig niederließ.

Trotz anfänglicher Probleme gewann er bald seinen Optimismus zurück und Vertrauen in eine neue Zukunft.

Hier endet die Chronik.

Resümee

Mein Vater kritisierte oder hinterfragte die nationalsozialistische Politik nicht, weder vor noch nach 1945. Seine Einstellung fasste er später in die Worte: „Es war halt so!" Und: „Man musste ja gehorchen." Oder auch: „Wir waren wieder wer." Er ließ weder ‚schlechtes Gewissen' noch ‚Reue' erkennen.

Dies ist bei Soldaten, die an Kriegsgeschehen aktiv beteiligt sind, ein in der Forschung bekanntes Phänomen. Im Nationalsozialismus blieben sie, auch bei schweren Verletzungen des Rechts, straffrei. Vor Obrigkeiten mussten sie kaum Schuld verantworten, die sie im Namen des Regimes auf sich luden. Auch der Kreis der Kameraden schützte seine Mitglieder, erteilte ihnen Absolution für ihre Taten. So konnte sich ein ‚reines Gewissen' bilden.

Der Schriftsteller und Jurist Ferdinand von Schirach sieht eine starke Verflechtung von Gewissen und Kameradschaft. Er meint, sogar dann, wenn alle Menschen oder Gesetze uns von einer Schuld freisprechen, tut es normalerweise das eigene Gewissen nicht – man kann sich selbst nicht entlasten. Diese universelle Moral hätte das System der Kameradschaft mit seiner eigenen Gruppenmoral außer Kraft gesetzt.

Da für meinen Vater Kameradschaft immer ein wichtiges Thema ist, stößt man in seinem Leben und somit in der Chronik immer wieder darauf.

Doch auch nachdem ich mich mit seinem Leben und Denken befasst habe, kann ich seine Haltung nicht hinreichend erklären. Ich sehe allerdings einige Aspekte, die eine Annäherung möglich machen.

- Er wuchs in der Zeit nach dem Ersten Weltkrieg auf. Die Atmosphäre in Schulen und Familien war davon geprägt, dass viele Deutschland nicht als (den einzigen) Kriegsschuldigen betrachteten. Der 1919 von Deutschlands Kriegsgegnern geschlossene Friedensvertrag von Versailles mit all seinen schwerwiegenden Konsequenzen besonders für die deutsche Wirtschaft erschien zu hart und ungerecht.
- Die nationalsozialistischen Bildungseinrichtungen ab 1933 waren unter anderem von dieser Stimmung geprägt. Sie setzten ihr pädagogisches Ziel strikt um, gehorsame und unkritische Menschen zu formen, die in jeder Phase ihres Heranwachsens und ihrer Ausbildung gelenkt und kontrolliert wurden. Sport bekam Vorrang vor der Förderung intellektueller oder sozialer Kompetenzen. Mein Vater war sportbegeistert.
- Aus allen Institutionen, auch aus den Schulen, wurden die jüdischen Menschen vertrieben. Das 'Verschwinden' seiner jüdischen Schulkameraden und Lehrer nahm er hin.
- Er konnte im Kielwasser des NS-Systems, besonders während seines Studiums, ein 'elitäres Leben' führen, das er genoss.
- Kameradschaft hatte für ihn große Bedeutung. In den abgeschlossenen Männerwelten bei den Pfadfindern, in der Schule, im Studium und beim Militär war Kameradschaft ein prägendes soziales Element für jeden Einzelnen. Kameradschaft schloss die Dazugehörigen fest zu einem 'Wir' zusammen und bestimmte gleichzeitig, wer nicht dazu gehört.
- Er vertraute in Obrigkeit und war ihr gegenüber gehorsam.

Mein Vater gehörte nicht zu denjenigen, die zum Gehorsam gegenüber Vertretern der Nazi-Diktatur gezwungen wurden, zum Widerstand zu schwach waren oder keinen Ausweg sahen. Das nationalsozialistische Denken wurde zu seinem eigenen. Es stärkte seinen Stolz, 'Weißer' und Deutscher zu sein. Er erlebte Abenteuer und Kameradschaft, war treu, gehorsam und zufrieden. Das Glück, wie er es verstand, war auf seiner Seite.

Sabine Vetter
Juni 2022

1. 1919-1938 Von JVs Geburt bis zum Ende seiner Schulzeit

Dieses Kapitel besteht aus zwei Abschnitten. Ausgehend von der Geburt Jörg Vetters, im Weiteren JV genannt, beinhaltet der erste Teil speziell seine Schulzeit, die mit dem Abitur am Kasseler Friedrichsgymnasium endet. Der zweite Teil betrachtet seine Freizeit neben der Schule.

1.1. Geburt, Kindheit, Bürgerschule

JV kommt am 3. Juli 1919 auf die Welt. Am 23. November dieses Jahres wird er auf den Namen Johannes Georg getauft. Rufname ist von Beginn an Jörg. Seine Eltern wollten diesen Namen auch eintragen lassen, was die Behörden aber nicht zuließen.

Paten sind Gerda Pihlblad (sie gehörte schon in St. Petersburg zum Kreis der Familie Murtfeldt, s. das letzte Kapitel zur Familie JVs) und Oberleutnant Barth, den die Eltern Erna und Hans schon im ostpreußischen Militärlager Arys kennen. Er war dort im Reiterregiment von Hans (s.u.).
Patenonkel Barth schreibt ein Gedicht zur Taufe von Hans Georg, Jörg:

> In Wildbad war ich. Die Quellen dort rein,
> sollten mir heilen mein Herz und Bein.
> Ein Brieflein flatterte von Cassel her,
> Onkel Barth komm, heb mich aus der Taufe,
> ich bin recht schwer.
> Da bat ich die freundlichen Quellnixen fein,
> heilt mich doch schneller,
> ich muss nach Cassel zum Vetterlein.
> Das taten sie auch.
> Ich packte meinen Koffer dann schnell
> und meldete mich alsobald zur Stell.
> Die Taufe nun vorüber ist,
> aus Hans Georg ward ein Christ.
> Als Patenonkel wünsch ich heut,

dass er seinen Eltern bereite viel Freud.
Hans Georg, werde ein Junge derb und dick,
verhaue die anderen Jungens mit List und Geschick.
Dein Patenonkel hat es auch so gemacht
und hat sich schließlich
auch ganz gut durch das Leben gebracht.
Kein Musterknabe werd,
die taugen für das Leben schlecht.
Gebrauche deine Ellenbogen,
trete aber immer ein für das Recht.
Die Hauptsach dann, weih Herz und Hand
unserem einen eignen Vaterland.
Viel Glück auf deiner Lebensfahrt
wünscht dir, Hans Georg, von Herzen
Dein Patenonkel Oblt. Barth

Cassel, 23. XI. 1919

Mutter Erna Vetter mit ihren Söhnen Jörg (l.) und Jochen, geboren im November 1920. Sohn Klaus kommt 1928 dazu.

Mutter Erna Vetter notiert im Stammbuch zur Tauffeier: „Jörglein ist ja bekanntlich ein furchtbares Quecksilber, und wand sich auf Gerdas Armen hin und her, so dass sie am Schluss der Feier richtig erschöpft war."

1925 1. Mai: JV und Bruder Jochen gehen zum ersten Mal in den Kindergarten des Fröbelseminars – es ist evangelisch, humanistisch und gilt als fortschrittlich.

1926 Bürgerschule, Herkulesstraße
Klassenlehrer Herr Gischler
In den vier Grundschuljahren: „Zeugnisse gut"
Seit 1893 besteht die Schule als Knabenschule im Kasseler Stadtteil Wehlheiden. Nach dem 2. Weltkrieg werden dort auch Mädchen unterrichtet.

1930 unternimmt die Familie eine Fahrt nach Heiligenhafen. Nach Ostern wechselt JV an das staatliche Friedrichsgymnasium in Kassel.

1.2. Auf dem Friedrichsgymnasium in Kassel

Die Schulzeit von JV ist immer wieder Thema in den späteren Gesprächen mit der Autorin. Dabei erwähnt er Details, die während der Niederschrift des hier vorliegenden Textes weitere Recherchen notwendig machten. Im Kontext zu seiner Zeit am Friedrichsgymnasium (FG), das ist in den Jahren 1930 – 1938, sollen zudem die allgemeinen erzieherischen Ziele im Nationalsozialismus beleuchtet werden. Auf die Frage nach Informationen zum Schulleben am FG während des Nationalsozialismus wurde der Autorin ein Buch zur Verfügung gestellt, das 1996 von Schülern zum Thema NS-Zeit an ihrer Schule geschrieben wurde. JV ist 13 Jahre alt, als 1933 das NS-Regime in Deutschland die Herrschaft übernahm. Da ist er schon drei Jahre auf dem Gymnasium und bekommt die Umstellungen und ihre Folgen in der Schule mit. Die Arbeit der Schüler vom FG zeigt sie im Detail.

Hintergrund
Erziehung und Schule im Nationalsozialismus – Recherche-Projekt am FG 1996
Schülerinnen und Schüler des Kasseler Friedrichsgymnasiums untersuchen in einer Projektgruppe der Geschichtswerkstatt diesen Themenkomplex. Ihre Arbeitsergebnisse fassen sie 1996 in einem 154-seitigen Buch zusammen. Es trägt den Titel: „Vom Pennäler zum Flakhelfer. Schule und Jugend im Nationalsozialismus."(PzF) (Friedrichsgymnasium 1990)

Aus dieser sorgsam erarbeiteten und ergebnisreichen Studie, die sowohl die allgemeine Entwicklung von Schulen in der NS-Zeit als auch die besondere des FG in Kassel behandelt, werden im Folgenden einige Passagen zusammengefasst und zitiert.

In Hinblick auf die ab 1935 als Pflicht eingeführten Arbeits- und Militärdienste im Anschluss an das Abitur, wird die Schulzeit ab November 1936 um ein Jahr verkürzt. Mädchen dürfen seit 1937 nur noch 'Oberschulen' besuchen, die ausschließlich hauswirtschaftliche Fächer anbieten, andere Oberschulen und Gymnasien sind für sie verboten. In der Folge findet daher auch Geschlechtertrennung in den Klassen statt.

Während der acht Jahre von 1930 bis 1938, in der JV das Gymnasium besucht, findet in Deutschland ein totaler politischer Umbruch statt. Der Nationalsozialismus ermächtigt sich, endgültig zu Beginn des Jahres 1933, sämtlicher gesellschaftlicher Strukturen und Inhalte. Die Erziehung der Kinder und Jugendlichen ist dabei ein zentrales Anliegen der Machthaber. Sie wird in der nationalsozialistischen Pädagogik deshalb als besonders wichtig hervorgehoben, weil hier die politischen und gesellschaftlichen Ideale schon im Kern des menschlichen Wesens angelegt werden sollen. Jungen wachsen zu 'tapferen Soldaten' und Mädchen zu 'robusten Müttern' und 'treuen Begleiterinnen' heran. Horte, Schulen und Arbeitsdienst werden zu einem geschlossenen System konstruiert, in dem die einzelnen Abschnitte und Stufen nahtlos ineinander übergehen, wodurch Einfluss von außen verhindert werden soll. Zuhause steht die Haltung der Eltern unter Bewachung, Lehrer erhalten als Mitglieder im 'Nationalsozialistischen Lehrerbund' regelmäßig Anweisungen für ihren Unterricht in den vier Grundschulklassen. Mit zehn Jahren kommen die Kinder dann zum 'Deutschen Jungvolk' beziehungsweise zu den 'Deutschen Jungmädchen', mit 14 Jahren zur 'Hitlerjugend' oder in den 'Bund Deutscher Mädel'.

Adolf Hitler schreibt: „Und dort behalten wir sie wieder 4 Jahre, und dann geben wir sie erst recht nicht zurück in die Hände unserer alten Klassen- und Standeserzeuger, sondern dann nehmen wir sie sofort in die Partei oder in die Arbeitsfront, in die SA oder in die SS, in das NSKK (Nationalsozialistisches Kraftfahrkorps, eine paramilitärische Organisation der NSDAP, SV) und so weiter. Und wenn sie dort zwei Jahre und anderthalb Jahre sind und noch nicht ganze Nationalsozialisten geworden sein sollten, dann kommen sie in den Arbeitsdienst und werden dort sechs und sieben Monate geschliffen, alle mit einem Symbol: dem deutschen Spaten. Und was dann nach sechs oder sieben Monaten noch an Klassenbewußtsein oder Standesdünkel da oder da noch vorhanden sein sollte, das übernimmt dann die Wehrmacht zur weiteren Behandlung auf zwei Jahre, und wenn sie dann nach zwei oder drei oder vier Jahren zurückkehren, dann nehmen wir sie, damit sie auf keinen Fall rückfällig werden, sofort wieder in SA, SS und so weiter, und sie werden nicht mehr frei ihr ganzes Leben, und sie sind glücklich dabei." (Adolf Hitler, Völkischer Beobachter, 3. 12. 1938, Friedrichsgymnasium 1996, S.15)

Schon fünf Jahre vor diesem Artikel Hitlers im 'Völkischen Beobachter', kurz nach seiner Ernennung zum Reichskanzler im Januar 1933, verkündet das 'Zentralblatt für die gesamte Unterrichtsverwaltung in Preußen' das 'Gesetz gegen die Überfüllung deutscher Schulen und Hochschulen'. Dieses Gesetz hat zum Ziel, 'nichtarische', kranke, behinderte sowie weibliche Schüler und Studenten aus höheren Klassen und der Universität auszuschließen. Die Begründung: Es brauche strenge und konsequente Auslese, denn all die nun 'Unerwünschten' seien für höhere Bildung und als zukünftige Elite ungeeignet und unwürdig, es gehe um die „körperliche, charakterliche, geistige und völkische Gesamteignung". (Erlass vom 27.3. 1935, zit. nach Fricke-Finkelnburg 1989, S. 93 f., s. PzF S. 18).

Die nach 1933 einsetzende Schulreform baut fast alle Gymnasien in 'Oberschulen' um, in denen Jungen und Mädchen getrennt unterrichtet werden. In den verbliebenen Gymnasien sind nur noch Jungen, in Kassel ist es lediglich das Friedrichsgymnasium. Die Schüler, die in den 90er-Jahren in der Geschichtswerkstatt nach dem Erziehungsziel der NS-Ideologie fragen, fassen ihre Rechercheergebnisse zur Ausrichtung der damals herrschenden Lernziele zusammen: „Faschistische Pädagogik ist zunächst dadurch gekennzeichnet, daß sie den absoluten Vorrang körperlicher Tüchtigkeit gegenüber den intellektuellen Kräften feststellt. Das Mißtrauen gegen den Geist und seine unberechenbaren Erkenntnisse charakterisiert das faschistische System grundlegend." (PzF, S. 20)

So ist auch nur konsequent, dass der 'Leibeserziehung' gegenüber den meisten anderen Schulfächern der Vorrang gegeben wird; vor allem der Körper wird paramilitärisch geschult und auf die späteren Aufgaben vorbereitet. Nur Fächer wie Deutsch und Griechisch sind mit einer wöchentlichen Stundenzahl ähnlich stark vertreten wie Turnen. Dem gegenüber haben zum Beispiel Chemie und Physik zusammen so viele Wochenstunden wie Kunsterziehung und nur etwas weniger als das Fach Mathematik. Die neuen Unterrichtsinhalte sind darauf ausgerichtet, den 'tätigen deutschen Menschen' zu fördern. Selbstständigkeit im Denken und kritische Haltung werden als hinderlich erachtet, wenn es um 'Aufgehen in der Gemeinschaft', 'Gehorsam im Denken und Handeln' sowie die Unterbindung individueller Leistungen geht. 'Deutsch sein' beinhaltet in der Ideologie des Nationalsozialismus unter anderem Treue, Gehorsam, Nationalstolz und Familiensinn (s. PzF, S. 31). Erziehungsmaßnahmen und Bildungsinhalte für Jungen sind zusätzlich geprägt von einem Bild der 'männlichen Tugendhaftigkeit', das viele und vielschichtige Eigenschaften in sich trägt. Dazu gehören ganz besonders Pflichtgefühl, Selbstdisziplin, kritiklose Unterordnung, Einsatzbereitschaft, Kameradschaft, Aufopferung für die Gemeinschaft, Wehrfähigkeit, soldatischer Geist, völkisches Denken, Opfermut, Kampfbereitschaft, Wille zu körperlicher Härte.

Tadel und Unrecht sollen erhobenen Hauptes ertragen werden.
„Preußischer Drill, seit altersher Quelle von Demütigungen, wurde in der faschistischen Armee als notwendiger Schliff des Mannes gefordert, damit ein befehlsgewohnter Kämpfer übrigbleibe. Das biologisch akzentuierte 'survival of the fittest' verschmolz mit der imperialistischen Komponente der Expansion. In diesem Zusammenhang fallen wohl auch die Kampfspiele, denen sich Schüler unterziehen müssen. Kameradschaft galt als Primärtugend, besonders Kriegskameradschaft und das hochstilisierte Fronterlebnis." (PzF, S. 16) Dabei ist es das Ziel, Energie, Neugier, Abenteuerlust und Tatendrang der Kinder und Jugendlichen gezielt anzusprechen.

Mädchen und Frauen sind im Menschenbild der Nationalsozialisten, im Gegensatz zu all den 'elitefähigen' Eigenschaften der Jungen und Männer, nicht für Politik, Krieg und Beruf geeignet, haben aber die Aufgabe, dabei dem Mann immer eine 'verständnisvolle Gefährtin' zu sein. Um eine Elite nach diesen Kriterien zu erzeugen, findet strenge Auslese an den Oberschulen, Gymnasien und Hochschulen statt. Die durch Nationalsozialisten behauptete Überlegenheit der Deutschen und des Deutschen, ob biologisch, geistig oder politisch, wird im Fach Geschichte zum Hauptthema. Bisherige Literatur und Lehrmaterialien verschwinden, neue werden angeschafft. Mit den Umwälzungen 1933 kommen auch vormilitärische Ausbildungsziele in den Lehrplan.

In den Jahren, die JV am Gymnasium verbringt, wird das FG von Direktor Dr. Fritz Luckhard geleitet. Als Hitler an die Macht kommt, erhält die von Luckhard schon lang vertretene Ansicht wieder Auftrieb, die Deutschen müssten streng auf 'Rassereinheit' achten, um nicht unterzugehen. In der späteren Studie der Kasseler Schüler liest man: „... Luckhards unablässiger Einhämmerung seiner Vermischungs-Doktrin, die derart penetrant und verschroben war, daß sie auch von den überzeugtesten 'Nazis' mit bissigen Kommentaren der Lächerlichkeit preisgegeben wurde." (PzF S. 54) Offenbar ist er so extrem in seiner Einstellung, dass das FG immer weniger Einschulungen von Gymnasiasten zählt, Luckhard sich in seinem Amt nicht mehr halten kann und 1941 vorzeitig pensioniert wird.

Natürlich ist auch der 'Friedensvertrag von Versailles', der das Ende des 1. Weltkriegs besiegelt, ein Thema im damaligen Lehrplan der Schule. Die Analyse der Autoren der Broschüre 'Vom Pennäler zum Flakhelfer' ergibt, dass die Grundeinstellung der damaligen Lehrer am FG national-konservativ ist. Die meisten hatten schon am 1. Weltkrieg teilgenommen und beurteilen die Ergebnisse des Versailler Vertrags als ungerecht und unverdient.

Hintergrund
Der Friedensvertrag von Versailles
Im Mai 1919 wird der 'Friedensvertrag von Versailles' von den im 1. Weltkrieg Verbündeten Gegnern Deutschlands geschlossen. Sein Kern beinhaltet umfangreiche Gebietsabtretungen, Abrüstungen und Reparationszahlungen, die vielen Deutschen als zu hart erscheinen. Deutschland ist gezwungen, den Vertrag zu unterzeichnen, weigert sich aber aus verschiedenen Gründen, ihn anzuerkennen und zu erfüllen. Dieses Ende des 1. Weltkriegs scheint somit vielen die Legitimation für Rache und Widerstand gegen die vermeintliche Ungerechtigkeit und Ausbeutung zu geben. Ihre Überzeugung: Deutschland solle damit die 'verdiente Vormachtrolle' streitig gemacht werden.

Vertreibung von Schülern und Lehrern jüdischen Glaubens aus dem Friedrichsgymnasium

Während seiner Zeit am FG erlebt JV grundlegende Umwälzungen. Ab 1933 sind es bis zum Abitur fünf Jahre, in denen er mitbekommt, wie seine jüdischen Lehrer und Mitschüler diskriminiert, verfolgt und vom Unterricht ausgeschlossen werden. Bis 1938 verschärft man die Gesetze Stück für Stück, dann greift das Verbot vollständig, sodass es keinen Schüler mehr am FG gibt, der als 'nichtarisch', 'Mischling' oder 'Ausländer' gilt. Die Gesetze für die 'rechtliche Handhabe' werden ab April 1933 nach und nach erlassen. Das sind zuerst die Gesetze zur „Wiederherstellung des Berufsbeamtentums" und, wie schon erwähnt, gegen „Überfüllung deutscher Schulen und Hochschulen". Sie stellen die Bestimmungen auf, wer als 'nichtarisch' gilt, bewirken die Entlassung jüdischer Beamter und geben vor, wer die Schulen verlassen muss oder gar nicht aufgenommen wird. Zuerst legt man eine „Quote von 1,5 v.H. 'nichtarische Schüler' fest" (PzF S. 105). 1935 verschärft der „Erlass über die Schülerauslese an höheren Schulen" die Lage für jüdische und ausländische Kinder. Parallel dazu schließen sogenannte 'Arierparagraphen' die Beteiligung jüdischer und anderer darin spezifisch benannter Mitbürger, wie etwa vermeintlich Kranke oder 'Ausländer', auch vom sonstigen öffentlichen Leben aus, beispielsweise von der Mitgliedschaft in Vereinen, Parteien, Organisationen. Wie viele Schüler und welche genau am FG von diesen Gesetzen betroffen sind, ist offenbar nicht mehr zu recherchieren. Auf Nachfragen am FG erhält die Autorin die Antwort: Beim Luftangriff auf Kassel am 22. Oktober 1943 wird die Schule in der Wolfsschlucht zerstört, es findet nur vereinzelt Unterricht statt. 1955 nimmt das FG den vollen Betrieb in der Humboldtstraße wieder auf. Der Zerstörung wäre auch das Archiv zum Opfer gefallen, heißt es. Es sei nur eigenartig, sagt ein Lehrer des FG der Autorin, dass die Unterlagen aus der Zeit vor 1933 durchaus vorhanden seien, und er kommentiert auch gleich: „...ein Schelm, wer Böses dabei denkt."

JVs Schulleistungen

Bis JV im Februar 1938 Abitur macht, gilt das fünfstufige Notensystem. Die allgemeinen Beurteilungen der Leistungen lauten sehr gut, gut, genügend (3 und 4 zusammengefasst), mangelhaft, ungenügend. Note 'sehr gut' erhält JV meistens im Turnen, im Reifezeugnis dann 'Leibesübungen' genannt. Musik,

Zeichen- und Kunstunterricht schließt er generell mit 'gut' ab. Für alle anderen Fächer bekommt er 'genügend' oder 'mangelhaft', auch mal 'nicht genügend'. Die zusätzlichen Kommentare lauten oft, wie zum Beispiel im Halbjahreszeugnis Oktober 1937: „Er hat sich längst nicht seinen Fähigkeiten entsprechend bei der Arbeit eingesetzt (er fehlt oft); daher befriedigt auch das Gesamtergebnis nicht überall." Die Lehrer fordern regelmäßig „regere Beteiligung". Im März 1936 bekommt er aber ein Lob, hier lautet die Beurteilung: „Sein Arbeitseinsatz leidet noch unter einer zu starken Zurückhaltung; als Sprecher der Klasse hat er sich bewährt." Im Versetzungszeugnis vom April 1935 beinhaltet die Stellungnahme: „Tadelnswert. V. versäumte unberechtigterweise 5 Monate am Staatsjugendtag den Unterricht, obwohl er aus dem 'Jungvolk' entlassen und wissentlich zum Schulbesuch verpflichtet war." Zu diesem Zeitpunkt ist JV 15 Jahre alt. Für ihn sind die Freizeiten bei der HJ „zu langweilig", wie er der Autorin gegenüber später betont. Er sei das „abenteuerlichere Leben" (O-Ton) bei den Pfadfindern gewöhnt, die sind allerdings seit 1933 verboten (s.u. 'Hintergrund'). Er schwänzt also an diesen Samstagen, die zu Staatsjugendtagen erklärt wurden, gleich beides, HJ-Treffen und Schule, die er hätte stattdessen besuchen müssen.

Hintergrund
Staatsjugendtag

1933 führt Reichsjugendführer Baldur von Schirach die neue Struktur ein, die für Jungen ab 14 Jahren allgemein den Übertritt vom Jungvolk zur Hitlerjugend festlegt. Seit Juni 1934 ist Samstag der 'Staatsjugendtag', an dem alle über 14 Jahre alten Schüler an Veranstaltungen der HJ teilnehmen können und dafür vom Unterricht freigestellt sind. Wer stattdessen zum Unterricht geht, erhält 'nationalpolitischen Unterricht'. Die Idee dahinter ist das kontrollierende System: Fünf Tage Schule, samstags ist der Schüler in staatlicher Obhut, der Sonntag gehört der Familie. Allerdings ist ab Dezember 1936 jeder Jugendliche zur Mitgliedschaft in der HJ verpflichtet. Der 'Staatsjugendtag' wird gleichzeitig als inhaltlich 'zu niveaulos' abgeschafft, der Samstag wieder zum regelmäßigen Schultag. Treffen der HJ finden daraufhin an einzelnen Nachmittagen und Abenden innerhalb der Woche statt.

Reifeprüfung Februar 1938

In JVs 'Zeugnis der Reife' vom 18. Februar 1938 kommen die Lehrer zu dem Fazit: „Allgemeine Beurteilung des körperlichen, charakterlichen und geistigen Strebens und Gesamterfolges: In den Leibesübungen, für die er sehr gut beanlagt ist, leistete er Vorzügliches. Sein geistiges Streben war ausreichend.

Der Gesamterfolg befriedigt." In diesem Zeugnis steht ebenfalls: „Vetter will Militärarzt werden."

1.3. Freizeit: Pfadfinder – HJ – Freiwilliger Arbeitsdienst – Napola

Parallel zur Schule ist JV sehr aktiv in seiner Freizeit und in den Ferien. Der folgende Abschnitt blickt auf die außerschulischen Beschäftigungen und Ereignisse in den Jahren 1933 bis 1938. Dabei wird deutlich, dass auch seine Freizeit von nationalsozialistischen Erziehungsplänen bestimmt wird, die ihre Doktrin bewusst mit jugendlichen Interessen verknüpfen.

Pfadfinder

Hier wird anhand seiner eigenen Dokumente aufgelistet, wie JV neben der Schule seine Freizeit gestaltet. Seine Fotoalben zu dieser Zeit, mit Bildunterschriften oder Anmerkungen auf der Rückseite der Fotos, geben Einblicke und bilden die Vorlage. Es ist leicht zu erkennen: Seine liebsten Beschäftigungen in der Freizeit sind Ausflüge mit Fahrrad und per Bahn zusammen mit Freunden, Zeltlager mit den Pfadfindern und der Hitlerjugend.

Hintergrund
Pfadfinder – Weimarer Republik bis 1933
Bis 1933 entsteht eine Vielzahl unterschiedlicher Pfadfinderbünde, die in ihrer inhaltlichen Ausrichtung vom paramilitärischen Pfadfindertum der Vorkriegszeit bis hin zu sehr stark von der Wandervogel-Romantik geprägten Bünden reichen und die nahezu inhaltlich das gesamte politische Spektrum der Jugendbewegungen der Weimarer Republik abdecken. Mit der Industrialisierung gegen Mitte des 19. Jahrhunderts wurde die Natur zunehmend idealisiert, man wollte raus aus der Stadt.

Pfadfinder/Deutscher Pfadfinder Bund ab 1933
Am 30. Januar 1933 wird Hitler zum Reichskanzler ausgerufen. Ein Ziel der nationalsozialistischen Bewegung ist es, die freien Bünde, unter anderem die Pfadfinder, zu verbieten, ihre Mitglieder in die HJ zu überführen. Am 17. Juni 1933, dem Tag der Ernennung Baldur von Schirachs zum Reichsjugendführer, verbietet dieser den 'Großdeutschen Bund der Pfadfinder'(Deutscher Pfadfinderbund – D.P.B.) sowie alle anderen Bünde. Die Gruppenräume im gesamten Reich werden durchsucht und verwüstet, alles Brauchbare, etwa Fahrtenmaterial oder Gitarren, wird beschlagnahmt. Nach und nach werden die Pfadfindergruppen geschlossen, die Mitglieder kommen zur HJ. 1938 ist das Verbot vollzogen.

Auch wenn verschiedene Vertreter der Bünde mit dieser Verschmelzung nicht unbedingt einverstanden sind, geht dies ziemlich reibungslos, denn es gibt keine wesentlichen Unterschiede zu überbrücken – und viele Jugendverbände sympathisieren sowieso mit der Hitler-Bewegung. Das politische Denken der evangelischen Jugend ist bestimmt durch die Abkehr von den bisherigen politischen Tendenzen in der Weimarer Republik: Demokratie, aufklärerisch orientierte Bildung, Gleichberechtigung und Wohlergehen für möglichst viele Bürger verlieren an Bedeutung. In ihren Grundmotiven, Idealen und Strukturen sind Pfadfinder und Hitlerjugend verwandt:

- Sie pflegen aktiven Nationalismus und organisieren sich nach dem Führerprinzip. Das Führerprinzip beinhaltet eine einfache Gruppenstruktur, in der nur einer – von oben bestimmt oder selbst ernannt – das Sagen hat, und in der unbedingter Gehorsam gefordert wird, sehr ähnlich einer militärischen Organisationsform.

- Förderung der männlichen, körperlichen Kraft durch viel Sport

- Übung in Kameradschaft in inszenierten Abenteuern und Gefahren

- Aktive Unterordnung des Einzelnen unter die Idee des Ganzen, die weder verhandelbar ist noch reflektiert werden soll

- Die Ideale der Jugendbewegung sollen nicht Emanzipation, sondern Ein- und Unterordnung fördern.

Jugendbünde wie die Hitlerjugend sind reine Männergesellschaften ähnlich dem Militär, für die Mädchen und Frauen eine nebengeordnete Rolle spielen. Man übt sich in Eigenschaften wie Mut, Durchhaltevermögen, Tapferkeit, Fähigkeit zur Einordnung. Bis zur Pubertät scheinen Mädchen aus der Welt der Jungen ganz ausgeschlossen zu sein. Dann werden sie zu Begleiterinnen in der Freizeitgestaltung. Besonders empfänglich für die Ideen des Nationalsozialismus ist die evangelische Jugendbewegung, die sich ohne Skrupel und ohne Gegenwehr 'gleichschalten' lässt.

Die evangelisch-preußische Jugend versichert Hitler ganz allgemein ihre Gefolgschaft. Die NS-Bewegung stellt sich attraktiv und jung dar, sie will alles 'Alte' bekämpfen: die Eltern, die Parteien, die Republik, den Klassenkampf, den Kapitalismus. Es geht nicht um eine Partei, sondern 'die Bewegung'. Viele Jugendliche wähnen sich inmitten der von ihnen ersehnten Volksbewegung und nehmen enthusiastisch teil.

JVs Unternehmungen im Detail

Die anschließende Liste der Fahrten und Ferienlager folgt dem chronologischen Bericht JVs in seinen Fotoalben und fasst sie, wo dies möglich ist, zusammen. Diese Details können zeigen, wie organisiert und freizeitfüllend die Unternehmungen der Jugend in dieser Zeit sind und welchen Charakter sie haben.

1930 *Juni* – Mit Pfadfindern unterwegs an der Aar.

Sommerferien 1932: JV bricht in Kassel auf zum Munsterlager.

1931

Mehrere Fahrten mit den Pfadfindern, D.P.B. (Deutscher Pfadfinder Bund), Gruppe „Horst Kassel", meistens per Fahrrad, manchmal Zugfahrt kombiniert mit Fahrrad. Im Einzelnen:

April – 'Erpeler Ley', Vulkanruine am Rhein - die Pfadfindergruppe errichtet hier eine Zeltstadt an der Aar.

Pfingsten – Fahrt mit den Pfadfindern: Koblenz, Aar, Laaspher See, Zeltlager 'Am blauen See'.

Winter – Lager bei Wellerode am Meißner, JVs Gruppe heißt 'die Bärensippe'.

1932

Pfingsten – Lager bei Goslar, mit Fahrrad.

Juli – Sommerfahrt ins Munsterlager, Truppenübungsplatz in der Lüneburger Heide. Im Munsterlager leben sie in paramilitärischen Strukturen und verbringen die Zeit auch mit militärischen Übungen, wie die Bilder zeigen.

1933

Sommer – Fahrt mit den Pfadfindern zur Burg Hohenneuffen, Baden in der Rems, Besuch Heidelberg

Oktober – Fahrt nach Ulm und Lindau mit den Eltern. Freiwilliger Arbeitsdienst (FAD) in Niedenstein, Schwalm- Eder-Kreis. Vorgesetzter ist Feldmeister Egon von Dehn-Rotfelser, er trägt NS-Uniform mit Hakenkreuz am Arm. Unterkunft bekommen sie im D.P.B.-Heim.

Hintergrund
Freiwilliger Arbeitsdienst
1931 wird der 'Freiwillige Arbeitsdienst' (FAD) eingeführt. Die gesetzlichen Grundlagen dazu liefert die 'Notverordnung' vom 5. Juni 1931 mit § 139a im 'Gesetz für Arbeitsvermittlung und Arbeitslosenversicherung'. Nach Artikel 1 der Ausführungsverordnung vom 3. August 1931 dient der FAD nur gemeinnützigen zusätzlichen Arbeiten. Über groß angelegte Programme werden damit arbeitslose Jugendliche, Schüler und Erwachsene beschäftigt. Der Freiwillige Arbeitsdienst soll nationalromantische, emanzipatorische ('Selbständigkeit durch Arbeit') und klassenübergreifende Einstellungen fördern. Das Ziel der Bünde der Jugendbewegung ist es, den Prozess der 'Volkwerdung' vorzubereiten, die Erziehung des jungen Menschen zu seiner politischen Aufgabe, indem man Volksgemeinschaft vorlebt und den Einzelnen dahin führt, mit seinem Tun bewusst Dienst daran zu leisten. Der ursprüngliche Gemeinnutzen der Einsätze weicht seit der Machtergreifung der Nationalsozialisten im März 1933 einem überwiegend militärisch definierten Nutzen. 1935 resultiert aus dem Freiwilligen Arbeitsdienst der Reichsarbeitsdienst (RAD).

JV hat kein Interesse am Wechsel von den Pfadfindern zur Hitlerjugend. Seine Einstellung, was er von der HJ hielt, macht er mit den Worten deutlich: "Die HJ ist zu langweilig." Dort gäbe es längst nicht so harte Prüfungen und Übungen wie bei den Pfadfindern. Auch sei dort seine „Elite-Zugehörigkeit", wie er es nennt, schwerer zu leben, da bei der HJ keine gesellschaftlichen Unterschiede gemacht würden. Er meidet also die HJ in der alltäglichen Kasseler Freizeit so gut es ihm gelingt, ist jedoch bei manchen Freizeit-Fahrten dabei, wie den Fotoalben zu entnehmen ist.

1934

April-Mai – JV erkrankt an einer schweren Drüseninfektion mit Nierenentzündung. Seine Mutter ist in Kassel inzwischen sportlich sehr aktiv. Im Nachlass von JV findet sich ein Foto aus der Kasseler Zeitung von ihr beim Tennisspielen. Die Bildunterschrift lautet: „Erna Vetter war eine der ersten Kasseler Tennisspielerinnen. Diese Aufnahme stammt aus dem Jahr 1934. Man sieht: Auch ein langes Tenniskleid konnte elegant wirken." JV beginnt ebenfalls Tennis zu spielen.

Sommer – Mit Walter Lindemann nach Hannover und zum Steinhuder Meer.

Herbst – Fahrt den Rhein entlang per Fahrrad mit den Freunden Wolfgang Askeroth, Otto Zypries und Willi Zänker.

1935

24. März – JVs Konfirmation in der Friedenskirche Cassel.

Ostern – Mit einer Gruppe nach Hamburg und durch die Heide per Fahrrad.

Pfingsten – In Thüringen mit der HJ per Fahrrad unterwegs und Besuch seiner Großeltern väterlicherseits in Haina-Römhild.

Sommer – JV spielt Tennis „mit Dr. Hillmer und Frau Barchfeld", schreibt er zu einigen Fotos.

Freizeit-Unternehmungen mit der HJ.

Radtour mit einem Freund durch Südbayern. Außer auf die Zugspitze, geht es auch auf andere Alpengipfel. Sie besichtigen München, radeln nach Berchtesgaden zum sogenannten 'Berghof', Landhaus Hitlers am Obersalzberg, das neben der Berliner 'Reichskanzlei' zu dessen zweitem Regierungssitz wurde. JV besucht und fotografiert 1935 die Residenz Hitlers, „Haus des Führers", wie er dazu schreibt. (Alliierte Bombenangriffe beschädigten das Gebäude am Ende des Krieges, der Freistaat Bayern sprengte es 1952. In der Nähe gibt es inzwischen ein 'Dokumentationszentrum Obersalzberg'.)

JV fotografiert auch die Feldherrnhalle im Zentrum Münchens. 1844 als Denkmal für die Bayerische Armee gebaut, ist sie Schauplatz des Hitler-Ludendorff-Putschs 1923 und nach der Machtergreifung 1933 ein wichtiger Ort für die NS-Propaganda. Auch in der Nachkriegszeit ist die Feldherrnhalle immer wieder ein Anziehungspunkt für JV, wenn er in München ist.

Herbst – Mit der HJ per Fahrrad zum Nord-Lager in Walsrode/Heide, es ist eines der Napo-Lager. (s. u. Hintergrund: Nationalpolitische Erziehungsanstalten)

Sommer 1935: JV beim Aufstieg zur Zugspitze.

Herbst 1935: Mit der HJ im Napo-Lager Walsrode.

Olympische Spiele 1936: JV schreibt auf der Rückseite dieses Fotos: "Hermann Göring (weißer Mantel) betritt das Reichssportfeld."

US-Springer Earle Meadows bei seinem Sprung von 4,35 Meter.

1936

Ostern – Nach Berlin per Fahrrad mit Hugo Stahlberg.

Pfingsten – Fahrt in die Eifel, Treffen mit Max und Cousine Ulla Hebbinghaus.

Sommer – JV ist in Hamburg und Plön mit Hans und Wolfgang Askeroth.

Olympische Sommerspiele in Berlin – JV macht Fotos beispielsweise von Hermann Göring, seit 1933 verantwortlich für die Errichtung der ersten Konzentrationslager, ab 1935 Oberbefehlshaber der Deutschen Luftwaffe.

Einige Bilder macht JV auch von verschiedenen Sportlern im Wettkampf, man sieht Earle Meadows bei seinem Stabhochsprung, mit dem er die Goldmedaille gewinnt.

Hamburg, Steinhuder Meer – Besuch bei Helga Engler in Nortorf, JV hat sie im Vorjahr auf einer Fahrt kennengelernt. Er sah bei dieser Gelegenheit die 'Grille', „Führers Schiff" (Untertitel JV) im Kieler Hafen und knipste es.

Es geht zu verschiedenen Napo-Lagern in Bayern: am Walchensee, in Dinkelsbühl, bei Augsburg.

Fahrt nach Hamburg und weiter nach Helgoland mit Freunden auf einem Segelboot, einige werden seekrank bei der Überfahrt und müssen „keuchen", wie sie es nennen. Sie fotografieren sich auch dabei.

Hintergrund
Napola/Napo-Lager – Nationalpolitische Erziehungsanstalten
Die ersten ab 20. April 1933 zu Napolas bestimmten sogenannten staatlichen Bildungseinrichtungen sind ehemals preußische Kadettenanstalten. Ihr Lernziel soll unter anderem 'Erziehung zur Tat' sein. Dazu gehören Geländeübungen, Erntedienst, Lagerleben, vormilitärische Ausbildung zur „soldatischen Straffheit", wie es heißt. Außerdem marschieren sie in Reih und Glied unter Gesang, betreiben Leibesübungen und führen Wettkämpfe durch.

1937

Hauptgebäude der „Reichsausstellung Schaffendes Volk", Düsseldorf, Juni 1937.

Ostern – Tramp-Fahrt am Rhein entlang und nach Tübingen, die JV offenbar allein unternimmt.

Pfingsten – Tramp-Fahrt nach Düsseldorf, dort Besuch der 'Reichsausstellung Schaffendes Volk'. (Es ist die wichtigste Propagandaschau Deutschlands während des Nationalsozialismus.) Danach fährt JV weiter nach Köln und Bingen.

In diesem Jahr gibt es einige weitere Reisen. Er verbringt den Urlaub mit Gisela in Friedrichroda, Thüringen. Sie kennen sich schon eine Weile. Gisela ist zwar auf einer anderen Schule in Kassel, auf der Waldorfschule, gehört aber zur Clique von JV, unter anderem mit ihrer Freundin Gillein, Gisela Ludwig. Man trifft sich oft am Bootshaus an der Fulda. Gisela ist sportlich, eine große Schwimmerin, die auch einmal die Hessische Meisterschaft gewinnt. 1937 ist es zwischen JV und ihr die große Liebe. Er nennt sie 'Jou-Jou', sie nennt ihn 'Dot'. Sie planen gemeinsam ihre Zukunft. In Friedrichroda besuchen sie auch

Giselas Großeltern. Die Familie Möhring ist öfter dort, wohnt immer in der gleichen Pension bei Eulers, mit denen sie befreundet ist.

Der Besuch gilt auch Giselas Schwester Hildegard, die in dieser Pension im Juli 1937 ihre Tochter Marianne zur Welt bringt. Sie ist (noch) nicht verheiratet mit ihrem Freund Oskar, dem Vater des Kindes. Oskars Eltern verbieten ihm, ein schwangeres Mädchen zu heiraten. Auch Hildegards Eltern empfinden die ledige Schwangerschaft ihrer Tochter als unmoralisch und peinlich. Also soll das Kind in Friedrichroda geboren werden und

Hildegard bringt Tochter Marianne 1937 in Friedrichroda zur Welt.

nicht im gewohnten Kasseler Umfeld.

Eine Trampfahrt mit Walter Lindemann unternimmt JV nach Bayern. Sie gehen zum Bergsteigen und besuchen in München das 'Fest der Deutschen Kunst' am Karlsplatz.

Schulfahrt nach Kiel und Bremen, bei Rinteln leisten sie zwei Tage Erntearbeit.

Wanderruderfahrt mit zwei Vierer-Ruderbooten des Rudervereins vom Friedrichsgymnasium, mit „Onkel Ernst" (Keuter) und Reinhard, die Weser runter von Kassel nach Bremen.

JV (r.) und Ernst Keuter rasieren sich gegenseitig.

13. Dezember 1937 – In seinem letzten Schuljahr wird JV bei der Musterung durch das Wehrdienstkommando als Freiwilliger zum 1. Oktober 1938 dem Infanterie-Regiment 116 zugeordnet.

2. 1938-1939 Reichsarbeitsdienst – Studium – Wehrmacht

In der nun folgenden Zeit, nach dem Abitur im Februar 1938, startet JV gleichzeitig ins Studium und in sein militärisches Leben. Bislang schon haben die Freizeitgestaltungen neben der Schule paramilitärischen Charakter. Bevor jedoch berufliche Ausbildung und militärische Tätigkeit ganz untrennbar miteinander verbunden sind, gilt es, den Reichsarbeitsdienst und die Rekrutenzeit zu absolvieren. Zeitlich schließt sich daran das Studium direkt an. Dann bestimmen Studium und Wehrmacht gemeinsam die weiteren Jahre.

2.1. Reichsarbeitsdienst und Rekrutenzeit

Im Februar 1938 macht JV das Abitur. Anschließend an die Schulzeit sieht das nationalsozialistische Erziehungssystem auch für Abiturienten, bevor sie ins Studium gehen, den gesetzlichen Reichsarbeitsdienst (RAD) vor. Für JV dauert er von April bis Ende Oktober. Die Rekrutenzeit geht danach vom 17. November 1938 bis 25. März 1939.

2.1.1. JV im Reichsarbeitsdienst

Hintergrund
Reichsarbeitsdienst
Das in Bulgarien schon praktizierte System, junge Menschen zu einem nationalen Arbeitsdienst zu verpflichten, will man auch in die nationalsozialistische Pädagogik übernehmen. Es soll 'staatsbürgerliche Erziehung' und 'körperliche Ertüchtigung' fördern und dem Abbau der durch die Weltwährungskrise 1929 entstandenen Arbeitslosigkeit dienen.

Zum sechsmonatigen Reichsarbeitsdienst (RAD) sind ab Juni 1935 alle jungen Männer und ab Kriegsbeginn auch die Mädchen verpflichtet, ab etwa 14 Jahre, wenn sie der HJ entwachsen sind oder die Schule verlassen. Der Bund Deutscher Mädel (BDM) ist der weibliche Zweig der HJ.

Der RAD ist Teil des nationalsozialistischen Wirtschafts- und Erziehungssystems, um regelmäßige harte Arbeit zu trainieren und mit vormilitärischen Übungen vertraut zu machen. Vor Kriegsbeginn geht es meist um den Bau von Deichen, Entwässerungsanlagen und landwirtschaftliche Kultivierungen. Ab 1939 werden die Inhalte des RAD immer mehr dem Bedarf der kämpfenden Truppen angepasst. Die jungen Frauen im RAD arbeiten ebenfalls in der Landwirtschaft, dann auch in der Rüstungsproduktion oder als sogenannte 'Wehrdiensthelferinnen'. Der RAD ist Voraussetzung unter anderem für die Zulassung zum Hochschulstudium.

Das Motto des RAD lautet „Mit Spaten und Ähre". Der Spaten ist nicht nur wesentliches Arbeitswerkzeug, sondern zudem ein Symbol für den aktiven Einsatz als Arbeiter und eine Art 'Ersatzgewehr'. So wird er auch beim Marschieren getragen.

Das Symbol inspiriert JV. Er zeichnet es in sein Fotoalbum mit dem Titel „Meine Dienstzeit" und fügt noch ein Hakenkreuz ein.

Spaten und Ähre, Symbole für den RAD ...   ... zeichnet JV in den Arbeitsbericht.

Die Arbeit ist sicherlich sehr schwer, aber die jungen Männer verrichten sie mit Spaß, wenn man den Fotos Glauben schenken kann. Bei der Arbeit tragen sie helle Leinenhosen und -jacken, in der Freizeit und bei öffentlichen Ereignissen Uniform mit Spaten-Abzeichen und Abteilungsnummer am linken Ärmel, darunter das Hakenkreuz.

Auch während des RAD im Jahr 1938 sind für JV und die anderen 'Arbeitsmänner' einzelne Urlaube möglich. Oft verbringen sie dann die Zeit mit Teilnahme an verschiedenen militärischen und politischen Ereignissen.

Ende April

Beispiel für ihre Unternehmungen an freien Tagen ist ein Wochenend-Urlaub Ende April: Zugfahrt über Fulda, dort Besuch des NSDAP-Kreisparteitags. Weiter nach Kassel, Weihe der RAD-Abteilungsfahnen in Kassel-Harleshausen.

Drainagen-Bau bei Steinbach. 'Am' steht für 'Arbeitsmann'.

JV und sein Freund Wicki sind „auf Schließerposten", wie er dazu schreibt.

Während der RAD-Infanterieausbildung Übung mit 'leichtem Maschinengewehr'.

JV trägt in seiner Freizeit die RAD-Uniform.

Juni

Nach drei Wochen Pfingsturlaub ist JV wieder in der Rhön. Es gibt „Ordnungs-Übungen", Zug-Exerzieren bei Feldmeister Koch. Dabei werden die Spaten wie Gewehre über die linke Schulter gelegt und sie üben Gleichschritt in geordneten Reihen. Ein weiteres Training ist „Truppenexerzieren", das wird geleitet von Truppführer Mehring. In die Feierabende geht es mit Spatenputzen, Generalappell und Kleiderkontrolle im Freien.

Sommer

JV schreibt zu seiner Freizeit beim RAD: „Jeden Tag im Bad." Auf den Fotos sieht man die 'Arbeitsmänner' in den Mittagspausen entspannt in ihren Hängematten dösen und beim Lesen.

September

Während der akuten Phase der sogenannten 'Tschechenkrise' erhalten sie „Infanterieausbildung am Gewehr 98" und „am l.M.G.", wie er kommentiert. (Dies sind das Gewehr 'Mauser System 98' und ein 'leichtes MaschinenGewehr', Anm. SV.)

Hintergrund

Tschechenkrise

Mit dem Münchner Abkommen vom 30. September 1938 muss die Tschechoslowakei ihr gesamtes Grenzgebiet zum Deutschen Reich mit mehrheitlich deutscher Bevölkerung (Sudetenland) an dieses abtreten. Ungarn und Polen wird erlaubt, ähnliche Forderungen ethnisch ungarische und polnische Gebiete betreffend an die Tschechoslowakei zu stellen, was sie später auch tun. Nach der Ausführung des Abkommens hinterlässt man mit nicht mehr als vierzig Prozent der tschechischen Industrie einen fast wehrunfähigen und nur noch mühsam wirtschaftlich selbstständigen Reststaat. In den besetzten Gebieten finden zunächst Vertreibungen und Morde an Tschechen sowie Verschleppungen von tschechischen Juden, Sinti und Roma und Massenmorde an ihnen durch Angehörige der Wehrmacht statt. Die darauf folgenden Vergeltungsschläge, zum Beispiel Sabotageakte tschechischer Widerstandskämpfer, führen erneut zu grausamen Aktionen durch Wehrmacht und SS.

25. Oktober

Die Zeit beim RAD geht zu Ende. Bilder zeigen Abschlussansprachen und letzte Appelle. Die Abteilung schmückt sich zum letzten Marsch von der Arbeit ins Lager.

JV zieht Bilanz nach seiner Zeit im Reichsarbeitsdienst und schreibt zum Schluss: „Aber — schön war's doch!"

Kommentar

Es fällt hier auf, wie in jedem anderen der vielen sorgsam und liebevoll ange-

legten Fotoalben, dass es keine Bilder gibt, auch keine Kommentare, die Leid, Überdruss oder Mühsal von JV und seinen Freunden erkennbar machen. Wie widrig auch Wetter, Arbeitsalltag oder gesundheitlicher Zustand sein mögen, darüber erfährt der Betrachter nichts. Heimweh, Sehnsucht nach Freundin oder Familie, magere Verpflegung oder unbequeme Unterbringung – dies alles wird nicht thematisiert, denn das Leben unter 'Kameraden', mit denen man diese 'Abenteuer' durchsteht, Herausforderungen, in denen man sich beweisen kann, sind offenbar genau das, was viele junge Männer suchen. Die Männergesellschaft ist für viele ein Ideal, sie sehen darin die Gelegenheit, 'Kameradschaft' zu erleben, sich in Tugenden wie Mut und Härte zu üben sowie in der Fähigkeit, an physische und psychische Grenzen zu gehen. Die Zeit im RAD wird eher, so hört man zumindest aus späteren Gesprächen mit JV sowie aus Beiträgen von anderen Zeitzeugen heraus, als Fortsetzung der Pfadfinderzeit empfunden und noch nicht als Einsatz als Soldat, dem man aber auch nicht ablehnend gegenübersteht. Und zum wirklichen Soldatentum ist schließlich kein weiter Weg mehr. Die militärische Komponente ist im RAD in der Struktur und im Miteinander schon sehr ausgeprägt, sie dominiert den Alltag. Doch es ist immer noch ein 'Als-Ob', so könnte man die Fotos interpretieren.

Für JV bedeuten das Lagerleben und der militärische Charakter einen Schritt weiter in die von ihm eingeschlagene Richtung. Er will bei den Gebirgsjägern Militärarzt werden. Ihn begeistern 'männliche Tugenden' und permanente Herausforderung der Leistungsfähigkeit; er ist begeistert von 'praktischer Kameradschaft' unter militärischer Führung. Sich gemeinsam gegen alle Widrigkeiten stark machen, entspricht seiner Vorstellung von Männerfreundschaft.

Sein Berufsziel Militärarzt gleicht ganz diesen fundamentalen Interessen, denn in dieser Funktion ist er in seinen Augen der „wichtigste Kamerad unter Kameraden", wie er es einmal ausdrückt.

Über die ihn antreibenden Überzeugungen berichtet er in Aufzeichnungen, die er während seinem Poleneinsatz September-Oktober 1939 verfasst – und noch ausführlicher zwei Jahre später in seinem Tagebuch, das er schreibt, während er acht Monate mit der Wehrmacht in Norwegen ist (s. Kap. 6).

2.1.2. Gisela im Reichsarbeitsdienst für 'Jungmaiden'

Wie alle jungen Frauen, ist auch Freundin Gisela nach Beendigung ihrer Schulzeit, die sie an der Kasseler Waldorfschule verbringt, zum Reichsarbeitsdienst verpflichtet. Auch für sie dauert er vom 4. April bis 28. September 1938, offiziell bis 1. Oktober. Sie ist jetzt 18 Jahre alt.

Über ihre sechs Monate im RAD schreibt sie einen Arbeitsdienst-Bericht, den offenbar alle anfertigen. Sie kommt ins Lager Lahrbach in der Rhön, bei Fulda, 'RAD Abt. 8/112'. „Wir wollen, dass die Arbeit Freude werde!", leitet sie ihr in schöner, fast gemalten Handschrift und mit vielen Fotos versehenes Tagebuch ein. Es trägt den Titel „Meine Arbeitsdienstzeit", genau wie bei JV. Zeitgemäße Sinn- und Fahnensprüche sind hier zu lesen, zum Beispiel: „Einer, der uns hart anfasst und uns das Leben schwer macht, hilft uns mehr, als einer, der uns freundlich anfasst und uns gehen lässt."

Aus Giselas RAD-Ausweis mit dem Leitspruch: „Arbeit für Dein Volk adelt Dich selbst."

Ihre Lagerleiterin heißt Gertrud Jureit. In den ersten drei Wochen wird ihnen im Haus "... Ordnung und Disziplin beigebracht. Nichts durfte liegenbleiben oder in Unordnung geraten. Jeder musste pünktlich zur Stelle sein, anständig im Aussehen und Benehmen", schreibt Gisela. Die Einsätze der jungen Frauen wechseln anschließend zwischen 'Hausamt' im Lager und 'Außendienst' bei Bauern. Das bedeutet immer wieder in andere Häuser umzuziehen.

Im Lager selbst ist noch nicht alles für den Arbeitsdienst eingerichtet, sie schlafen auf Strohsäcken in Baracken. Bei den Bauern verrichten sie landwirtschaftliche Arbeiten wie Mistaufladen, Heuwenden, Heusamen sieben oder Hexeln. Dieser Außendienst ist Gisela lieber. Hausamt heißt dagegen Zimmer reinigen, aufwischen, bohnern, permanent Spinnen jagen, wie sie schreibt. Das Essen findet sie „nicht sehr abwechslungsreich", sie bekommen Mehlsuppe, Grießsuppe, Milchsuppe oder Sauerkraut mit Erbsenbrei. Alle erhalten einheitliche Kleidung.

Gisela listet auf, womit sie ausgestattet wird, darunter blaues Arbeitskleid, grüne Schürze, rotes Kopftuch, graue Wollstrümpfe, Stiefel – aber auch alles Nötige für den regelmäßigen Sport sowie Uniform mit Rock, Mantel und Hut.

Es gibt Unterwäsche, alles doppelt und für Sommer und Winter. Fotos zeigen Lagerfeste, fröhliche Szenen im gemeinsamen Schlafraum, Spaß bei der Arbeit. Es entstehen Freundschaften.

Bei einem Gruppenausflug am Wochenende schauen sie Segelfliegern auf der Wasserkuppe zu. Viel ist an diesem Tag los, denn auch Hanna Reitsch fliegt, schreibt Gisela. Reitsch ist in der NS-Zeit Testpilotin für Kriegsflugzeuge und eine der erfolgreichsten Fliegerinnen im 20. Jahrhundert. Gisela macht ein Foto von ihr. Der letzte Merkspruch in Giselas Bericht: „Die Jungen haben die Aufgabe neue Wege zu suchen, neue Wege zu bauen und den Mut aufzubringen sie zu gehen."

Bei einem Lagerfest – Gisela voran mit dem Akkordeon.

In der Rhön werden zur Zeit des Nationalsozialismus in den dreißiger Jahren besonders viele Arbeitsdienst-Lager eingerichtet, über fünfzig für 'Arbeitsmänner' und dreißig für die 'Arbeitsmaiden'. Das Lager Steinbach von JV ist nur einige Kilometer entfernt von Giselas in Lahrbach. Ob sie sich treffen, ist nicht bekannt.

2.1.3. JVs Rekrutenzeit

Die Weichen für JVs Eingliederung in die Wehrmacht werden schon etwa ein Jahr vor seinem Schulabgang gestellt. Als Freiwilliger meldet er sich zur Musterung am 22. März 1937 beim Kasseler Wehrbezirkskommando. Seine Einstufung lautet: „Tauglichkeit 2 / Ersatz-Reserve I." Die Rekrutenzeit folgt dem RAD und dauert vom 17. November 1938 bis 25. März 1939.

JV absolviert sie als Fahnenjunker beim 2./Inf.Regt. 116 in Gießen, in der Kaserne der 2. Kompanie. Sei-

Gulaschkanone

ne Dienstzeit zählt ab 1. Oktober 1938, vereidigt wird er am 1. Dezember. Während dieser Zeit trägt er Uniform, er bekleidet den Rang eines Sanitätsoffiziersanwärters, und er erhält weitere Ausbildung am Gewehr. Die Arbeit in den Wintermonaten besteht hauptsächlich im Training an Sportgeräten, aus

Marschieren sowie Scharfschießübungen, ausgeführt in Militäreinrichtungen in Rödgen und Hohensolms, zwei kleinere Orte bei Daubringen, in der Nähe von Gießen. Auf JVs Fotos von diesen Schulungen sieht man die Soldaten bei der Arbeit und wie sie aus der Gulaschkanone ihr Essen bekommen.

2.2. Studium und Wehrmacht ab 1939

Am 13. April 1939, zwei Wochen etwa nach seiner Rekrutenzeit, wird JV in Berlin für das Fach Medizin in der Friedrich-Wilhelms-Universität immatrikuliert. Seine Eltern schlagen ihrem ältesten Sohn zwar vor, „in die Wirtschaft zu gehen, vielleicht in die Versicherungsbranche", sagt er später einmal. Sie selbst sind keine begeisterten Anhänger des Nationalsozialismus oder Hitlers. Vater Hans ist beruflich viel im Ausland und bringt kritische Stimmen dortiger Geschäftspartner mit nach Hause. Kontakte zu Firmen und über seine Freimaurer-Brüder, zu denen er auch auf internationaler Ebene Verbindungen hat, könnten den drei Söhnen berufliche Perspektiven im Ausland eröffnen, hätte er ihnen als Alternative vorgeschlagen. Aber alle drei bleiben in Deutschland und wollen der neuen Bewegung Hitlers folgen – jeder zu seiner Zeit. Denn JV ist 1939 zwanzig, Jochen 18, Klaus, der Jüngste, aber erst zehn Jahre alt. Alle durchlaufen jedoch von ihrer Jugend an bei den Pfadfindern, in der Hitlerjugend und bei Schulfreizeiten eine paramilitärische Erziehung und werden in all ihren Lebensbereichen mit den wesentlichen Ideen des Nationalsozialismus vertraut gemacht.

Für JV stellt der Krieg keine Gefahr dar, der er aus dem Weg gehen oder die er fürchten müsste, sondern die damit verbundenen Herausforderungen sind eher willkommene Gelegenheiten, seine Fähigkeiten unter Beweis zu stellen. Außerdem ist der bevorstehende Krieg in seinen Augen die angemessene Reaktion auf die internationale Politik gegenüber Deutschland seit dem Versailler Vertrag 1918. Dem Land und der Nation wieder Respekt und Ansehen zu verschaffen, motiviert ihn sehr. Zudem garantiert das Leben als Soldat ein Leben in Kameradschaft. Begeisterung für kameradschaftliches Miteinander unter Männern leitet ihn seit seiner Jugend. In schwierigen Situationen des Gemeinschaftslebens wird Kameradschaft besonders gefordert und gefördert – als Pfadfinder, in der Schule, beim Sport, im Studium- und natürlich besonders unter Soldaten.

Er ist sehr aufgeschlossen gegenüber der politischen Entwicklung in Deutschland und sympathisiert mit den Visionen und Hoffnungen der Nationalsozialisten: Die militärische Niederlage, mit der der 1. Weltkrieg endet, und der Versailler Vertrag, der für immer mehr Deutsche eine 'moralische Schmach' ist, könnten nun mit Hitlers offensivem Agieren überwunden werden. Die Deutschen zeigen der Welt wieder ihr Gesicht, anstatt sich länger gedemütigt zu fühlen. Diese Haltung entspricht JV ebenso wie vielen seiner Freunde und Mitschüler am Kasseler Friedrichsgymnasium.

Fast alle aus seiner Klasse schließen die Schule mit sehr guten Noten ab, die Voraussetzung für ein Medizinstudium sind. 25 Absolventen seines Jahrgangs entscheiden sich Ärzte zu werden, und bewerben sich gemeinsam um ein Medizinstudium an der Friedrich-Wilhelms-Universität in Berlin, deren medizinischer Lehr- und Forschungsbereich seit 1810 die Universitätsklinik Charité ist, damals noch Teil der Humboldt-Universität. Der Vater seiner Freundin Gisela, Dr. Curt Möhring, ist Chirurg und Orthopäde in Kassel. Auch er kann von der Charité erzählen, weil er dort um 1900 einige Semester Medizin studiert hatte.

2.2.1. Eignungsprüfung für die Charité

Alle Schüler von Abiturklassen, die sich für die Ausbildung als Mediziner an der Charité bewerben, müssen für die Aufnahme einen Eignungstest bestehen. Ihnen werden dabei vor allem sportliche Höchstleistungen, aber auch noch weitere Fähigkeiten abverlangt. Dies erwähnt Oberfeldarzt Dr. med. Dr. phil. Hubert Fischer in seiner Chronik 'Die militärärztliche Akademie 1934-1945'. Hier spricht er über den sogenannten „psychotechnischen Test" als Teil der Bedingungen. (H. Fischer 1975, S. 31) An diesen psychotechnischen Test erinnert sich JV bei Gesprächen mit der Autorin in den Jahren 2006 bis 2009 immer wieder sehr genau. Später bestätigt ein weiterer Mitschüler seines Jahrgangs einige Details dieses Prozederes:

Jeder Bewerber bekommt zwei Stäbe in die Hand, durch die der Prüfer Strom leitet. Die zugeführte Stromstärke steigert dieser so lange, bis der Proband den Abbruch verlangt. Desto mehr er jedoch aushält, umso größer ist seine Chance, nicht nur an der Charité, sondern auch als Sanitätsoffiziersanwärter an der Militärärztlichen Akademie (MA) studieren zu dürfen. Die MA ist ein an die Charité angeschlossenes, jedoch unabhängiges Eliteinstitut. JV und, wie er sagt, alle seine Mitprobanden, entwickeln großen Ehrgeiz und Spaß bei dem

Test, sie empfinden ihn als willkommene Mutprobe und sind bemüht, möglichst hohe Stromstärken auszuhalten. Alle bestehen mit Erfolg und gehen gemeinsam nach Berlin. Die Besonderheit der Militärakademie ist ihm schon als Schüler bekannt. Medizin und Militär Hand in Hand – das scheint ihm für sein Ziel, Sanitätsarzt bei den Gebirgsjägern zu werden, die ideale Kombination zu sein. Er will unbedingt die Aufnahme schaffen. JV sagt dazu später: „Das war am schwierigsten zu erreichen. Die nahmen ja nicht jeden." Fünf von ihnen erzielen besonders gute Noten bei diesen Tests, weshalb sie mit dieser 'Auszeichnung' zur MA zugelassen sind. JV ist einer der Fünf.

Bedeutung und Charakter der Charité und der Militärärztlichen Akademie sowie ihr institutioneller Zusammenhang werden im letzten Abschnitt dieses Kapitels näher beleuchtet.

2.2.2. Studium an der Militärärztlichen Akademie

Mit Beginn des 2. Weltkriegs am 1. September 1939 schließen kurzfristig fast alle Universitäten für etwa zwanzig Tage. Ab der Wiedereröffnung ist das Studienjahr in Trimester eingeteilt, anstatt wie bislang in Semester. Die Dreiteilung soll das Studium abkürzen, den durch Judenverfolgung und Krieg bedingten Mangel an geeigneten Ausbildern und Erziehern ausgleichen und die Lehrinhalte an die Bedürfnisse des nationalsozialistischen Staates anpassen. Es wird aber schnell deutlich, dass unter der zeitlichen Einsparung die Ausbildungsqualität sehr leidet, weshalb man diese Regelung 1941 wieder aufhebt. Bis Mai 1941 verbringt JV erst zwei Semester, dann zwei Trimester in Berlin an der Militärärztlichen Akademie.

Der Lehrstoff wird ergänzt durch Praktika: Juli und August 1939 ist er als Sanitätsschüler im Iserlohner Labor 'Stola' (Abkürzung für Standortlazarett), dort nimmt er an Schulungen in Anästhesie teil. Er nennt den Aufenthalt „Lazarettkommando". Hier gibt er seine erste Injektion mit Evipan-Natrium, erklärt er im Fotoalbum, und er begleitet Operationen. Er fotografiert bei Blinddarm-OPs und Patienten mit geschienten Armbrüchen. Mittags sonnt er sich mit Kollegen auf dem Dach der Klinik, wie einige Bilder zeigen.

Im August besucht der schon immer sportbegeisterte JV in Berlin die deutschen Leichtathletik-Meisterschaften. Anschließend, im September, erhält er Ausbildung an Waffen in der 'Sanitäts-Lehr- und Versuchskompanie Döberitz' in Brandenburg. Hier sind die medizinischen Kurse stark militärisch geprägt.

Fotos zeigen auch das Leben im Fähnrichsheim und die Studenten beim Pistolenschießen.

Erstes Semester

Seminare mit Themen und Lehrern für das Sommersemester 1939 in Berlin sind im Studienbuch von JV eingetragen: Der Unterrichtsstoff besteht zu Beginn aus allgemeinen Grundlagen in den Fächern Zoologie, Chemie, Experimentalphysik, Botanik und Heilkräuterexkursionen. Seine Lehrer sind unter anderem: Prof. Dr. Fahrenholz, Prof. Dr. Otto Stahl, Prof. Dr. Thilo, Prof. Dr. Landt, Dr. Franz Kramer, Dr. Noack, Dr. Carl von Eicken, Prof. Dr. Friedrich Seidel, Prof. Dr. Paula Hertwig, Prof. Dr. Leuchs, Prof. Dr. Gerthsen, Prof. Dr. Trendelenburg, Prof. Dr. Edith Heischkel-Artelt, Prof. Dr. Wolfgang Abel, Prof. Dr. Ranke.

Zwei als Beispiel herausgegriffene Seminare spiegeln mit ihrer Thematik die Zeit und ihre politischen und ideologischen Orientierungen wider: Professor Otto Stahl unterrichtet Geschichte des Heeressanitätswesens und der Kriegschirurgie. Professor Friedrich Seidel lehrt Vererbungslehre und Rassenkunde.

Alle Lehrenden sind der NS-Ideologie verpflichtet. JV besucht auch die Seminare überzeugter Nationalsozialisten wie Fritz Lenz, Hermann Stieve und Ernst Rodenwaldt. Exemplarisch werden diese Drei weiter unten konkreter vorgestellt. Zwar ist im Studienbuch nicht verzeichnet, ob er Vorlesungen bei Professor Sauerbruch hört, der zur selben Zeit an der Charité lehrt – vielleicht hatte dieser zu dem Zeitpunkt keine Pflichtveranstaltung angeboten – als engagierter Student wird JV die Gelegenheit, ihn zu hören sofern möglich, sicherlich genutzt haben.

Eine Ausbildung zum Sanitätsoffizier an der MA bietet, wie erwähnt, in den Augen von JV viele Vorteile. Militärmedizin und Offiziersschule sind nicht getrennt. Nur hier gibt es die Möglichkeit, beide Bereiche gleichzeitig und in Verbindung miteinander zu studieren. JV nimmt außerdem an Lehrgängen zum Heeresbergführer teil und qualifiziert sich damit zusätzlich als Sanitätsoffizier im Gebirgssanitätsdienst.

Zu den Vorzügen der MA gehören weitere Annehmlichkeiten, die JV sehr willkommen sind:

- Durch die mit diesem Studium eingeschlagene Offizierslaufbahn vermeidet er, selbst Mitglied der NSDAP werden zu müssen. Seine Eltern sind aus politischer Überzeugung nicht in der Partei. Er selbst ist zwar Anhänger der nationalsozialistischen Idee, aber als Nichtmitglied der NS-Partei sieht er eher Vorteile für sich. Im Allgemeinen kommt man auf zwei Wegen an die Spitze der Gesellschaft: über die Partei oder als Offizier. JV überlegt, wie es für ihn am besten wäre. Als Parteimitglied würde er sich zu abhängig fühlen und müsste sich politisch betätigen, was ihm beides nicht behagt. Offiziere sind hochangesehen und respektiert, Sanitätsoffiziere erfahren noch Wertschätzung darüber hinaus. So stellt er später in Gesprächen seine Entscheidung gegen Mitgliedschaft in der NSDAP dar.

- „Kaserniert oder Casino" (JV O-Ton): Offiziere gelten als Elite, nicht nur bei der Bevölkerung („besonders bei den Frauen"), sondern auch im Kriegseinsatz. Sie genießen immer besondere Behandlung und Vorteile, vertreiben sich ihre Freizeit gerne mit ihren Ausbildern im Casino. Die „normalen Studenten" hätten da keinen Zutritt.

- In ihrer Freizeit sind die Offiziere in Zivil gekleidet. Das sei ein Privileg und sehr nützlich, denn in Zivil würden sie bei ihren häufig ausufernden Barbesuchen nicht als Offiziersanwärter erkannt. Sonst würde es Strafen und Ausgehverbote nach sich ziehen. Sie könnten sich also frei und unabhängig bewegen. „Die Kommilitonen an der Charité beneideten uns sehr darum."

- Sanitätsoffiziere würden zwar an allen Waffen ausgebildet, arbeiteten jedoch bei ihren Kriegseinsätzen als Sanitäter nicht an der Front, denn sie sollen sich nicht in besondere Gefahr begeben. Man brauche sie später als ausgebildete Mediziner und Offiziere. (Dieser 'Vorteil' wird von JV in seinen Wehrmachtseinsätzen allerdings nicht genutzt. Er zieht es vor, direkt an der Front mitzukämpfen und die Verwundeten vor Ort zu versorgen.)

- Die Studenten der MA bewohnen eigene Zimmer auf dem Institutsgelände, Räume im sogenannten 'Invalidenhaus', das für sie durch eine Verfügung Hitlers geräumt wurde. Oder sie beziehen eine Pension, wenn sie es sich leisten können. JV wird zwar finanziell gut von zu Hause unterstützt, aber er wohnt meistens in der MA, nur manchmal mietet er sich in einer Pension ein.

- Wegen zeitweiser Überfüllung und knapper Lehrkapazitäten an Charité und MA ist das Studium so organisiert, dass die Studenten immer wieder Lernabschnitte und Praktika an verschiedenen Standortlazaretten absolvieren und nur ihre ersten und das Abschlusssemester in Berlin verbringen. Für die Semester dazwischen suchen sie sich andere Universitäten aus. JV nutzt diese Möglichkeit gerne, geht von Berlin nach Heidelberg, dann nach München und 1944 zum Staatsexamen wieder nach Berlin.

- Das Leben in 'soldatischer Kameradschaft', das ein Studium an der MA verspricht, ist verlockend. JV ist ja schon bei den Pfadfindern und beim Sport begeistert von der Kombination aus Gemeinschaft, Wettkampf und Abenteuern mit militärischem Charakter.

- Sport wird von allen Mitgliedern der Militärärztlichen Akademie sehr hoch geschätzt und erhält eine zentrale Bedeutung. Beispielsweise die hier organisierten alljährliche Skifahrten im Frühjahr in die deutschen Alpen sind für JV ein großes Vergnügen.

- An der MA wird der jeweilige Jahrgang als Gemeinschaft und 'geschlossenes Ganzes' gefördert und erlebt – nicht nur während der gemeinsamen Ausbildung, sondern auch später, wenn jeder getrennt von den anderen seinem Beruf nachgeht. In der Tradition der MA sind es 'die Pfeifhähne'. Sie bilden eine lebenslange vertraute Gemeinschaft und Männerfreundschaft. (Mehr dazu s. u.)

JV erhält nach dem ersten Sommersemester seinen ersten Marschbefehl. Für etwa einen Monat geht es nach Polen. Vom 20. Oktober bis 19. November 1939 lautet die Aufgabe seiner Truppe: Sicherung der deutsch-russischen Demarkationslinie. Dazu mehr im nächsten Kapitel.

Zuvor noch ein Blick auf den oben angesprochenen Charakter und die Bedeutung der Charité und der Militärärztlichen Akademie im Nationalsozialismus.

2.3. Medizin im Nationalsozialismus

Allgemeine Entwicklung ab 1933

Während der Zeit des Nationalsozialismus werden 45 Prozent der 52.000 Mediziner NSDAP-Mitglieder. Die medizinischen Konzepte orientieren sich an

Sozialdarwinismus und speziell definierter 'Rassenhygiene'. Sie finden letzt-endlich ihre Umsetzung beispielsweise in hunderttausendfach durchgeführten Zwangssterilisationen, skrupellosen Menschenversuchen an tausenden Opfern und zehntausenden euphemistisch als Euthanasie bezeichneten Morden an Kranken und Behinderten. Etwa 8000 Mediziner werden schon vor 1933 als Juden verfolgt. Gerade in dieser Berufsgruppe ist ihre Verfolgung sehr oft mit dem Vorteil für einen nichtjüdischen Nachfolger direkt verbunden. Zirka 3000 niedergelassene jüdische Ärzte müssen bereits 1933 ihre Praxen schließen. Viele der Verfolgten emigrieren. Lediglich fünf Prozent von ihnen kehren nach dem Zweiten Weltkrieg nach Deutschland oder Österreich zurück. Eine große Anzahl derjenigen, denen die Flucht nicht gelingt, wird nach 1941 ermordet, die meisten in Konzentrationslagern.

2.3.1. Die Charité

Ernst Peter Fischer, Professor für Wissenschaftsgeschichte, untersucht Ent-wicklung und Bedeutung der Charité. In seinem 2009 erschienenen Buch 'Die Charité – Ein Krankenhaus in Berlin 1710 bis heute' (E. P. Fischer 2009) beschreibt er sowohl die Anfänge als reines Armenkrankenhaus als auch ihre spätere, herausragende Stellung als eines der renommiertesten Universitäts-kliniken und fortschrittlichsten medizinischen Forschungszentren der Welt. Er zeigt auf, wie die moderne Medizin hier begründet wird und durch die Epochen seiner Entwicklung hindurch auch immer einen Schwerpunkt in der Ausbildung von Wundärzten und Chirurgen für das Militär hat. Schon immer pflegt die Anstalt große Nähe zum Militär. Beispielsweise gehören um 1910 etwa die Hälfte der rund 200 Ärzte dem Militär an. In der Weimarer Republik gilt die Berliner Universität für die meisten Fächer, so auch die Medizin, als das vorran-gige akademische Zentrum Deutschlands und des gesamten deutschsprachigen Raums. Berühmte Gelehrte wie Johannes Müller, Lucas Schönlein, Rudolf Virchow, Oscar Liebreich, Robert Koch, Nobelpreisträger Emil von Behring, Ferdinand Sauerbruch, Emil Du Bois-Reymond und andere unterstreichen und belegen die Rolle der Charité als international bedeutendes Zentrum der medizinischen Forschung und Wissenschaft. Allein im 20. Jahrhundert erhalten sieben Forscher der Einrichtung den Nobelpreis für Medizin und Physiologie.

Die Charité ab 1933

Ernst Peter Fischer beleuchtet ebenso die Rolle der Charité während des Nationalsozialismus. Sein Ergebnis: Mit ihrem außerordentlichen wissenschaftlichen und materiellen Potential nimmt die Klinik im 'Deutschen Reich' stets eine Leitfunktion in medizinischer Forschung, Lehre und Praxis ein. Struktur, Personalpolitik und Inhalt von Forschung und Lehre der Charité werden spätestens mit der Ernennung Hitlers zum Reichskanzler im Januar 1933 nach Vorgaben des nationalsozialistischen Regimes umgestaltet. 'Gleichschaltung' und 'Führerprinzip' bestimmen danach auf allen Ebenen die Institution. Diese Entwicklung findet Zustimmung bei der Mehrzahl der Leiter und Mitarbeiter, offenen Widerstand gibt es nicht. Im Gegenteil. Untersuchungen zeigen, dass in vielen Fällen Klinikangehörige sogar schon lange vor der Kanzlerschaft Hitlers aus eigener Initiative die Entlassung von Kollegen und Studenten betreiben. So müssen zum Beispiel Lehrende mit jüdischem Glauben oder mit Ehefrauen 'nichtarischer Abstammung' schon vor Inkrafttreten des 'Gesetzes zur Wiederherstellung des Berufsbeamtentums' in Folge vorauseilenden Gehorsams der Verwaltung die Universität verlassen. Die meisten werden als 'unzumutbar' gemeldet. Mit erwähntem Gesetz setzt dann auch die einschneidende Entlassungswelle ein: Bis 1936 müssen fast ein Drittel der Lehrenden ihr Amt aufgeben, viele gehen ins Ausland. (Details und Zahlen dazu s. auch Vossen 2008, S. 24 ff.)

In der zunehmenden Kooperation von NS-Regime und Charité setzt die Klinik ihr Können und Wissen aus freien Stücken großzügig und wohlwollend für die Ideen und Bedürfnisse des Nationalsozialismus ein. Sie praktiziert aktiv die Zusammenarbeit mit KZ-Ärzten und Rassenhygienikern, denen es um die Züchtung einer 'lebenswerten Art' und die Vernichtung beziehungsweise Verhinderung 'unwerten Lebens' geht. Professoren der Charité liefern bereitwillig und engagiert eine 'wissenschaftliche Begründung' für menschenfeindliches Vorgehen und rassistische Ziele des Nationalsozialismus. Nicht wenige unter ihnen sind Mitglieder der Militärärztlichen Akademie.

Charité aktuell

Die Charité bekennt sich heute zu Gräueltaten ihrer Ärzte und Einrichtungen in der NS-Zeit. Sie steht dazu: Namhafte Ärzte der Charité führten während des Nationalsozialismus Experimente mit Häftlingen und Menschen mit Behinderung durch. Man beleuchtet diese Vergangenheit mit einer Ausstellung unter dem Titel 'Auf Messers Schneide. Der Chirurg Ferdinand Sauerbruch zwischen Medizin und Mythos' (März 2019 bis Februar 2020). Ein Zitat aus dem Bericht zur Ausstellung: „Es begann mit der Akzeptanz der Einstellung, dass es bestimmte Leben gebe, die es nicht wert seien, gelebt zu werden." Die Ausstellung bezieht sich als Beispiel auf Ferdinand Sauerbruch und seine Arbeit: „Als Generalarzt und Forschungsgutachter wusste er in der Zeit des Nationalsozialismus aber auch um die Praxis verbrecherischer Menschenversuche im KZ und erhob seine Stimme dagegen nicht."

Andere Ärzte dienen sich den Nationalsozialisten direkt an, befürworten, stützen oder fördern mit ihrer Arbeit rassistisches Vorgehen und Eugenik. Viele von ihnen nutzen die menschenverachtenden NS-Bedingungen für ihre Zwecke. So etwa Professor Hermann Stieve, zu dessen Wirken an der Charité im Rahmen der Ausstellung ein Vortrag gehalten wurde mit dem Titel: „Der Anatom Hermann Stieve – Dienstleister der nationalsozialistischen Unrechtsjustiz?" Hermann Stieve experimentierte mit Menschen, die von der NS-Justiz zum Tod verurteilt wurden. Gewebeproben dieser Körper werden im Mai 2019 auf dem Berliner Dorotheenstädtischen Friedhof bestattet.

Auf der dort nun angebrachten Gedenktafel ist zu lesen: „Im Strafgefängnis Berlin-Plötzensee wurden während der nationalsozialistischen Diktatur mehr als 2.800 Menschen durch das Fallbeil oder den Strang ermordet. Die meisten von ihnen wurden danach im Anatomischen und anatomisch-biologischen Institut der Berliner Universität zu Forschungs- und Lehrzwecken seziert. Mehr als 300 der dabei entstandenen mikroskopischen Präparate, zumeist von Frauen, wurden 2016 im Nachlass des Anatomen Hermann Stieve aufgefunden. Sie wurden hier am 13. Mai 2019 bestattet." Der Leiter der Gedenkstätte Deutscher Widerstand, Johannes Tuchel, forschte über Stieve und schrieb das Buch „Hinrichtungen im Strafgefängnis Berlin-Plötzensee 1933–1945 und der Anatom Hermann Stieve". Es erschien im Mai 2019. Zu Sauerbruch, Stieve und weiteren Ärzten der Charité s. auch unten den Abschnitt 'Professoren an der Charité und der MA'.

2.3.2. Die Militärärztliche Akademie (MA)

Eine umfassende Geschichte der Militärärztlichen Akademie, der 'Pflanzstätte deutscher Militärärzte', wie sie auch genannt wurde, lässt sich nur schwer recherchieren. Ähnlich ist es mit ihren Ärzten und Studenten. Die 'Pfeifhähne', wie die Medizinstudenten der Akademie auch heißen, verehren ihre Alma Mater sehr, sind engagiert, elitär und einflussreich. Das Material darüber ist jedoch auch heute noch spärlich.

Die MA steht offenbar nach ihrer Schließung 1945 nicht im Fokus der Historiker, obwohl auch als Nationalsozialisten und aktive 'Mittäter' belastete Professoren und Wissenschaftler dieser Institution teilweise bis in die 70er Jahre an westdeutschen und DDR-Universitäten weiterarbeiten oder nach nur kurzer Unterbrechung wieder eingestellt werden. Offizielle Unterlagen gehen im Krieg 'verloren' oder sind in Archiven 'nicht mehr auffindbar'. Diese Lücke wird mühsam mit persönlichen Schriftstücken und Erinnerungen ehemaliger Angehöriger, Studenten wie Professoren und Kommandeure der MA als Mosaiksteinchen zu füllen versucht.

Die hier zusammengestellten Informationen zur Entwicklung und zum Charakter der MA sollen nur in Umrissen eine Einrichtung vorstellen, die einen bedeutenden Lebensabschnitt der dort studierenden jungen Männer nachhaltig prägt sowie einen wichtigen Teil der Wehrmacht und Medizin im Nationalsozialismus ausmacht.

Chronologie und Aufgaben der MA

Militärärztliche Akademie in Berlin um 1037. Seit 1998 befindet sich darin das Bundesministerium für Wirtschaft.
Foto: Knust 1937

1795 gründet Dr. med. Johann Goercke die Militärärztliche Akademie, er ist Militärarzt und Leibarzt von Friedrich dem Großen. Seine Akademie dient von Anbeginn der Aus- und Weiterbildung von Militärärzten und wird neben der Charité die zweite Chirurgenschule in Berlin. Friedrich Wilhelm II. gibt den Anstoß für das 'Medicinisch-chirurgische Friedrich-Wilhelm-Institut', die Pépinière (Pflanzschule), wie sie auch genannt wird.

Symbol Pfeifhahn

Er will seine Soldaten im Krieg besser medizinisch versorgt wissen. Weil Berliner Bürger den französischen Namen schlecht aussprechen können, nennen sie die Studenten einfach 'Pfeifhähne', was dann auch verschiedene studentische Corps und Sanitätsanwärter übernehmen. Einen Hahn auf einer Pfeife erklären schließlich die studentischen Mitglieder zu ihrem Symbol, das sie beispielsweise auf ihren Jahrgangsbüchern abbilden oder in Form einer Anstecknadel als Erkennungszeichen tragen.

Bis 1919 werden alle deutschen Militärärzte an der MA ausgebildet. Der Versailler Vertrag verlangt in diesem Jahr die Auflösung der 'Kaiser-Wilhelms-Akademie für das militärärztliche Bildungswesen', so heißt die MA zu dieser Zeit. Nachdem 1933 die ersten Studenten das Studium dort wieder aufnehmen, findet der offizielle Start als 'Militärärztliche Akademie' im selben Gebäude der früheren Kaiser-Wilhelms-Akademie, Scharnhorst- Ecke Invalidenstraße, statt. Die Bewohner des Invalidenhauses, die mittlerweile hier eingezogen sind, müssen umziehen. Heinrich Knust, ein Student des ersten Jahrgangs 1933, erlebt die Neugründung der MA und schreibt den Text zum ersten Jahrgangsbuch. Gegen Ende finden sich die Worte: „Als Soldat zu dienen in einer Zeit, die in ihrer Entwicklung so stürmisch vorwärtsdrängt, bedeutet ein Glück für uns."(Knust 1937, S. 22)

Die MA mit ihren Gebäuden befindet sich direkt an der Charité, teilt mit ihr weitgehend Lehrpersonal und Hörsäle, verwaltet sich jedoch selbst und untersteht dem Heeressanitätsinspekteur.

Gezielte Bombardements beschädigen Charité und MA vor allem gegen Ende des Kriegs zunehmend. Bei vielen Luftangriffen zwischen Herbst 1944 und Frühjahr 1945 treffen etliche Bomben verschiedene Gebäudeteile der MA. Im August 1944 geht die Leitung der Akademie von Dr. Richard Hamann an Generalstabsarzt Dr. Walther Asal über. In seiner Antrittsrede betont Asal die

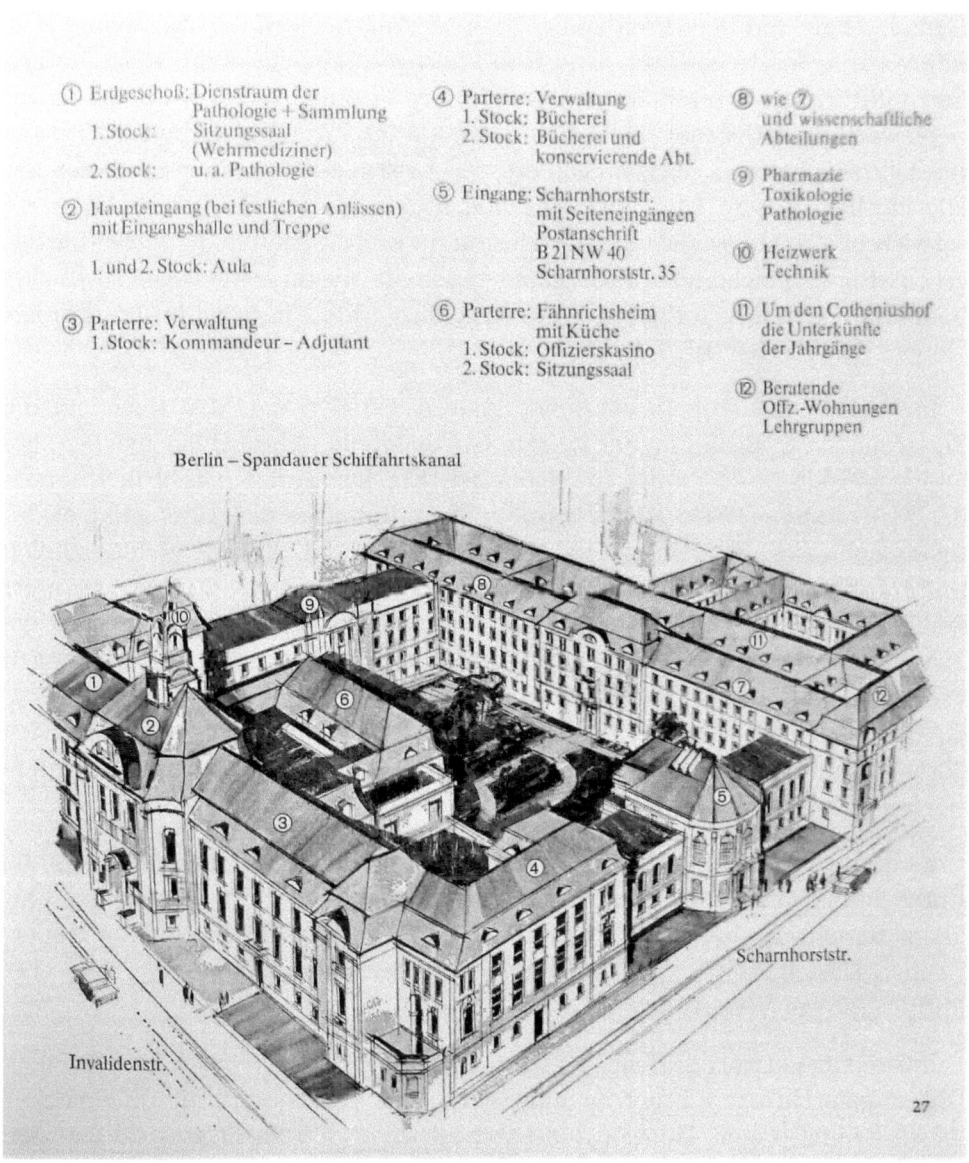

① Erdgeschoß: Dienstraum der
Pathologie + Sammlung
1. Stock: Sitzungssaal
(Wehrmediziner)
2. Stock: u. a. Pathologie

② Haupteingang (bei festlichen Anlässen)
mit Eingangshalle und Treppe

1. und 2. Stock: Aula

③ Parterre: Verwaltung
1. Stock: Kommandeur – Adjutant

④ Parterre: Verwaltung
1. Stock: Bücherei
2. Stock: Bücherei und
konservierende Abt.

⑤ Eingang: Scharnhorststr.
mit Seiteneingängen
Postanschrift
B 21 NW 40
Scharnhorststr. 35

⑥ Parterre: Fähnrichsheim
mit Küche
1. Stock: Offizierskasino
2. Stock: Sitzungssaal

⑧ wie ⑦
und wissenschaftliche
Abteilungen

⑨ Pharmazie
Toxikologie
Pathologie

⑩ Heizwerk
Technik

⑪ Um den Cotheniushof
die Unterkünfte
der Jahrgänge

⑫ Beratende
Offz.-Wohnungen
Lehrgruppen

Berlin – Spandauer Schiffahrtskanal

Scharnhorststr.

Invalidenstr.

27

Skizze der Kaiser-Wilhelms-Akademie nach dem Ausbau 1910. 1934 wird hier die
Militärärztliche Akademie wieder eröffnet. Grafik von Paalzow-Zeyss, ergänzt durch
Hubert Fischer. (H. Fischer 1975)

51

Gemeinschaft und den 'Pfeifhahngeist' aller Angehörigen der Akademie: „Unsere vordringlichste Aufgabe, dem Heere hochgesinnte, einsatzfreudige, ärztlich und militärisch vorbildliche Sanitätsoffiziere heranzuziehen, verlangt in der gegenwärtigen Kriegsnot mehr denn je einmütige Zusammenarbeit des gesamten Lehrkörpers und zeitgemäßen ernsten Leistungswillen aller Studierenden. Die ideellen, unsere Ehre und Ansehen begründenden Persönlichkeitswerte entwickeln sich am schönsten und reinsten unter dem Einfluß der altbewährten, gegenseitig verpflichtenden Lebenskameradschaft, die im historischen Pfeifhahnboden ihre ersten dauerhaften Wurzeln schlägt. Ihre Pflege sei unser innerstes Gebot." (H. Fischer 1975, S. 22)

In Gießen und Döbeln entstehen Ausweichstellen der MA, nachdem die Zerstörungen in Berlin immer weitere Gebäudeteile unbrauchbar machen. Examina werden beschleunigt durchgeführt. Ein Lazarett entsteht in Räumen der MA. Anfang März 1945 zerstören Brandbomben den Hörsaalflügel des Invalidenhauses. Studenten und Lehrpersonal beteiligen sich gleichermaßen unter Lebensgefahr an den schwierigen Löscharbeiten. Luftminen zwingen schließlich alle, bis auf Jahrgangs- und Aufsichtsoffiziere in den Lazaretten, die MA zu verlassen. Die Auflösung der Akademie wird in den letzten Kriegstagen beschlossen. „Die vorrückenden Russen zwangen zur Räumung der Militärärztlichen Akademie", schreibt Hubert Fischer. Laut einer Angestellten, die sich dort noch aufhält, wird die „Mehrzahl der verwundeten bettlägerigen Offiziere erschossen". (H. Fischer 1975, S. 23)

Es gibt, wie geschildert, nicht viele zusammenhängende Berichte über die Entwicklung, die Lehre und die 'Medizinsoldaten' der MA, wie sie auch genannt werden. Einiges findet man in der bereits zitierten Chronik von Hubert Fischer. Dessen Ziel ist es, „ein Bild vom Wirken dieser Pflanzstätte deutscher Militärärzte zu vermitteln".

In seinem Vorwort spricht er vom fast vollständigen Verlust der offiziellen Unterlagen. Hubert Fischer bemüht sich um eine Rekonstruktion aus persönlichen Erinnerungen. Zu den Bombardements in der Nacht vom 23. auf den 24. November 1943 heißt es: "... In dieser Nacht führte der Feind seine bisher schwersten Angriffe gegen das Stadtgebiet von Berlin. Auch unsere Akademie sieht den neuen Tag mit verbranntem Dachgebälk, leeren Fensterhöhlen und Bombentrichtern auf dem Sportplatz."

In der Folge fallen Strom- und Wasserversorgung aus, schreibt er. Und er fährt fort: Nach weiteren Bombeneinschlägen brenne das Krankenrevier bis zum ersten Stock runter, das Feuer breite sich weiter aus. Man hätte verhindert, dass es bis zum Keller kommt, wo Kohlen lagerten. Das Haus III, das Invalidenhaus und die sogenannte 'Rattenburg' hätte man retten können, einige wären jedoch bei dem Einsatz gestorben.

Ein weiterer schwerer Angriff setzte die MA „an 15 Stellen in Brand". Sein Lob geht an die Helfer: „Die Erhaltung der MA war in erster Linie dem tatkräftigen Einsatz der Fahnenjunker und Feldunterärzte unter Führung ihrer Offiziere zu danken." Auch am 29. Januar löschten sie einen Brand im Rössle'schen Institut, in der Pathologie. Durch einen Luftangriff am 6. Dezember 1944 erfährt ebenso die Ausweichunterkunft der MA in Gießen erhebliche Schäden. Im März 1945 zerstören Brandbomben den Hörsaalflügel des Berliner Invalidenhauses.

In den letzten Kriegstagen explodiert eine Luftmine vor dem Portal der MA in der Scharnhorststraße. Viele werden mit Zügen und Bussen nach Göttingen und Clausthal gebracht, Jahrgangs- und Aufsichtsoffiziere in Kliniken und Lazaretten untergebracht. So lauten weitere Berichte.

Asal meldet in Landshut dem Inspekteur Generalleutnant Dr. med. Paul Walter die Auflösung der Akademie. In den letzten Apriltagen 1945 erzwingen die vorrückenden Russen die Räumung der MA. Verbliebene versorgen sich mit Sanitätsgerät und -material aus dem Keller des Gebäudes und richten ein Lazarett in einer Margarinefabrik in Charlottenburg und im Bunker des Reichstagsgebäudes ein, um Verwundete zu behandeln. Am 30. April kommen russische Soldaten in diesen Bunker – damit ist der Krieg auch hier zu Ende.

Im inzwischen in der MA selbst noch eingerichteten Lazarett wird, so bekannt, die Mehrzahl der bettlägerigen Offiziere erschossen, Verwundete versorgt ein Stabsarzt der Reserve mit Rotkreuzpersonal „unter schwierigen Verhältnissen", erzählt eine Zeugin. Dr. med. Dr. phil. Hubert Fischer ist selbst Oberfeldarzt an der MA und „Jahrgangs-Offizier".

In dieser Position leitet er einen MA-Jahrgang. Alljährlich beginnen 120 bis 150 junge Männer mit dem Studium. Er beschreibt, dass es das Ziel ist, aus den verschiedenen Charakteren eine „Einheit" zu bilden, „die verläßlich zusammenhielt und solidarisch füreinander eintrat".

Und weiter: „Persönlichkeiten, die befähigt waren – allen inneren, wie äußerlichen Schwierigkeiten zum Trotz – den Status des Führers und Vorgesetzten so auszufüllen, daß sie zum echten Vorbild, zum Berater und Lehrer wurden, ohne je die Position des militärischen Chefs und Erziehers infrage zu stellen oder zu gefährden, wurden anerkannt, geachtet und verehrt. Gegenüber der Akademie hat es viele Vorurteile gegeben und nur allzu oft wurden sie pauschal auf alle Pfeifhähne ausgedehnt, so daß die Tatsache 'aktiv' zu sein, fast der Diskriminierung gleichkam! Wurden wir nicht als 'Kriegsgewinnler' bezeichnet und kursierte nicht das Märchen vom 'kostenlosen Studium'? - Vor dem Eintritt in die MA unterlag jeder Anwärter dem damals üblichen Bewerbungs- und Untersuchungsverfahren. Die bestehenden Barrieren und 'Beziehungen' zu umgehen, war praktisch unmöglich. Unzureichende Leistungen im Studienablauf führten – im Wiederholungsfalle – unweigerlich zum Ausschluss bzw. zur Rückversetzung zur Truppe. Selbst von den hartnäckigsten Kritikern kann nicht infrage gestellt werden, daß hier mindestens versucht wurde, eine 'elitäre' Gemeinschaft heranzubilden. Welchen Erfolg – gemessen an heute üblichen Methoden – dieses relativ simple System zu erbringen imstande war, beweist die überdurchschnittlich große Zahl hochqualifizierter Forscher und Wissenschaftler, die – wie immer schon – aus der MA hervorgegangen sind. Wer auf der MA war und unter ihrem Wahlspruch sein Studium absolvierte, konnte auf der 'Habenseite' mehr als andere verbuchen und darauf stolz sein, einer 'Elite' anzugehören. Ein Pfeifhahn zu sein ist weder ein Privileg, am allerwenigsten jedoch – eine Schande!" (H. Fischer 1975, S. 119)

Der 'Wahlspruch', von dem hier die Rede ist, lautet „Dic Cur Hic! – Scientiae, Humanitae, Patriae!" („Sage und wisse, warum du hier bist! – Für Wissenschaft, Humanität und Vaterland!").

Forschung und Lehre an der MA

Angehenden Militärärzten wird schon in der Ära bis 1919 nicht nur ein umfassendes medizinisches Wissen vermittelt. Sie gehören der gesellschaftlichen Elite an, erfahren daher in den Festsälen der Universität bei vielen Gelegenheiten zusätzlich 'gesellschaftlichen Schliff', also Schulung in Auftreten und Haltung. Sie lernen Tanzen, Billard, Bridge sowie 'tadellose Tischmanieren'. Auch nach der Wiedereröffnung 1934 wird ihr Bewusstsein geschult, Mitglieder des bevorzugten Standes der Sanitätsoffiziere zu sein. Im Lehrbetrieb sind die Bereiche

Medizin, Offiziersschule und Wehrdienst inhaltlich und organisatorisch stets aufeinander abgestimmt.

MA-Gedenktafel im Park des Bundeswehrkrankenhauses in der Berliner Scharnhorststraße.

Der medizinische Teil an der MA beinhaltet Lehre, Praxis und Forschung mit Schwerpunkt auf der Kriegsmedizin. In Abwechslung damit verbringen die Studenten der parallel laufenden Offiziersschule immer wieder mehrere Wochen oder Monate mit militärischen Übungen in Kasernen und Feldlagern. Oder sie erhalten während der Kriegsjahre Marschbefehle an eine der Fronten, manchmal in den Semester- beziehungsweise Trimesterferien, aber auch während der Unterrichtsphase. Als Angehörige der Wehrmacht sind sie im Fronteinsatz Sanitäter, somit Teil der jeweiligen Besatzungskompanien, zu denen sie beordert werden. Die Universität stellt sie für die Zeit ihrer Wehrmachteinsätze vom Unterricht frei. Von der Front kehren die Soldaten oft mit Beförderungen in ihrer Offizierslaufbahn in die Hörsäle zurück. Manchmal gibt es dazwischen einige Tage Heimaturlaub. Viele Studenten kommen auf diese Weise zwei, drei Mal oder öfter in das von der Wehrmacht und der SS besetzte europäische und afrikanische Ausland. Es gibt viele MA-Mitglieder, die als Sanitätsoffiziersanwärter oder Feldärzte an die Front nach Griechenland, Norwegen, Frankreich, Polen und Russland befehligt werden.

Die ärztliche Allgemeinausbildung wie auch das Staatsexamen finden gemeinsam mit den zivilen Studenten und unter den gleichen Bedingungen, wie sie an anderen Universitäten gelten, an der Charité statt. Militärärztlicher Lehrstoff ist jedoch Sache der MA selbst, dazu zählen Fächer wie „Kriegschirurgie, Gasschutz und Gastherapie, Kriegspathologie, Wehrhygiene, Geschichte des Heeressanitätswesens, Psychopathologie in der Wehrmacht". (Knust 1937, S.16) Viele Professoren lehren an der Charité und der MA parallel, manche Vorlesungen und Übungen bieten sie für Studenten beider Institute an. Verglichen mit der Charité oder anderen Universitäten, betont man an der MA, in vielen Bereichen einem 'höheren Anspruch' in Theorie und Praxis genügen zu wollen.

Methoden und Experimente

Dieser Anspruch, ärztliche Ausbildung und medizinische Forschung in einer Einrichtung zu vereinen, entspricht den Erwartungen des politischen Regimes sowie der Militärführung, so dass Universitätsleiter und verschiedene Behörden Hand in Hand arbeiten. Nach 1933 neu eingeführte nationalsozialistische Gesetze, die unter anderem viele Exekutionen 'missliebiger' Bürgerinnen und Bürger des Regimes zur Folge haben, wecken seitens der Medizin dann auch große Begehrlichkeiten, diese Leichen für Forschungs- und Lehrzwecke zu nutzen. Die enge Zusammenarbeit der Leiter verschiedener medizinischer Fachbereiche mit der NS-Führung versorgt das Institut bald mit hunderten Körpern von Erhängten und Erschossenen.

Einige konkrete Details zur Praxis der MA im Nationalsozialismus findet man auch bei Medizinhistorikern, beispielsweise über die Forschung an eigenen Studenten und an KZ-Gefangenen. Professor Dr. Robert Jütte, Leiter des Instituts für Geschichte der Medizin der Robert Bosch Stiftung in Stuttgart, veröffentlicht 2011 ein Buch mit dem Titel 'Medizin und Nationalsozialismus: Bilanz und Perspektiven der Forschung'. Darin beschreibt er auch den Charakter der Medizin, wie sie die MA betrieb: „Neben der wissenschaftlichen Betreuung der beratenden Ärzte der Wehrmacht hat die Akademie militärmedizinisch relevante Forschungen besonders im Bereich der Wehrmedizin (Pervitinstudien an Fähnrichen), Kampfstoffforschung (Lost-Lewisit-Versuche an Fähnrichen) sowie in der allgemeinen Militär- und Leistungs-Physiologie (Gebirgsphysiologie,

Kälteforschung, Detonationsforschung, Ernährungsphysiologie) vorangetrieben.
... Daneben war sie in die verbrecherische Serumforschung im KZ Buchenwald
(Erwin-Oskar Ding-Schuler) sowie in zahlreiche Ernährungsversuche in Kriegs-
gefangenenlagern involviert, mit vielen physiologischen Universitätsinstituten
(Frankfurt, Göttingen, Heidelberg, Leipzig, München, Münster) engmaschig
vernetzt." (Jütte 2011)

2.3.3. Professoren an Charité und MA

Leiter der Militärärztlichen Akademie wird mit Kriegsbeginn am 1. September
1939 der 71-jährige Generalarzt Dr. Richard Hamann. Er ist maßgeblich am
Ausbau des Instituts zu einem wehrmedizinischen Forschungsinstitut während
des Krieges beteiligt. Ende Juli 1944 muss er seinen Stuhl aus gesundheitlichen
Gründen räumen, die Nachfolge tritt Generalstabsarzt Dr. Walther Asal an. Die
Professoren Ferdinand Sauerbruch, Fritz Lenz und Hermann Stieve, alle drei
an der Charité sowie an der MA tätig, werden hier als Beispiele für bekanntere
Wissenschaftler genannt, die nachweislich große Nähe zum NS-Regime pflegen.
Sie sind jedoch offenbar nicht alle und nicht immer nur willfährig gegenüber
den nationalsozialistischen Anforderungen an die medizinische Praxis und
Forschung – dies zeigen aktuelle Studien.

Ferdinand Sauerbruch (1875 – 1951)

Ferdinand Sauerbruch ist Generalarzt des Heeres, Chirurg und Professor an
der Charité von 1928–1949. Seine chirurgischen Leistungen, sein Einfluss und
seine Lehre werden allseits anerkannt. Seine Einstellung zum NS-Regime: Er
protestiert zwar gegen Ausformungen der 'Euthanasie', unterzeichnet jedoch
Anträge zur Forschungsförderung medizinischer Experimente in Konzentrationslagern und bewilligt Mittel für Senfgasversuche an Häftlingen. Er erfährt dabei
Unterstützung des in Auschwitz tätigen Lagerarztes Josef Mengele, der von
der Deutschen Forschungsgesellschaft mitfinanziert wird, deren Obergutachter
wiederum Ferdinand Sauerbruch ist. Es gibt aber offenbar auch andere Seiten
Sauerbruchs. 1940 holt er den elsässischen Chirurg Adolphe Jung (1902-1992)
zu sich an die Charité. Jung äußert sich kritisch zum Nationalsozialismus und
wehrt sich, in die NSDAP einzutreten. Man trennt ihn von seiner Familie
und verpflichtet ihn, an deutschen Kliniken zu arbeiten. Sauerbruch will ihn
und dessen Familie vor weiterer politischer Drangsalierung durch die NSDAP
schützen.

Dazu der Historiker Christian Hardinghaus in seinem Buch 'Ferdinand Sauerbruch und die Charité. Operationen gegen Hitler', das Anfang 2019 herauskommt: „Jung führte ein geheimes Tagebuch, das im Jahre 2000, acht Jahre nach seinem Tod, von der Familie entdeckt wurde. Seine Schwiegertochter Marie-Christine Jung transkribierte es und nannte es 'Un Chirurgien dans La Tourmente' ('Ein Chirurg im Sturm'). Jung beschrieb hier vor allem seinen Chef Ferdinand Sauerbruch penibel genau. Er charakterisierte ihn als einen Mann, der patriotisch und national dachte, aber anti-nazistisch eingestellt war und den Antisemitismus verabscheute. In Sauerbruchs Privatvilla, in der Jung häufiger zu Gast war, lernte er Regimegegner kennen. Jung bezeugte außerdem, dass Sauerbruch trotz stetiger Gefahr, entdeckt zu werden, bis 1945 Juden in seiner Klinik behandelte, versteckte und zumindest in einem Fall zur Flucht vor der Gestapo verhalf." (Hardinghaus 2019, 139f)

Fritz Lenz (1887 – 1976)

Der Mediziner ist Humangenetiker, Eugeniker und führender Rassenhygieniker in der Weimarer Republik sowie im nationalsozialistischen Deutschland. Für ihn gehen die Rassengesetze in mancher Hinsicht zwar zu weit, wie er sich mal äußert, doch er ist Anhänger des NS-Regimes, tritt der NSDAP bei und führt 'wissenschaftliche Grundlagen' an zur Zwangssterilisierung für Menschen, die er als 'unwert' einstuft, und er liefert Argumente, warum Juden als 'Parasiten' zu gelten hätten. 1931 fordert er, das „untüchtigste Drittel der Bevölkerung" zu sterilisieren. Er ist zudem an Beratungen zum Euthanasiegesetz beteiligt. 1933 wird Fritz Lenz in Berlin zum Ordinarius für Rassenhygiene ernannt und richtet in den Räumen des Sozialhygienischen Seminars das Institut für Rassenhygiene ein und übernimmt die Abteilung für Rassenhygiene des 'Kaiser-Wilhelm-Institut für Anthropologie'. 'Rassenhygiene' wird mit der Machtübernahme durch die Nationalsozialisten zur Leitwissenschaft.

Hermann Stieve (1886 – 1952)

Der Anatom Hermann Stieve konzentriert sich auf die Erforschung von Fortpflanzungsorganen. Da es normalerweise eine Ausnahme ist, Leichen jüngeren Alters für die Untersuchungen zur Verfügung zu haben, bemüht er sich nach seinem Amtsantritt an der MA 1935 erfolgreich, die Körper hingerichteter Frauen (darunter Kommunistinnen, Widerstandskämpferinnen, Diebinnen) gleich nach der Vollstreckung als Untersuchungsmaterial zu bekommen. Seine

Vorschläge, zu welcher Uhrzeit die Hinrichtungen stattfinden sollten, damit Ärzte und Studenten sie noch am selben Tag bearbeiten können, werden befolgt. (Winkelmann 2008, S. 109)

Nach dem Krieg ist Stieve in der DDR Ordinarius der Humboldt-Universität Ostberlin; er wird Ehrenmitglied der Deutschen Gynäkologischen Gesellschaft. Das Jahrbuch der Bayerischen Akademie der Wissenschaften betont nach seinem Tod das „einzigartige Untersuchungsgut, wie es in dieser Zahl, Güte und Vollständigkeit noch keinem Forscher zur Verfügung stand". Und die Deutsche Akademie der Wissenschaften Berlin, die bedeutendste Forschungseinrichtung der DDR, schreibt in ihrem Nachruf, dass Stieve 30 Jahre lang „den Medizinstudenten in mustergültiger Weise die anatomischen Kenntnisse grundlegend vermittelte".

Ernst Rodenwaldt (1878 – 1965)

Rodenwaldt ist Generalarzt der Wehrmacht und Rassenhygieniker. 1940 wird er Leiter des Instituts für Tropenmedizin und Tropenhygiene an der MA und berät als Tropenmediziner den Leiter des Sanitätswesens des Heeres. Als früherer Tropenarzt in den ehemaligen deutschen Kolonien Togo und Kamerun und wegen seiner dort gewonnenen Kenntnisse und Erfahrungen, ist er auch wesentlich an der Malariaforschung an KZ-Gefangenen sowie 'wissenschaftlichen Auswertungen' der Menschenversuche der Wehrmacht beteiligt. Auf der Grundlage der Seuchengeografie schafft er das neue Fach Geomedizin.

2.3.4. Kameradschaft und Sport an der MA

Kameradschaft hat beim Militär und im Sport des Nationalsozialismus besondere Bedeutung. Doch auch ganz allgemein könne man Kameradschaft als 'Staatstugend' bezeichnen, weshalb dieses Phänomen speziell zu betrachten sei. Es trete an die Stelle einer 'christlichen Gewissenskultur individueller Verantwortung' und orientiere sich maßgeblich am Wohl der eigenen Gruppe. Das erläutert der Historiker Thomas Kühne in seinem Buch 'Kameradschaft. Die Soldaten des nationalsozialistischen Krieges und das 20. Jahrhundert'.(Kühne 2006, S. 89ff) An der MA stehen Sportarten im Zentrum, die die Kameradschaft fördern, etwa Segeln, Bergsteigen, Rudern. Aber auch beim Umgang mit Waffen wird Kameradschaft geschult. Nachkriegsforschung sieht den kämpferischen Willen der Soldaten sowie der Bürger insgesamt im 2. Weltkrieg als Folge der kollektiv empfundenen Niederlage nach dem 1. Weltkrieg und der Betriedigung persönlicher Bedürfnisse durch die soziale Organisation des Militärs. Sebastian Haffner meint gar, alle Deutschen seien „verkameradet". Kameradschaft verderbe den Menschen und mache ihn unfähig zum eigenen, verantwortlichen, zivilisierten Leben. Sie beseitige das Gefühl der Selbstverantwortung. Die Kameraden nähmen den Platz des Gewissens ein, erteilten Absolution für die Taten. (Haffner 2000)

Dem Ideal und der Verherrlichung eines Lebens in 'Kameradschaft', der Unterordnung des Einzelnen, wirkt jedoch die Wertschätzung des Individuums entgegen. Das weiß man in den nationalsozialistischen Bildungseinrichtungen, weshalb gerade dort gegen diese Tendenz beeinflusst wird.

Der Kameradschaftsmythos findet sich als Organisationsprinzip von der Jungengemeinschaft bis hin zur Familie, in der eine Form der Kameradschaft auch mit Frauen gelebt wird, dies jedoch nicht auf Augenhöhe. Während für Männer im NS-Regime zur Kameradschaft die gemeinschaftliche Unterordnung unter den Führer gehört, geht es für Frauen um Gehorsam und Unterordnung unter den Führer *und* den Mann.

Praktizierte Kameradschaft bewirkt zweierlei: Sie integriert und schließt aus, stärkt die interne Zusammengehörigkeit und legitimiert zur Ausgrenzung – bis hin zu Gewalt oder gesetzlosem Verhalten gegenüber einem Gegner. (Kühne 2006)

Es gibt viele Kommentare von Zeitzeugen im Nationalsozialismus, die deutlich machen, wie sehr sie das Zusammenwirken von Pflicht, Leistung, Sport und Kameradschaft begeistert.

Ein Beispiel dazu von Heinrich Knust, selbst in der MA tätig, in seiner Chronik von 1937: „Im Dienstplan der Akademie nahm der Sport als Mittel der körperlichen Ausbildung und der Kameradschaftserziehung wesentlichen Raum ein. Aufgabe war, in kameradschaftlicher Zusammenarbeit eine möglichst hohe Mannschaftsleistung zu erzielen. ... Die Pflegestätte der Kameradschaft war unser Fähnrichsheim. Der gemeinsame Mittagstisch und die Kameradschaftsabende boten vielerlei Gelegenheit gegenseitiger Aussprache und des Sichkennenlernens. Gerade auch bei gemeinsamem Frohsinn und ernstem Gespräch fanden wir uns. Daß es beim Umtrunk zu passender Gelegenheit auch einmal spät und 'hoch hergegangen' sein soll, spricht nur für die kameradschaftliche Geschlossenheit unseres Jahrgangs. Und diese Stunden waren dann die schönsten." (Knust 1937, S. 16-17)

2.3.5. Das Ende der Militärärztlichen Akademie

Die MA verbleibt bis Ende 1944 in Berlin. Mehrere Ärzte des Hauses sowie der Heeres-Sanitätsinspekteur, dem die MA untersteht, arbeiten schon seit einiger Zeit parallel in Berlin und an der Universität Breslau. Im Winter 1943 muss man wegen der Brände und Zerstörungen zentraler Räumlichkeiten, entstanden bei Luftangriffen der Alliierten auf Berlin, die MA im Jahr 1944 teilweise nach Breslau, außerdem nach Gießen und Döbeln auslagern. (S. dazu auch Kapitel 9, u.a. 9.2.3) Bei den Bombardierungen gegen Ende des Krieges wird die Akademie fast völlig zerstört, nur etwa zehn Prozent der baulichen Substanz bleiben intakt. Der wieder errichtete Gebäudekomplex dient nach 1945 als Sitz des obersten Gerichts und der Generalstaatsanwaltschaft der DDR sowie als Regierungskrankenhaus. 1990-1998 veranstaltet das Rundfunk-Sinfonie-Orchester Berlin einige Konzerte im 'Eichensaal', dem Fest- und Bankettsaal der ehemaligen Kaiser-Wilhelms-Akademie. Danach zieht das Bundesministerium für Wirtschaft und Energie hier ein.

Nachfolger der Militärärztlichen Akademie

In der heutigen Bundesrepublik könnte man als Nachfolgerin die 1956 eingerichtete 'Sanitätsakademie der Bundeswehr' in der Ernst-von-Bergmann-Kaserne bei München sehen. Sie ist die zentrale Ausbildungseinrichtung des Sanitätsdienstes und dem Sanitätsamt der Bundeswehr unterstellt. Sie baut auf der Tradition der MA auf und versteht sich auch als ihre Nachfolgerin, darauf verweist sie auf ihrer Webseite www.sanitaetsdienst-bundeswehr.de. Einige Kommentare, die im Internet von Absolventen dieser Akademie zu finden sind, klingen ähnlich begeistert wie diejenigen aus der hier behandelten Epoche im Nationalsozialismus. Sie betonen die positiv erlebte Kameradschaft, das erfüllte Leben in der Truppe und die Hochachtung vor den Ausbildern.

3. 1939 Kriegsbeginn – Als Wehrmachtssoldat nach Polen

JV wird laut Stempel im Studienbuch der Militärärztlichen Akademie nach seinem ersten Semester vom Studium „beurlaubt" und kommt bis zum Beginn des ersten Trimesters mit der Wehrmacht zu seinem ersten militärischen Einsatz. Wie oben beschrieben, wurde der Rhythmus von Semester auf Trimester umgestellt. Im Januar 1940 setzt er dann sein Studium mit dem ersten Trimester, das gerade eingerichtet wurde, an der MA fort. Doch erst mal ist er vom 20. September bis 20. Oktober 1939 der Sanitäts-Ersatz-Abteilung I als Gefreiter und 'Hilfs-Wehrmacht-Kraftfahrsachverständiger' zugeordnet. Seine Truppe gehört zu den ersten Besatzern in Polen.

JV schildert der Autorin seine damalige Sichtweise: „Die Polen haben den Krieg angezettelt und Hitler gezwungen zu reagieren ... davon waren wir überzeugt." Und er erinnert sich weiter, dass nicht nur diejenigen, die beim Militär studieren, betroffen sind: „1939 wurden auch Zivilstudenten eingezogen, kaserniert und in Uniform gekleidet. Auch sie kamen an die Front."

Hintergrund
Polen 1939 – Beginn des 2. Weltkriegs
Die 1919 durch den Versailler Vertrag gezogene polnische Grenze ist nachfolgenden deutschen Regierungen ein demütigendes Zeugnis, da sie damit als 'Kriegsverlierer' dastehen. Viele Deutsche empfinden die neue geografische Begrenzung nach Osten als Schmach, weshalb sie eine Revision der Ostgrenzen anstreben, um die hier 'verlorenen Gebiete' zurückzugewinnen. Polen wird nur als vorübergehender 'Saisonstaat' gesehen, und gegenüber den polnischen Menschen entwickelt sich eine negative, bald rassistische Einstellung. Die polnische Regierung will die Position ihres neuen Staates stärken und schließt 1932 einen Nichtangriffspakt mit der Sowjetunion, um die erfolgte Grenzziehung abzusichern und einem neuerlichen Machtzuwachs Deutschlands zu begegnen. Die NSDAP lehnt von Beginn an die Bedingungen des Versailler Vertrags rigoros ab, Hitler verkündet zudem seinen Plan, „Lebensraum im Osten" zu gewinnen.
Dies schafft für die davon betroffenen Staaten, insbesondere Polen, eine bedrohliche Lage, dadurch genährt, dass sich schon 1934 das deutsche Militär freiwillig der Befehlsgewalt Hitlers und der NSDAP unterwarf. Der Reichsadler mit dem Hakenkreuz in seinen Fängen gilt seitdem als Insigne des NS-Regimes und wird fortan auf der rechten Brustseite der Uniformen getragen. Alle Angehörigen der aus der Reichswehr 1935 her-

vorgegangenen Wehrmacht werden auf die Person des 'Führers' vereidigt. 1936 erklärt Hitler, die Wehrmacht müsse „in vier Jahren einsatzfähig, die deutsche Wirtschaft in vier Jahren kriegsfähig sein". (Stiftung Deutsches Historisches Museum 2019)

Überfall auf Polen

Als 'Überfall auf Polen' wird der völkerrechtswidrige Angriffskrieg des nationalsozialistischen Deutschen Reichs gegen die Zweite Polnische Republik bezeichnet, mit dem Adolf Hitler den Zweiten Weltkrieg in Europa entfesselt. In dem fünfwöchigen Polenfeldzug vom 1. September bis 6. Oktober demonstriert die Wehrmacht mit der angewandten 'Blitzkrieg-Taktik' ebenso ihre technische Stärke und strategischen Fähigkeiten wie kurze Zeit später, im Frühjahr 1940, in der Westoffensive gegen Frankreich.

Anlass für den Kriegsbeginn ist in der Nacht vom 31. August auf den 1. September 1939 der Überfall auf den Sender Gleiwitz. Offiziell lautet der Vorwurf Hitlers, der ostdeutsche Radiosender Gleiwitz nahe der Grenze zu Polen wäre von „polnischen Freischärlern" am späten Abend des 31. Augusts überfallen und eingenommen worden. Hitler verkündet jedoch seinen Oberbefehlshabern schon am 22. August 1939: „Die Auslösung des Konfliktes wird durch eine geeignete Propaganda erfolgen. Die Glaubwürdigkeit ist dabei gleichgültig, im Sieg liegt das Recht." (Hohlfeld 1953, S. 74-81)

Diesen Plan führen mit Hitlers Befehl einige SS-Männer aus. Verkleidet als Angehörige eines polnischen Freiwilligenverbands, überwältigen sie die aktuell Diensthabenden im Sender, bemächtigen sich der Mikrofone und verbreiten in polnischer und deutscher Sprache, sie hätten den Sender in ihre Gewalt gebracht. Zugleich rufen sie einen Aufstand aus. Ohne Kriegserklärung marschiert die Wehrmacht unmittelbar danach in Polen ein, es ist der 1. September. Die polnischen Truppen kapitulieren einige Wochen später, am 6. Oktober 1939.

3.1. JV mit der 11. Division in Polen

16 Tage nach der Kapitulation Polens, am 22. Oktober 1939, ist JV mit der 11. Division 'Grenadier-Regiment 2 FStO Allenstein, I. - III. Btl.' auf polnischem Gebiet. Er bleibt bis zum 6. November. In Gesprächen mit ihm über seine Zeit als Besatzer in Polen sagt er: „Wir sind mit Kübelwagen und Bahn über Königsberg nach Tapiau, dort mehrere Wochen geblieben, als Sanitäts-Kompanie in den Kasernen." Sein Dienstgrad ist Gefreiter, er dient der Truppe als Wehrmacht-Hilfs-Kraftfahrsachverständiger. Mit seiner Division kommt er von Tapiau über Königsberg, Allenstein, nach Radzymin, das ist etwa 60 Kilometer vor Warschau. Tapiau ist eine Kleinstadt im 'polnischen Korridor', so wird das Gebiet zwischen Westpreußen und Ostpreußen seit dem Ende des 1. Weltkriegs bezeichnet.

In Kalozin trifft JV auf Juden. „Kalozin war damals eine vollkommen jüdische Stadt", sagt er später. Und er erinnert sich: "England, deine Schuld!, schrieben Deutsche in Polnisch auf Schilder, die sie überall aufstellten." (England und Frankreich hatten mit Polen einen Beistandspakt geschlossen, der Polen vor einem Übergriff Deutschlands schützen sollte. Anm. SV) „Wir waren die Nachhut. Ich bin mit meiner 11. Division hinter den Angriffen hergefahren, wir haben aufgeräumt und die Wirkung unserer Artillerie gesehen: Alles zerschossen." Auf weitere Nachfrage sagt er: „Juden-Abtransporte habe ich nicht erlebt, ich war vorher dort."

Hintergrund
Juden in Polen
Jüdisch gläubige Einheimische erleben schon länger antisemitische Anfeindungen und Verfolgungen durch ihre nichtjüdischen Mitbürger. Zur Zeit des Überfalls der Deutschen Wehrmacht und der SS auf Polen Anfang September 1939 leben dort etwa 3.460.000 polnische Bürger jüdischer Konfession. Ungefähr sechs Millionen polnische Bürger verschwinden während des Krieges, die Hälfte von ihnen sind Juden (somit bis auf 300.000 500.000 Überlebende die gesamte jüdische Bevölkerung), die in den Vernichtungslagern der Nationalsozialisten in Auschwitz, Treblinka, Majdanek, Belzec, Sobibor und Kulmhof ermordet werden oder in den Ghettos verhungern. Dokumente schildern den Terror, den Wehrmacht und SS unmittelbar nach dem Einmarsch verbreiten: Demütigung der jüdischen Bevölkerung, ihre Entrechtung und die Flucht Hunderttausender. An die zwei Millionen Polen fallen bereits im September 1939 unter deutsche Herrschaft.

3.2. Kriegstagebücher

JV schreibt zwei Kriegs-Tagebücher: Eins während seines Einsatzes in Polen, Oktober-November 1939, und das zweite 1941-42, das seinen Aufbruch von Heidelberg in den Norden Norwegens an die russische Front vor Murmansk und seine Zeit dort beinhaltet. Man kann seine Aufzeichnungen 'Tagebücher' nennen, da er darin bemüht ist, fortlaufend chronologisch Ereignisse und Erlebnisse zu schildern. Diese Marschbefehle sind ganz nach seinem Geschmack, vermutet man bei der jeweiligen Lektüre. Er ist jedes Mal Besatzer, Soldat, neugierig, stolz, überzeugt von seiner Aufgabe. Er stellt keine Fragen, kritisiert keine Befehle, außer mal eine schlechte Organisation. Er geht in seinen Tätigkeiten auf. Er lernt Kraftrad-Fahren, lenkt verschiedene Militärfahrzeuge, nimmt so manch gefährliche und anstrengende Momente als sportliche Herausforderung. So schildert er es zumindest. In seinen Berichten beschwert er sich nicht, spricht nie über eigenes Leiden, auch wenn es um viele brenzlige Situationen, Verletzungen, Hunger oder Tod von Kameraden geht.

Der Stil bleibt ganz im sachlichen Ton. Beobachtend wie ein Ethnologe macht er sich, besonders auf seinem Weg durch Norwegen Richtung Einsatzort Nordkap, Gedanken über Kleidung der Fremden, ihr Aussehen, ihre Kultur und Architektur. Ein besonderes Auge wirft JV immer auch auf die Frauen. Die Strecke von Heidelberg zur russischen Stadt Murmansk geht er mit Elan an, er ist begeistert, dass er unterwegs ist, und die Front sein Ziel. Er notiert viele Details, ist immer gut gestimmt, steht als Kommentator meist neben und über den täglichen Schwierigkeiten, die er zu bewältigen hat. Erstaunlich ist seine Wahrnehmung einzelner Begebenheiten und ihre präzise Wiedergabe. All das ist im 'Norwegischen Tagebuch' stärker ausgeprägt als noch zwei Jahre zuvor in den Reflexionen, die er in Polen zu Papier bringt. Auf Nachfragen, wie es ihm als Besatzer ging, wie er über die Zeit im Nachhinein denkt, antwortet er schulterzuckend: „Es war halt so." Aber auch: „Wir waren wieder wer."

Beide Tagebücher liegen im Original vor, sie sind handschriftlich verfasst mit Tintenfüller. Da sie über die Jahrzehnte in einer Holzkiste trocken und dunkel lagerten, sind sie sehr gut erhalten, auch wenn sie natürlich einige Spuren der Umstände zur Zeit ihrer Entstehung zeigen. Interessant ist ebenfalls, dass JV das norwegische Original nach seiner Rückkehr noch einmal abschreibt, quasi 'ins Reine bringt'. Dabei ändert er jedoch weder inhaltlich noch im Stil noch sprachlich etwas, und er fügt auch nichts hinzu – außer mal eine Information, die er noch nicht haben konnte, solange er unterwegs war.

Die Tagebücher überlässt JV der Autorin. Sie führen einige Gespräche über deren Inhalt. Da die Autorin jedoch beim ersten Lesen der Polen-Aufzeichnungen davon sehr beeindruckt ist, vergeht einige Zeit, bis sie konkret darüber hätte sprechen und Fragen stellen können. Nach dieser Phase ist es wegen des Todes von JV 2009 dazu allerdings zu spät.

Im Folgenden wird der Inhalt des Polen-Tagebuchs in Auszügen zitiert oder zusammengefasst. Da es zu dieser Periode auch ein Fotoalbum gibt, ergänzen sich JVs Text und Bilder.

Das Norwegen-Tagebuch wird im 6. Kapitel behandelt.

3.2.1. Kriegstagebuch: Einsatz in Polen 1939

Um einen Eindruck von JVs Erzählstil zu bekommen, werden die ersten Zeilen aus dem Original zitiert. Anschließend folgen verschiedene Zitate und Zusammenfassungen des Textes sowie in Klammern Anmerkungen und Erklärungen der Autorin, die dem besseren Verständnis dienen sollen.

„8:07 mit den Fhj.Uffz (Fhj. = Fahnenjunker, niedrigster Unteroffiziers-dienstgrad, SV) Brandt, Boeth, Römhild und Kopper Abfahrt von Tapiau über Königsberg (Mittagessen) nach Allenstein. Bei uns sind ausserdem noch 9 San.Sold., die mit nach Radzymin sollen. Die Fahrt ist sehr gemütlich. Es gibt Schnaps u. Zigaretten genug. In Allenstein grosses Rätselraten: Wohin weiter? Wir entschliessen uns für Ortelsburg. Wir fahren hin, aber vergebens, wir werden zurückgeschickt und sollen über Dt. Eylau nach Polen einreisen. Da es spät geworden ist, bleiben wir in Allenstein in der Reiterkaserne über Nacht. Ein Fhj. Uffz. bringt uns hin. Die Oberleitungsomnibusse sind das einzige Interessante an Allenstein, sonst macht das Kaff einen äusserst müden Eindruck. Die Kaserne ist neu aber ausgestorben u. ausser 'trocken Karo' (Landserjargon: trockenes Brot ohne Aufstrich, SV) ist nichts Essbares aufzutreiben. Unser Quartier unterm Dach ist dunkel u. kalt, aber das erschüttert uns schon nicht mehr. Man gewöhnt sich nach der Tapiauer Erholungszeit schon wieder langsam an das Landserdasein. Trotzdem einige unserer Reservisten leicht angebläut sind, pennen wir bald ein. ... Dt. Eylau ist etwas netter als Allenstein, besonders das andere Geschlecht."

JV notiert viele Orte, die auf ihrer Hin- und Rückfahrt liegen, auf einem kleinen Zettel: Tapiau, Allenstein, Ortelsburg, Dt. Eylau, Soldau, Mielau, Zichenau, Nasielsk, Radzymin, Minsk, Praga, Anin, Kalyszin, Sokolow, Warschau, Anin, Minsk, Kaluszin, Wegrow, Sokolow, Wegrow, Lochow, Radzymin, Warschau, Blonie, Szymanow, Rawa, Rogow, Lodz, Ostrowo, Oels, Breslau, Liegnitz, Elsterwerda, Falkenberg, Rosslau, Magdeburg, Seesen, Kreyensen, Holzminden, Scherfede, Hagen, Burscheid, Remscheid.

Nachdem die Grenze nach Polen hinter ihnen liegt, beschreibt er sein Erstaunen über strohgedeckte Holzhütten und Frauen in Hosen. „Bis Soldau, das früher noch deutsches Gebiet war, sieht alles noch halbwegs sauber aus, dann aber beginnt der typisch polnische Dreck."

Die polnische Bevölkerung genießt weder bei den deutschen Besatzern allgemein noch bei JV ganz persönlich ein gutes Ansehen, die Menschen werden entsprechend herablassend behandelt, wie es in seinem Bericht deutlich wird. Ob sie auch besonderer Gewalt seitens der Truppe von JV ausgesetzt sind, wird nicht erwähnt, aber manche Textstelle legt nahe, dass sie keinen Grund sehen, den Polen respektvoll und mit Rücksicht zu begegnen. In Radzymin angekommen, notiert JV: „Die Stadt hat etwa 8000 Einwohner und macht einen ziemlich ramponierten Eindruck. Zerschossene u. völlig eingestürzte Häuser, viel deutsches Militär u. noch viel mehr Juden. Nichts als Juden!

Eine Seite in JVs Fotoalbum. Oktober 1939 ist er mit der Wehrmacht in Polen.

... Auf einem Gang durch die Stadt sehen wir die ungeheure Wirkung der Artillerie. Dicht neben dem Bahnhof ist ein riesengrosser Bombentrichter mitten auf der Strasse. Von den umliegenden Häusern ist nicht mehr viel übrig. Alles Schutt u. Asche. Die Kirche ist unversehrt geblieben, wie überall bis jetzt. Viele Häuser sind auch völlig ausgebrannt, da müssen die heimtückischen Heckenschützen drin gesessen haben. In allen Strassen fällt man fast über die Juden. Unter R.A.D.-Aufsicht (Reichsarbeitsdienst, SV) muss ein Teil von ihnen mit blossen Händen den Markt vom Mist reinigen. Andere schaufeln die Granattrichter zu und räumen auf. Andauernd werden wir angehalten und um Tabak, Zigaretten, Streichhölzer, Benzin etc. angebettelt. ... Wir machen einen Gang durch das Judenviertel und betreten auch einzelne 'Wohnungen';

der Knoblauchgestank wirft einen fast um, bis man sich daran gewöhnt hat. Alles starrt vor Schmutz, barfüssige Kinder liegen in allen Ecken. Sogar auf der Strasse sehen wir bei dieser Kälte einige Frauen barfuss laufen, während wir fast in unseren Mänteln frieren."

Dann in Kaloszin (heute Kaluszyn – 68 Prozent der Bewohner sind damals Juden, heute erinnert kaum etwas an ihr Leben dort. Anm. SV): „Wir kommen durch die Judenstadt Kaloszin, die fast völlig dem Erdboden gleichgemacht ist. Hier steht kein Haus mehr, nur die Essen ragen noch gespenstisch aus dem Wirrwarr." In Sokolow schließen sie sich der Sanitätskompanie der 11. Division an. Auf ihrer Fahrt, deren Plan und Ziel beim Lesen des Tagebuchs nicht klar wird, erreichen sie dann die Warschauer Innenstadt. „Auch Warschau ähnelt einem Trümmerfeld. Auf dem Pilsudsky-Platz stellen wir den Wagen ab u. gehen durch die Hauptstrassen. Was uns sofort auffällt, sind die wirklich hübschen Frauen, die man hier überall sieht und die auch aus der ärmlichen Kleidung unglaublich viel zu machen verstehen. Menschen mit vornehmen Gesichtszügen stehen jetzt auf der Strasse und handeln mit Streichhölzern u. Hosenträgern."

Eine der 1939 durch Wehrmacht und SS zerstörten Straßen von Warschau.

Sie fahren zurück gen Deutschland. JV schreibt: „Wieder geht es durch das völlig eingeäscherte Kaloszin und dann halten wir auf freier Landstrasse an einem wunderbar einsam gelegenen Heldenfriedhof, den der R.A.D. hier auf einer Anhöhe angelegt hat. Einer, der dabei war, erklärt uns, wie sich das Gefecht abgespielt hat und wir stehen still am Grabe unserer toten Kameraden."

„In Wegrow", erklärt er, „leben 12.000 Menschen, davon 8.000 Juden. ... Wir streifen durch das Ghetto und brauchen nun nichts mehr zu Abend zu essen, denn der Appetit ist uns bei diesen tausend Wohlgerüchen restlos vergangen. Zwei Juden, die ich aus ihrem Bau heraushole, um sie zu knipsen, fangen entsetzlich an zu jammern, da sie Angst haben, sie würden erschossen. Als sie aber merken, dass ihnen nichts geschieht, danken sie mir fast auf den Knien und wissen sich vor Freude nicht zu lassen. Ein jämmerliches Volk! ... Nun gehen wir zur Synagoge, wo die Juden gerade dabei sind, die Einrichtung mit Äxten unter R.A.D.-Aufsicht zu Kleinholz zu verarbeiten. Sie mustern uns mit hasserfüllten Blicken. Wir haben nun die Nase von diesem verjudeten Kaff voll und fahren nach Sokolow. ... An diesem einen Tag haben wir wahrscheinlich mehr gesehen, als viele andere im ganzen Feldzug."

Die Wehrmacht richtet bei Kaloszin einen Friedhof für eigene Soldaten ein.

In Wegrow müssen Juden ihre Synagoge unter Aufsicht der Wehrmacht selbst zerstören.

JV und seine Kameraden sind nicht immer gut informiert, wohin man sie beordert. So fragen sie sich nun, mitten in Polen, wo es hingehen soll. "... der Oberarzt, der auch auf der M.A. war (Militärärztliche Akademie, SV), will uns mitnehmen nach dem Westen; wer weiss wie lange wir sonst noch hier in Polen festsässen und im Westen kann man wohl auch genug erleben." Wenn die Unterkünfte unterwegs zu kalt und nicht beheizbar sind, die Umladungen an den Bahnhöfen zu langsam vorangehen, schimpft JV immer wieder und fordert bessere „Organisation!!!".

Unter dem Datum 29. Oktober 1939 sowie am vorangegangenen Tag beschreibt er den Fahrunterricht auf Motorrädern: „Ich bin begeistert, wie immer, wenn ich ein Kraftfahrzeug unter mir habe. Neben 'Frauchen' ist es wohl meine größte Leidenschaft." Dann geht es mit der Truppe wieder westwärts. Am 31. Oktober hält ihr Transportzug in Lódz, schließlich fahren sie über die Grenze zurück nach Deutschland mit dem Ziel Wuppertal, so denken sie: „Weiter geht es über Rosslau nach Magdeburg. Mit fast hungrigen Augen starren wir in die Landschaft u. versuchen Vergleiche anzustellen gegenüber Polen. Aber man kann da wirklich nichts vergleichen. Deutschland ist unvergleichlich viel schöner u. sauberer als Polen. Ich glaube, wir sind im Augenblick alle sehr stolz darauf. ... Wir laufen in Wuppertal ein. Donnerwetter! Der Zug hält ja nicht! Die tollsten Parolen tauchen auf: 'Es geht zum Westwall!' usw.!"

Drei Tage brauchen sie von Lódz bis Remscheid, am 2. November fahren sie das letzte Stück der Strecke über die Autobahn zu ihrer dortigen Unterkunft. „Die Bevölkerung ist überaus soldatenfreundlich u. begrüsst uns herzlich. Das tut wohl! Quartier beziehen wir in einer geräumigen Schule. Der Hauptgedanke ist: Waschen u. Rasieren. Wir haben es wahrhaftig dringend nötig. Alles starrt vor poln. Dreck. Der ganze Hof ist voller Kinder, die auf den Fahrzeugen herumtollen."

„Endlich gibt es auch wieder Kuchen zu kaufen, wir sind ausgehungert danach. Ich liege mit den Uffz. u. Gruppenführern in einem Klassenzimmer. Es ist recht gemütlich u. vor allen Dingen sauber! Das ist für uns jetzt das Wichtigste. Nachmittags Appell. Der Oberarzt redet einen fürchterlichen Seich über 'Benehmen in der Stadt' u.s.w. Im Kaff ist allerhand los, jedenfalls für uns, da wir in Ostpr. u. Polen etwas weltfremd geworden sind. ...

„Mein Pkw 'Horch V8'", schreibt JV. Hier steht er an der Remscheider Schule.

71

Die Freundlichkeit der Bevölkerung wundert uns immer wieder. Remscheid war sicher nie Garnisonstadt. Eine Metzgersfrau schenkt mir sogar eine Fleischkarte, so dass ich im Lokal anständig essen kann. Von dort aus rufe ich zu Hause an. Daheim ist gottseidank alles in Ordnung. Um 1/2 10 tippele ich durch die Dunkelheit ins Quartier. Kruzitürken! Kein Stroh vorhanden u. der Ofen brennt nicht. Scheisse!! Man muss sich auf den kalten geölten Boden legen. Ich nehme zwei Schulbänke, lege eine Leiter quer darüber und baumele meine bewährte Zeltbahnhängematte daran. Es ist bequem aber trotzdem saukalt. Den Mannschaften gehts nicht besser. Sie sind in einer Stimmung, die an Meuterei grenzt. Wir können sie fast verstehen. In Polen hatten wir bessere Quartiere. Und dabei reissen sich hier die Einwohner um uns u. bieten Privatquartiere an. Organisation!!"

6. November: Gerade hat JV eine Freikarte fürs Remscheider Stadttheater ergattert, da kommt jedoch der Befehl zur Weiterfahrt. „Es klappt aber auch nichts. Augenblicklich jedenfalls sind wir fieberhaft am Packen und fragen uns gespannt: Wohin??"

Am Ende des Polen-Einsatzes, während ihrer Zwischenstation in Remscheid, ist dies der letzte Satz seiner Aufzeichnungen. Zu diesem Zeitpunkt ist es noch ungewiss, was tatsächlich auf sie zukommt, ob sie in Fronturlaub gehen können, dann Richtung Trimester in Berlin, oder ein neues militärisches Ziel als Besatzer zugewiesen bekommen. Eine Befürchtung ist: Es geht zum Westwall. Aber bis Dezember bleiben sie in der Gegend um Remscheid und Düsseldorf. JV dokumentiert diese (Warte-)Zeit mit Fotos von Ausflügen zum 'Schloss Burg' an der Wupper und einer Sonntagsfahrt nach Düsseldorf. Offenbar geht es um Weihnachten für diejenigen Mitglieder der Truppe, die Studenten der Militärärztlichen Akademie sind, in Heimaturlaub, denn im Januar beginnt für sie das 1. Trimester.

Ergänzung: 11. Infanterie-Division

Die 11. Infanterie-Division der Wehrmacht, mit der JV in Polen ist, entsteht 1934 und ist von Beginn an in Ostpreußen stationiert. Im August 1939 bezieht sie Stellung an der polnischen Grenze und fällt am frühen Morgen des 1. September, unmittelbar nach dem Überfall von SS-Männern auf den Sender Gleiwitz, in Polen ein, indem sie die polnische Verteidigungslinie überschreitet und in den folgenden Tagen bis Warschau vordringt – Tote, Verletzte und Zerstörung hinterlassend. Nachdem der Widerstand in Polen zusammengebrochen war, übernimmt die Division bis Anfang November 1939 Sicherungsaufgaben und wird anschließend zur Umorganisation und weiteren Ausbildung der Soldaten in den Raum Remscheid verlegt.

4. 1940 Berlin – Döberitz – Frankreich – Polen

Anfang 1940 setzt JV sein Studium in Berlin fort. In diesem Jahr hat er drei Einsätze mit der Wehrmacht. Es gibt einen Lehrgang seiner Kompanie in Döberitz, als Besatzer kommt er nach Frankreich und ein zweites Mal nach Polen, dieses Mal hauptsächlich in die Stadt Gnesen, heute Gniezno. Mit dem anschließenden Urlaub im Winter ist er über sieben Monate nicht im Studium.

4.1. Erstes Kriegstrimester in Berlin an der MA

Nach seiner Beurlaubung für das Wintersemester 1939-1940 setzt JV im Januar 1940 sein Studium an der Militärärztlichen Akademie fort. Inzwischen ist das Trimester eingeführt, es geht bis März.
Auf dem Lehrplan stehen:

Allg. Exp. Chemie, Prof. Leuchs	(4 Wochenstunden)
Experimentalphysik für Mediziner, Prof. Gerthsen	(3 Wochenstunden)
Experimentalphysiologie, Prof. Trendelenburg	(5 Wochenstunden)
Geschichte der Medizin, Prof. Heischkel	(2 Wochenstunden)
Anatomie I, Prof. Hertwig	(4 Wochenstunden)
Leichenzergliederungsübungen I, Prof. Stieve	(15 Wochenstunden)

Im Fotoalbum von JV zu diesem Zeitabschnitt befinden sich einige Bilder, die ihn und seine Kommilitonen beim „Zergliedern unseres Jonathan" zeigen. Jonathan ist eine Leiche. Man kann direkt erkennen, wie akribisch und interessiert sie 'Jonathans' Unterarm und Organe untersuchen.

4.1.1. Lehrgang der Kompanie in Döberitz

Ostersonntag 1940, das ist der 24. März, geht es auf einen Lehrgang zur 'Sanitäts-Wehr- und Versuchskompanie' nach Döberitz bei Berlin. Wieder einmal folgt auf eine Phase Studium eine für Ausbildung beim Militär. Das betrifft JVs gesamten MA-Jahrgang 1938. Der Truppenübungsplatz Dallgow-Döberitz ist einer der größten Deutschlands und dient seit dem 18. Jahrhundert zur Ausbildung von Soldaten, Unteroffizieren und Offizieren. Das Lager bildet einen eigenen Ort mit vielen Gebäuden zur Unterbringung, Schulung und Versorgung militärischer Einheiten sowie breiten Alleen zum Marschieren.

Die Wohnverhältnisse sind recht einfach: Für die Morgenwäsche zum Beispiel nimmt jeder seine Blechschüssel voll Wasser und sein Handtuch mit vor die Tür zum Waschtisch, an dem sich dann gleichzeitig etwa zwölf Männer bei freiem Oberkörper waschen. Gleich daneben sind Haken für ihre nassen Handtücher.

Morgenwäsche beim Lehrgang auf dem Truppenübungsplatz Döberitz bei Berlin – um Ostern 1940 (Ende März).

Sie unternehmen Gepäckmärsche, üben Salutieren und Schießen, lernen Zeltbau. Fußball, Kartenspiele und viel Spaß gibt's in der Freizeit. JV ist mit seinen Freunden Klaus Robbers und Rudi Rättig auch in dieser Zeit immer zusammen, sie gehören wie er zum 'Jahrgang 1938' auf der Militärärztlichen Akademie und waren schon auf dem Kasseler Friedrichsgymnasium befreundet.

April bis Juli sind sie zurück in Berlin, belegen das 2. Trimester – man findet sie wieder in ihren Seminaren und Experimentierkursen. Die Fächer beinhalten medizinische Themen von Physiologie bis zu gesellschaftlichen Fragen wie Bevölkerungspolitik.

Im Juli wird das Studium im Hörsaal erneut von militärischen Einsätzen abgelöst. Erst geht es nach Frankreich, dann noch einmal nach Polen.

4.1.2. Juli bis Oktober in Frankreich

Für ihren Einsatz bei der Besetzung Frankreichs werden sie dem Kommando der motorisierten 'mot.-Sanitätskompanie 2/23' unterstellt. Ihr Ziel ist nicht der Westwall, wie von JV immer wieder befürchtet, sondern der Nordosten Frankreichs, die sogenannte 'verbotene Zone'.

Hintergrund
Westfeldzug

Im 'Westfeldzug' oder auch 'Blitzkrieg' besiegt die Wehrmacht in einer militärischen Offensive von Mai bis Juni 1940 nacheinander die Niederlande, Belgien, Luxemburg und schließlich Frankreich. Der 'Waffenstillstand von Compiègne' beendet am 22. Juni 1940 diesen Westfeldzug und leitet die Teilung Frankreichs ein. Etwa 60 Prozent des französischen Territoriums besetzt die Deutsche Wehrmacht, weitere Gebiete annektiert sie, und in der unbesetzten Region im Süden des Landes entsteht das politisch eng an Deutschlands Nationalsozialismus angelehnte Vichy-Regime (1940-1944) unter Staatschef Philippe Pétain und Premierminister Pierre Laval mit Regierungssitz in Vichy, in der zentralfranzösischen Region Auvergne. Ein Teil der Franzosen unterstützt weiterhin den Widerstand unter Charles de Gaulle, General und Unterstaatssekretär, der nach England emigriert und dort das 'Nationalkomitee der Freien Franzosen' bildet. Doch die Mehrheit befürwortet die deutsch-französische Kollaboration.

Verbotene Zone

Westlich der deutschen Grenze, anschließend an das annektierte Elsass-Lothringen, entsteht die 'zone interdite – verbotene Zone'. Dazu gehört ein großes Gebiet an der Grenze zu Deutschland, aber auch die Städte Besançon und Belfort mit ihrem Umland. Franzosen, die in Massen vor den Deutschen aus diesen Landesteilen flüchten oder von ihnen vertrieben werden, dürfen nicht dorthin zurückkehren. Das deutsche Militär besetzt diese Region, sie soll nach einem deutschen Sieg ausschließlich mit Deutschen besiedelt werden.

Die Sanitätskompanie, zu der JV bei seinem Kriegseinsatz in Frankreich gehört, ist als Nachhut des militärischen Eingriffs und zur Unterstützung der Besatzung gedacht. Sie wird unmittelbar nach dem Waffenstillstand im Juni in der Region Franche-Comté, Département Doubs, im Nordosten des Landes stationiert. Die noch dort lebenden Einheimischen empfangen sie freundlich, wie JV später erzählt. Möglicherweise weil hauptsächlich

JVs Kompanie verschafft sich Zugang in die Stadt Besançon.

die Kollaborateure zurückgeblieben sind. Die Résistance, der Widerstand, wächst erst etwa zwei Jahre später in diesem Gebiet.

JV kommt mit seiner Kompanie per Bahn von Mühlhausen im Elsass über den Ort Lure nach Besançon. Diese Stadt liegt fast vollständig in einer Schleife des Flusses Doubs. Um in den vorangegangenen Wochen der schweren Kämpfe und Besatzung den Zugang für die deutschen Truppen zu erschweren, hatte das französische Militär vor deren Einmarsch Mitte Juni 1940 alle Brücken gesprengt. Die deutschen Wehrmachtssoldaten, darunter JV, bauen sie wieder auf, um sich der Stadt zu bemächtigen.

In Gesprächen mit der Autorin etliche Jahre später schwärmt JV sehr von dieser Zeit. Er erzählt, wie gut es ihm und seiner Kompanie dort gegangen wäre, aber auch anderen Besatzern der Wehrmacht und der SS. Es ist Sommer, sie werden von den Franzosen gefürchtet, geachtet, hofiert, mit Lebensmitteln versorgt. Man begegnet den deutschen Soldaten mit Angst, Respekt, tatsächlicher Sympathie oder einfach nur zuvorkommend, um sich Vorteile zu erhandeln. Franzosen sind in dieser besonderen Kriegsepoche Freunde, Feinde, Kollaborateure – und möglicherweise auch Menschen, die einfach nur durchkommen und überleben wollen. Vielleicht ist es im deutsch-französischen Grenzgebiet zudem noch etwas anders als weiter im Inland. Frankreich und seine Bevölkerung sind dazu verpflichtet, die deutschen Besatzertruppen zu ernähren und mit allem Nötigen zu versorgen sowie die Kosten der Besatzung zu übernehmen.

In Audincourt lernt JV Lkw-Fahren, Juni-Juli 1940. Als „Ego" bezeichnet er sich oft.

Die Kompanie von JV, sie gehört zur 'Heeresgruppe A /12. Armee', ist sehr komfortabel untergebracht, wie JV später berichtet, nämlich in der Villa des Chefs von Peugeot im kleinen Städtchen Audincourt – und, wie er sagt, mit Zugang zum gut sortierten Weinkeller.

Mündliche Schilderungen von JV und seine Fotos lassen an Urlaub denken. Die Soldaten bekommen Fahrunterricht in Sochaux-Audincourt, das ist ihre allerliebste Beschäftigung. Auf den Fotos sieht man sie mit Autos, auf Motorrädern und JV auch mal im 'Ford V8', ein Lkw der Sanitätsabteilung.

Hintergrund

Firma Peugeot

Die Familie Peugeot hatte im nahegelegenen Sochaux (wie Audincourt ein Vorort von Montbéliard) das Stammwerk ihrer Autofirma aufgebaut und Anfang des 20. Jahrhunderts in Audincourt eine Fabrik gegründet, die mechanische Bauteile für die

Automobilindustrie herstellt. Unter deutscher Besatzung 1940 werden die Firmeninhaber enteignet. Nun müssen die Unternehmen die Produktionen nicht nur hier, sondern überall in französischen Fabriken, auf den Bedarf der deutschen Kriegsmaschinerie umstellen. Wer nicht für die Deutschen vor Ort arbeiten will, kommt als Zwangsarbeiter nach Deutschland. 1942 übernimmt VW durch eine Kooperation von Hitler und Ferdinand Porsche unter massivem Druck auf die französische Firmenleitung das Hauptwerk in Sochaux. Die Leitung von Peugeot wehrt sich, einige Direktoren und Teile der Belegschaft sind in der Résistance aktiv. Sie drosseln beispielsweise die Produktion, wo sie meinen, dass es vorteilhaft für ihre Arbeit und Sicherheit sei. Eine Reihe von Peugeot-Direktoren wird verhaftet, zwei von ihnen überleben die KZ-Haft in Deutschland nicht. VW räumt das Peugeot-Werk vollständig aus, Maschinen werden nach Deutschland abtransportiert. Deutsche Bomben zerstören große Teile der Fabrik.

Komfortable Unterbringung der Besatzer: Die Villa der Familie Peugeot in Audincourt.

Die Besatzer genießen ihre Freizeit. Ein Foto von jungen Männern in Sporthose und freiem Oberkörper auf einer Wiese trägt den Untertitel: „Der tägliche Sport in Audincourt." Und das Bild von einem Bunker der 'Maginot-Linie', wo nur wenige Wochen zuvor schwere Kämpfe stattfanden, wird offenbar bei einem Ausflug aufgenommen, so wie die Sehenswürdigkeiten in Belfort.

JV stellt auch diese Monate in Frankreich mit seinen Fotos sowie in Gesprächen viele Jahrzehnten später hauptsächlich positiv, abenteuerlich und weitgehend als harmlose 'Besatzung bei Freunden' dar.

Man weiß jedoch durch viele andere Zeitzeugen, die historische Forschung, aus Tagebuchaufzeichnungen, Feldpostbriefen von Soldaten, die zur gleichen Zeit dort stationiert sind (beispielsweise Hans Scholl von der 'Weißen Rose', den JV später kennenlernt, s.u.) und vielen anderen Quellen, dass überall, wo Wehrmacht und SS eine Region besetzen, Tod, Gefangenschaft und Flucht für große Teile der betroffenen Bevölkerung die Folge sind. Und gerade die Soldaten im Sanitätsdienst erleben täglich die schlimmsten Verletzungen, die sie versorgen müssen – auch wenn sie manchmal den Hauptkriegskämpfen 'nur' hinterherfahren, um hauptsächlich den Verwundeten der eigenen Truppen zu helfen.

Besetzung von Belfort: Das bedeutet auch, sich der Straßenschilder zu bemächtigen.

Um die Darstellung von JV zu relativieren, soll hier die Situation jener Monate, in der sich JV mit der Wehrmacht in Frankreich aufhält, auch noch von einer anderen Seite betrachtet werden.

Hintergrund
Wehrmacht in Frankreich 1940
Es ist Krieg. Frankreich wird 1940 während des Westfeldzugs von der Deutschen Wehrmacht besetzt. Mitte Juni 1940 überschreitet die 'Heeresgruppe A' die Maginot-

Linie, vereinigt sich bei Belfort im Nordosten Frankreichs mit Teilen der Panzergruppe von Generaloberst Heinz Guderian (1888-1954). Drei französische Armeen mit etwa 500.000 Soldaten sind damit in einem Kessel eingeschlossen, in der sogenannten 'Falle von Lothringen' zwischen Nancy und Belfort. Nach schweren Kämpfen bekommen die deutschen Truppen die Oberhand. Am 26. Juni tritt der 'Waffenstillstand von Compiègne' in Kraft. Die unmittelbaren Schäden der Schlachten in der Region sind immens. Einheimische und Angreifer beklagen viele Tote, Massen sind auf der Flucht vor den deutschen Besatzern, viele Häuser und auch ganze Ortschaften zerstört.

Dies findet statt, kurz bevor es für JV mit seiner Sanitäts-Kompanie Richtung Belfort geht. So unbeschwert können die Monate dort auch für ihn nicht sein, zumal er später in einem Gespräch erwähnt, dass er in Audincourt auch in einem Lazarett arbeitet.

Im Oktober 1940 setzt JV mit seiner Kompanie über den Rhein bei Neu-Breisach, an der elsässischen Grenze. Seit 1945 heißt der Ort wieder Neuf-Brisach. Sie sind zurück in Deutschland. JV und seine Kameraden wären gerne noch in Frankreich geblieben, wie er immer wieder betont.

Besatzungskind in Belfort?

Das Städtchen Belfort hat für JV eine besondere Bedeutung, er erwähnt es in seinem späteren Leben oft. Hier hatte es ihm neben dem angenehmen Aufenthalt 1940 auch eine Kellnerin, „Bardame", wie er mal betont, angetan. JV beteuert später auf die Nachfrage der Autorin, ob er vielleicht dort ein sogenanntes 'Besatzungskind' hinterlassen hätte, dass dies nicht der Fall sein könne.

Diese Frage war der Autorin schon länger ein Anliegen, da sie sich mit dem Thema 'Besatzungskinder' beschäftigt und ihr früher dazu gemachte Äußerungen von JV im Gedächtnis sind. Denn über die Jahre erwähnt er immer wieder, begleitet von einem verschmitzten Lächeln, dass es durchaus Nachwuchs von ihm in Belfort geben könnte. Und als er Anfang der 60er Jahre mit seiner Frau Gisela und den drei Kindern während eines Urlaubs in Belfort auf dem Stadtplatz stand, sah er sich um und stellte schmunzelnd die Frage, ob ihm hier wohl jemand ähnlich sähe.

Hintergrund
Kommentar
Solche Äußerungen kann man JVs Eitelkeit, seiner zeitweiligen Ignoranz und Unreflektiertheit sowie seinem manchmal skurrilen Humor zuordnen. Seine spätere Aussage, er habe keine Kinder in Frankreich zurückgelassen, scheint glaubwürdig, denn das Gespräch

fand in einer Atmosphäre statt, in der er es durchaus hätte zugeben können. In vielen Gesprächen mit der Autorin in dieser Zeit hatte er stolz und selbstbewusst zu seinen Meinungen und Handlungen als überzeugter Nationalsozialist gestanden. Davon hatte er sich auch in der Nachkriegszeit nie kritisch distanziert. Die von der Autorin ohne Vorwurf gestellten Fragen, die Stimmung des Augenblicks, seine manchmal gewissensfreie Haltung sowie seine gelegentlich sehr naive, sich keiner Schuld bewussten Offenheit, hätten eine Bejahung durchaus zugelassen. Wie so oft, hätte er auch im Falle eines Besatzungskinds vermutlich einfach nur gesagt: „Es war halt so." (Kommentar der Autorin)

4.1.3. Oktober: Zweiter Einsatz in Polen

Im Monat der Rückkehr aus Frankreich, Oktober 1940, wird die 23. Infanterie-Division mit der Sanitäts-Kompanie 2/23 (mot.) nach Gnesen im Warthegau verlegt. Seit 1945 heißt die Stadt wieder Gniezno.

Hintergrund
Mord, Ghetto und Deportation
Annektierte Gebiete wie das Wartheland (Warthegau) werden nach dem Überfall auf Polen 1939 unter deutsche militärische Verwaltung gestellt. Hitlers 'volkstumspolitischer Kampf' will das Gebiet 'entpolonisieren', 'entjuden' und vollständig 'germanisieren'. Mit dem 'Erlaß zur Festigung des deutschen Volkstums' vom 7. Oktober 1939 erhält Himmler eine Generalvollmacht. Die Bevölkerung wird auf drei Wegen 'beseitigt':

- durch den Massenmord an der polnischen Intelligenz,

- durch die Massenaussiedlung 'rassisch unerwünschter Bevölkerungsgruppen' in das Generalgouvernement (Ghetto),

- durch die Massendeportation polnischer Arbeiter nach Deutschland.

Das Generalgouvernement, ein Gebiet, in dem die Besatzer Ghettos einrichten, dient zur Sicherung des nationalsozialistischen Plans, 'Lebensraum im Osten' zu schaffen, und umfasst Gebiete, die von 1939-1945 von Deutschland militärisch besetzt und verwaltet, aber nicht ins deutsche Staatsgebiet eingegliedert werden. Die deutsche Herrschaft im Generalgouvernement wird mit großer Brutalität seines Besatzungsregimes durchgesetzt. In den annektierten Gebieten sind die polnischen Bürger ihrer Rechte enthoben und müssen zu großen Teilen ins Generalgouvernement umsiedeln. Der Terror der Wehrmachtsangehörigen und der SS in Polen richtet sich besonders und vor allem gegen die jüdische Bevölkerung: Juden werden öffentlich gedemütigt, gequält, getötet, Synagogen entweiht und zerstört, jüdische Wohngebiete geräumt, geplündert, und ihre Bewohner, insbesondere ab 1940, in Ghettos zusammengepfercht. Diese Aktionen bilden den Auftakt für die 1941 einsetzende systematische Ermordung der jüdischen Bevölkerung in Polen.

Gnesen – Gniezno

Die Stadt Gnesen liegt etwa 50 Kilometer östlich von Posen, sie ist ab September 1939 Teil des deutschen Militärbezirks, seit 1945 gehört sie wieder zu Polen. Auch hier werden polnische Bürger, vor allem Menschen jüdischen Glaubens, in Ghettos des sogenannten 'Generalgouvernements' weiter östlich zusammengebracht. JV erhält den Posten des stellvertretenden Schirrmeisters bei seiner Sanitäts-Kompanie, damit ist er zuständig für den Fuhrpark seines militärischen Verbandes. Gleichzeitig wird er zum Feldwebel befördert.

JV bei der Pistolenausbildung in Gnesen, Oktober 1940.

Auch als Soldat mitten im Krieg ist JV eitel und posiert gerne vor der Kamera, wie man auf vielen Fotos sieht. Hier in Polen, Oktober 1940, mit Pistole im Anschlag.

Seine Fotos von diesem Besatzungseinsatz zeigen neben manchen Stadt- und Landschaftsansichten wieder viele fröhliche junge Männer, die sich am Fahrunterricht begeistern, viel Alkohol trinken und sich bei Musik und Spielen amüsieren. Die Autorin kann sich mit JV über diese Zeit und die militärischen

Aufgaben seiner Truppe nicht mehr unterhalten, da sie erst nach seinem Tod bei der Durchsicht der Fotoalben von seinem Aufenthalt dort erfährt.

Auch ist schwer zu sagen, wie lange genau er dort ist. Es können jedoch nur einige Wochen im Herbst 1940 gewesen sein. Denn erst im Oktober kommt er aus Frankreich, und nach seiner Rückkehr aus Polen erhält er Urlaub, den er schon im Dezember zuhause in Kassel verbringt. Bilder zeigen ihn in diesem Monat mit Freundin Gisela beim Skilaufen im Kasseler Habichtswald. Sie arbeitet inzwischen als Masseurin – bis Ende Januar dieses Jahres im Kasseler Sanatorium von Dr. Wilhelm Rohrbach, danach von März bis Ende November im Kurhaus Güthenke in Gütersloh.

Gisela und JV im Kasseler Habichtswald, Winter 1940-41.

Anfang Januar 1941 ist JV wieder zum Studieren in Berlin. Gisela arbeitet bei ihrem Vater, Orthopäde mit Praxis in der Kasseler Karthäuserstraße, bis sie im März nach Konstanz geht, wo sie als Bademeisterin und Masseurin in Dr. Büdingens Sanatorium angestellt wird. Sie bleibt dort bis Ende September 1943.

5. 1941 Von Berlin nach Heidelberg

5.1. Physikum in Berlin

Das Winter-Trimester 1941 dauert von Januar bis März. JV und seine sechs engsten Freunde und Kommilitonen, mit denen er bis Oktober 1940 als Besatzer mit der Wehrmacht erst in Frankreich, dann in Gnesen (Polen) ist, dafür vom Studium freigestellt wird, bereiten sich auf ihr Physikum in Berlin an der Militärärztlichen Akademie vor. Ihr Jahrgang 1938 legt das Physikum am 29. April ab.

Sie lernen aber nicht nur, sondern genießen auch ihre Freizeit. So zum Beispiel im Februar 1941: „Grosser Bierabend mit den Professoren in der Aula der M.Ak.", schreibt JV unter eine Reihe von Aufnahmen in seinem Fotoalbum.

Feier mit Dozenten von JV, v. l.: Prof. Wilhelm Trendelenburg, Stabsarzt Dr. Fritz Euler und Prof. Hermann Stieve.

'Großer Bierabend' – traditionelle Feier für Professoren und Studenten der Berliner Akademie in ihrer Aula.

Professoren und Assistenten feiern mit, einige in Uniform, einige in Zivil, darunter sind JVs Dozenten Trendelenburg, Euler, Stieve, Wodtke, Noack und Lohmann. Obwohl auch zumindest zwei Frauen unter den Lehrenden sind, ist von ihnen auf den Bildern keine zu sehen. An diesem Bierabend gibt es musikalische Einlagen, beispielsweise von vier Studenten in Uniform, die Geige spielen, und ein Fahnenjunker steht als feuerspeiender Fakir auf der kleinen

Bühne. Zu sehen sind Karikaturen an den Wänden, sie machen sich über Truppenärzte lustig.

Das Physikum ist am 30. April geschafft. Bei der anschließenden Physikumsfeier geht es sehr feucht und fröhlich zu, sie dauert bis in den nächsten Vormittag, wie JVs Fotos zeigen.

Es begann um 9 Uhr, am 30. April – JV schreibt zu seiner Fotoserie: „11 Uhr: Die Stimmung steigt - - !! Ungewaschen, unrasiert und im Bademantel." „13 Uhr: Völliges Besäufnis!!"

Physikumsfeier – oben links JV mit Rudi (l.) und Klaus (r.).

5.2. Sommer in Heidelberg

Studenten der Berliner Akademie können beziehungsweise müssen sich nach dem Physikum für einige Semester eine oder zwei andere Universitäten aussuchen. Sie werden konkret dazu aufgefordert. Dies dient der Verwaltung als Strategie, um die wachsenden Probleme zu bewältigen. Denn da die Charité als Ausbildungsstätte sehr begehrt ist, sind viele Studenten immatrikuliert. Etliche Lehrer und Professoren dagegen, besonders die der Militärärztlichen Akademie, befinden sich in Kriegseinsätzen. Und natürlich fehlen auch die jüdischen Professoren und Assistenten, die von den Nationalsozialisten sowie den eigenen Kollegen aus ihren Positionen vertrieben werden, in den meisten Fällen als Verfolgte ins Exil gehen müssen.

Da JV die Studienzeit „voll auskosten" will, wie er es gerne nennt, entscheidet er sich erst mal, für zwei Sommersemester nach Heidelberg zu gehen. Das erste beginnt am 9. Mai 1941. Bis zum Herbst 1942 ist er dort an der Ruprecht-Karls-Universität immatrikuliert. Klaus und Rudi, seine immer noch engsten Begleiter seit Kassel, sind auch hier an seiner Seite, wie schon in Berlin.

Hintergrund
Universität Heidelberg im Nationalsozialismus

Die Ruprecht-Karls-Universität gehört bis zur Weimarer Republik zu den angesehensten demokratischen Hochschulen. Doch schon zu Beginn der NS-Zeit wandelt sie sich radikal. Als eine der ersten Universitäten stellt sie sich mit 'Säuberungen' von jüdischen Studenten und Professoren in den Dienst der Ideologie des Nationalsozialismus. Wie in vielen anderen Städten greifen in Heidelberg Rassen- und Vernichtungsideologie um sich, die Konsequenz sind Verfolgung und Deportationen auch hier.

Die Universität Heidelberg ist die erste Volluniversität in Deutschland, die sich zur nationalsozialistischen Universität erklärt und das 'Führerprinzip' einführt. Von den 1933 einsetzenden Entlassungen jüdischer oder politisch unerwünschter Dozenten und Professoren ist die Universität überproportional stark betroffen. So müssen beispielsweise der Rechtsphilosoph und ehemalige Justizminister Gustav Radbruch, der Serologe Hans Sachs und der Philosoph Karl Jaspers die Universität verlassen.

Insgesamt verliert sie auf diese Weise 25 Prozent ihres Lehrpersonals. Viele gehen in die Emigration. Zwei Professoren werden direkt Opfer des nationalsozialistischen Terrors: Der Chirurg Richard Werner emigriert, kommt aber dennoch ins KZ Theresienstadt, wo er 1945 stirbt. Der Gynäkologe Maximilian Neu und seine Frau entziehen sich 1940 ihrer Festnahme, indem sie sich mit Zyankali vergiften.

An der Bücherverbrennung auf dem Universitätsplatz im Mai 1933 sind vor allem Universitätsangehörige aktiv beteiligt. Besonderen Anteil haben hier Heidelberger Burschenschaften.

Schon 1933 ist die NSDAP stärkste Partei in der Stadt am Neckar. Alle 'nichtarischen' Beamten verlieren schnell ihre Arbeitsstelle. Studenten beteiligen sich vehement an der Vertreibung von Juden und anderen, die nicht mehr unter dem Schutz des Staates stehen, daher offiziell und öffentlich verfolgt werden dürfen. Sie boykottieren Vorlesungen jüdischer Assistenten und Professoren sogar schon, bevor die Verwaltung deren Zwangsemeritierung verordnet. Ab 1933 wird zudem kein jüdischer Student mehr immatrikuliert. Auch nichtjüdische, jedoch kritische Professoren verlieren ihre

Lehrerlaubnis. Die Lehrpläne werden ausschließlich auf Inhalte ausgerichtet, die sich an nationalsozialistischem Gedankengut orientieren.

Bücherverbrennung und Deportationen

Am 17. Mai 1933 beginnen Heidelberger Studenten mit einer Serie von Bücherverbrennungen auf dem Universitätsplatz. Sie sind bei den Ersten, die sich seit dem 10. Mai an der 'Aktion wider den undeutschen Geist' beteiligen. Es geht ihnen um die Vernichtung von 'antivölkischen Propagandaschriften' und 'jüdisch-marxistischer Zersetzungsliteratur'. Ab dieser Zeit, bis 1945, werden immer wieder jüdisch gläubige Heidelberger Bürger vor aller Augen auf dem Marktplatz zusammengetrieben, von wo aus man sie zum Bahnhof und dann in verschiedene Konzentrationslager abtransportiert. Die bauliche Substanz der Stadt bleibt während des Nationalsozialismus und im Krieg relativ unversehrt.

Dozenten, Studenten und Charakter der Medizin im Nationalsozialismus

Spätere Analysen machen unter anderem deutlich, wie die nationalsozialistische Staatsgewalt mit der Hilfe willfähriger und alsbald auch parteiischer Rektoren in die Universitätsverfassung, in das Beamtenrecht und in die Freiheit von Forschung und Lehre eingreift. „Die wirksamsten Mittel zur ideologischen Gleichschaltung der Universität waren die rassische und politische Säuberung des Lehrkörpers und die Aufhebung der Autonomie." (Wolfgang Eckart 2006, S. 5).

Das 'Führerprinzip' öffnet der Willkür das Tor. Rektor Wilhelm Groh, ein Jurist, äußert, er sei durchaus in der Lage, „Anordnungen zu treffen, die der ängstliche Jurist als Kompetenzüberschreitung oder gar Verfassungsbruch bezeichnen würde". (Wolfgang Eckart 2006, S. 18) Der Heidelberger Dozentenführer und Mediziner Hermann Schlüter, Parteimitglied seit 1931, schreibt um die Jahreswende 1936/37: „Wir wehren uns dagegen, dass die Wissenschaft unsere Weltanschauung zerteilt, dass die wissenschaftliche Haltung die weltanschauliche bestimmt und ausrichtet. Der Nationalsozialismus kann nur in toto übernommen oder abgelehnt werden ... Unsere blutsgebundene Weltanschauung steht über der Wissenschaft. Diese wird von jener bestimmt, nicht umgekehrt." (Wolfgang Eckart 2006, S. 35)

Ein deutliches Bild bietet die Studentenschaft unter ihrem schon früh von Rechtsradikalen dominierten AStA (Allgemeiner Studentenausschuss) und dem Studentenführer Gustav Adolf Scheel, einem Medizinstudenten, und nach 1933 einer der mächtigsten neuen Herren der Universität: Mit dem Terror gegen Andersdenkende, dem Boykott von Lehrveranstaltungen jüdischer oder sonst missliebiger Dozenten, mit der öffentlichen Bücherverbrennung und mit dem Betreiben der Exmatrikulation 'nicht völkischer' Studierender. Jüdische und politisch unerwünschte Studierende sehen sich schon im Sommersemester 1933 von allen Vergünstigungen und Stipendien ausgeschlossen.

Die medizinische Fakultät versteht sich als Garantin einer rassisch-biologistischen Staatstheorie, wie sie dem Nationalsozialismus zugrunde liegt. Dozenten wie Viktor von Weizsäcker lehren ebenso im Sinne der Ideologie wie auch Dekane, beispielsweise Hans Runge, Ernst Rodenwaldt und Johann Daniel Achelis. Zu ihrer Lehre gehört es, ärztlich-praktisch und forschend-begleitend ihre 'ausmerzenden' Instrumente zu bedienen, gynäkologisch und chirurgisch zu sterilisieren, wie in Runges Klinik etwa, oder 'ausgeforschte' junge Psychiatriepatienten ermorden zu lassen, um ihrer Hirne habhaft zu werden, wie unter der Ägide des Dekans und Psychiatrieprofessors Carl Schneider.

5.2.1. Dozenten von JV – Beispiele

Von den Dozenten hier zwei Beispiele aus JVs Sommersemester 1941. Sie zeigen, dass die Studenten, wie schon an der Charité in Berlin, auch in der Heidelberger Universität fachlich mit Kriegsthemen befasst sind und von nationalsozialistisch orientierten Lehrern unterrichtet werden. Wer der Doktrin nicht folgt, ist zur Lehre nicht mehr zugelassen.

Johannes Stein (1896 – 1967)

Prof. Johannes Stein ist Ordinarius für Innere Medizin und Klinikdirektor in Heidelberg, Nationalsozialist, tritt 1933 in die SS ein, wird zum SS-Sturmbannführer befördert, 1937 Mitglied der NSDAP. Er ist überzeugter Rassentheoretiker, Eugeniker, vertritt und betreibt rassenbiologische Forschung.

Martin Kirschner (1879 – 1942)

Martin Kirschner ist Professor der Chirurgie und seit 1934 beratender Chirurg erst der Reichswehr, dann der Wehrmacht, ab 1940 im Westfeldzug. Er hätte die 'schlechteste aller Chirurgischen Kliniken Deutschlands' bis zu seinem Tod 1942 auf den modernsten Stand gebracht, liest man über ihn. JV besucht Professor Kirschners Seminare zu Unfall- und Kriegschirurgie.

5.3. Während des Kriegs das Leben genießen

Für JV und seine Freunde ist Erholung vom Physikum in Berlin angesagt, zum Beispiel „Sonnenbaden gegen die Physikumsblässe" auf der Schlossterrasse, wie ein Foto zeigt. Offenbar gelingt es einigen Studenten in Heidelberg, mitten im Krieg und im Angesicht des ständigen Terrors der SS und anderer Kräfte des Nazi-Regimes gegen Nachbarn, Kommilitonen und Lehrer, ein relativ normales und sogar genussvolles Leben zu führen.

Zumindest JV und seine Freunde blenden den Krieg zeitweise aus. So könnte man jedenfalls meinen, denn er spricht später vornehmlich über die „ausgelassenen und wilden Zeiten". Entsprechend trägt das Fotoalbum aus diesen Tagen den Titel: „Sommer – Sonne – Heidelberg!"

Die Wehrmacht mietet in der Stadt eine Unterkunft, in der mehrere ihrer Studenten Zimmer beziehen. JV freut sich auch Jahrzehnte danach noch über die Bleibe: „Ein Hotel, das war ganz schick!"

Und typisch sein rückblickender Kommentar: „Im Sommer hat man die Tage im Schwimmbad verbracht, die Nächte in Bars."

JV 1941, porträtiert in einer Bar.

Es gibt eine Ruderriege der Militärärztlichen Akademie im Heidelberger Ruderclub. Neben Tennis ist schon in JVs Jugend Rudern auf der Fulda in Kassel ein von ihm geliebter Sport. Also ist er hier auf dem Neckar ebenfalls begeistert dabei. Doch das ist nicht das einzige Freizeitvergnügen, dem er sich ausgiebig widmet. Mit nicht allzu viel Training schafft er im Juni 1941 das Deutsche Reiterabzeichen Kl. III in Bronze für Hochsprung und Dressur.

Seine Erzählungen und die Fotos beschränken sich auch hier auf die genussvollen Momente – und der Heidelberger Sommer 1941 scheint für ihn voll davon zu sein. Sie fotografieren sich in der Griechischen Weinstube in Neckargemünd oder beim Ausflug am Wochenende zum Fehrenbacherhof bei Haslach im Schwarzwald.

Stammgäste im Thermalbad.

Dann wieder geht JV auf eine „Rhein- und Weinreise mit Rudi nach Mainz, Rüdesheim und Koblenz", wie er eine weitere Bilderfolge betitelt. Schlemmen und Prosten mit den Freunden sind immer beliebte Foto-Motive und gehören zu JVs bevorzugtem Zeitvertreib. (Das bleibt ihm bis in sein hohes Alter.)

Aber er unternimmt auch einiges mit seiner Freundin Gisela, die nach ihrem Reichsarbeitsdienst eine zweieinhalbjährige Weiterbildung als Masseurin in Konstanz beginnt. Im Sommer 1941 sind sie zusammen am Bodensee unterwegs und fotografieren sich bei einer Hafenrundfahrt in Lindau.

Am Wochenende zum Fehrenbacherhof im Schwarzwald: „Dreieinhalb Pfeifenhahn-Pärchen", JV (l.), ohne Gisela.

Mit Gisela geht es dann an den Bodensee.

Jedoch macht der Krieg keine Pause. Das wäre allerdings auch gar nicht im Sinne von JV. Als das Sommersemester zu Ende ist, erwartet er seinen Marschbefehl wirklich sehnsüchtig, wie er es selbst in seinem nächsten Kriegstagebuch schildert.

Am 23. August kommt endlich die schriftliche Aufforderung zum Einsatz. Und JV erfährt: Dieses Mal geht es an die russische Front in den Norden Norwegens. Dafür wird er wieder vom Studium beurlaubt – wie immer, wenn die Wehrmacht sich meldet. Sie ist ja seit Beginn des Studiums an der Ausbildung maßgeblich beteiligt, gibt Richtung und Inhalte für den medizinischen sowie militärischen Werdegang vor. Und als Sanitäter an der Front sollen die 'Medizinsoldaten', wie sie sich mit Stolz auch selbst bezeichnen, praktische Erfahrung sammeln. Für JV heißt das: Nach seinen Einsätzen als Besatzer in Polen, Frankreich und wieder Polen, geht es nun in den Norden.

6. 1941-1942 Norwegen – Abenteuer seines Lebens

6.1. Kriegstagebuch: An der russischen Front im Norden

Wenn JV nach 65 Jahren auf seine acht Monate 1941/1942 im Norden Norwegens zurückblickt, wird deutlich, wie beeindruckt er auch noch im Alter von diesem Erlebnis ist. Doch kaum je sprach er gegenüber seinen Kindern davon, genauso wenig wie über die meisten Ereignisse in seiner Jugend, im Studium oder im Krieg. Jetzt aber im Alter danach gefragt, scheint viel davon an die Oberfläche zu kommen, und Gespräche darüber sind in aller Offenheit, ohne Hemmungen oder Mühe möglich. Es zeigt sich dann, dass es auch keinen Unterschied gibt zwischen den so viele Jahre später mündlich berichteten Episoden und den Tagebuchaufzeichnungen sowie Fotos von damals. All das, was JV der Autorin in den Jahren Anfang dieses Jahrhunderts erzählt, findet sich genau so dort wieder. JV dichtet nichts hinzu, hält nichts zurück – so scheint es. Allerdings, so scheint es ebenfalls, lässt er jetzt wie damals wohl die gleichen Erlebnisse unerwähnt. All die dunklen Seiten des Kriegs behält er bei sich, und zu weiteren Fragen, die auch diese noch hervorbringen könnten, bleibt schließlich keine Zeit mehr.

Die im August 1941 mit dem Marschbefehl nach Norwegen beginnende achtmonatige Periode als Besatzer in Skandinavien nimmt, so wie sein gesamter Aufenthalt im Norden, in besonderem Maße Raum und Bedeutung ein – für sein Leben und daher auch in dieser Chronik.

Das zur Verfügung stehende Material ist umfangreich.

- JV denkt oft und intensiv an diese Zeit, sie ist eine der wichtigsten Epochen in seinem Leben. Dies bringt er in Gesprächen mit der Autorin und in seinen Erzählungen immer wieder zum Ausdruck.

- Er verfasst während seines achtmonatigen Aufenthalts in Skandinavien auf 72 DIN-A4-Seiten ein handschriftliches Tagebuch, das im Original vorliegt und Details dieser Zeit dokumentiert.

- Parallel zu diesen Ausführungen existieren viele Fotos, die er in dieser Zeit selbst aufnimmt und schriftlich kommentiert. Sie begleiten und veranschaulichen seine persönlichen Notizen im Tagebuch sowie seine späteren mündlichen Berichte.

Historische Recherchen der Autorin und Sekundärliteratur zu Besatzung und Kriegsführung der Deutschen Wehrmacht und der SS in Skandinavien dienen als Rahmen, um das zeitgeschichtliche Geschehen und individuelle Erleben von JV im Gesamtzusammenhang nachvollziehbar zu machen.

Nach seinem Tod gefunden etwa 500 Feldpostbriefe an ihn, dazu einige von ihm nicht abgesendeten Briefe, ebenso wie kleine Notizbücher mit Einträgen, enthalten zahlreiche Informationen über Begebenheiten zuhause in Kassel, über Familie, Freunde, persönliche Reflexionen und politische sowie militärische Ereignisse. Diese Dokumente bleiben in der vorliegenden Chronik jedoch unberücksichtigt – sie sind persönlicher Natur und ihre Verwendung ist nicht autorisiert.

Dieses Kapitel nimmt das Kriegstagebuch von JV als roten Faden. Die Autorin fasst den Text teilweise zusammen, doch wenn der O-Ton wichtig und anschaulicher ist, wird er zitiert und kenntlich gemacht. Eventuelle Unterschiede zur heutigen Schreibweise und Grammatik sowie Schreibfehler von JV werden beibehalten. Da JV sein Tagebuch immer bei sich hat und in verschiedenen Situationen schreibt, ist das Papier an manchen Stellen beschädigt, die Tinte hin und wieder verlaufen, es gibt Flecken. Weil daher mal ein Wort unleserlich ist, wird versucht, es sinngemäß zu ergänzen.

Das Kriegstagebuch liegt in dreifacher Form vor:

1. JVs Original, das er während seiner Zeit in Norwegen schreibt,

2. JVs handschriftliche Abschrift, die er nach seiner Rückkehr aus Norwegen anfertigt,

3. Abschrift der Autorin, um eine digitale Version zu erhalten.

6.1.1. Von Heidelberg nach Petsamo

Der Titel des Tagebuchs lautet: „Kriegstagebuch des Feldunterarzt Jörg Vetter / Begonnen am 6. Sept. 1941 an Bord Lazarettschiff 'Berlin'/ 23. 8. 41 Marschbefehl und Abschied von Heidelberg."

Im Sommer 1941 ist JV 22 Jahre alt. Er hat inzwischen schon Erfahrung in der medizinischen und militärischen Arbeit, zumindest wird er von seinen Vorgesetzten mit verantwortungs- und anspruchsvollen Aufgaben betraut. Und er selbst traut sich offenbar alles zu. Als Mediziner und Soldat, beides hochgeachtete Berufe im zivilen und militärischen Bereich, wird er überall respektvoll behandelt. Er nimmt in beiden Bereichen Führungspositionen ein – und wo er es nicht qua Rang macht, den er offiziell zugeschrieben bekommt, übernimmt er von sich aus Aufgaben und engagiert sich über seine formale Position hinaus. Er hat zwar erst das Physikum hinter sich und ist daher noch kein voll ausgebildeter Mediziner, aber das spielt in dieser Zeit offenbar keine so große Rolle. Medizinisch gebildete Soldaten werden gebraucht. Seine Einstellung macht JV in einem Brief an Gisela Ochs deutlich. Sie ist eine Heidelberger Freundin aus dem Medizinstudium. Am 24. November 1941 schreibt er ihr aus Norwegen, was ihm wichtig ist:

„... dir ein Bild geben von dem heldenhaften Durchhalten unserer Männer! Ich selbst habe nie Grund gehabt, mich selbst zu bedauern oder mich gar nach Hause zu wünschen! Ich bin mit Leib und Seele Soldat und hier bei uns findet das Soldatentum seine höchste Erfüllung. Sicher, es ist uns verd. dreckig gegangen und rosig geht es uns auch jetzt noch nicht, aber ich habe ein herrliches dankbares Arbeitsgebiet und kann mir in diesen Zeiten nichts Idealeres denken, als den kämpfenden Kameraden zu helfen und sie wieder als gesunde Kämpfer der Truppe zu übergeben. Was ich hier an Erfahrungen und Kenntnissen, sowohl medizinisch als auch psychologisch, sammeln konnte für meinen Lebensberuf, hätte ich auch in der modernsten Klinik nicht lernen können und ich möchte keine – auch nicht die dreckigste – Stunde der letzten Monate missen. Man wächst an den Schwierigkeiten und bekommt einen Begriff der eigenen Leistungsfähigkeit! Habe ich mich klar genug ausgedrückt, um künftige Mitleidskundgebungen – ich weiss, dass sie sehr ehrlich gemeint waren – zu vermeiden?"

Doch erst einmal warten er und seine Freunde auf ihren Aufbruch zum neuerlichen Kriegseinsatz, während noch die Famulatur ansteht.

Zu Beginn seines Tagebuchs klingt es dann so: „Endlich ist der erlösende Marschbefehl gekommen. Er lautet für Rudi Rättig und mich schlicht und einfach: Heidelberg – Oslo! Grosses Rätselraten: Was wird ab Oslo? Die verschiedensten Meinungen tauchen auf, aber Genaueres weiss eben keiner." Die anderen Freunde aus dem Heidelberger Semester werden zur Ostfront abkommandiert, nach Smolensk, Schitomir oder Bulgakowo. Kaum erhalten Rudi und JV ihren Marschbefehl, überlegen sie sich: Wie kommen sie am schnellsten an die Front?

Wie JV und Freund Rudi Rättig ihre 'Reise' angehen und bewältigen, soll hier detaillierter dargestellt werden, damit man ihren Enthusiasmus und Ehrgeiz bei diesem Unternehmen spürt und nachvollziehen kann.

6.1.2. Wieder bei den Gebirgsjägern

JV ist in Polen und Frankreich immer an das Bataillon 136 der Gebirgsjäger angeschlossen. Im Winter 1939 liegt er mit den Gebirgsdivisionen im Rheinland bei Remscheid, wo sie weiter ausgebildet werden. Doch während sich die 2. und 3. Gebirgsdivision auf das 'Unternehmen Weserübung', das heißt den Skandinavien-Feldzug April 1940, vorbereiten, bleibt JVs motorisierter Teil der Truppe zurück, und er bekommt Heimaturlaub, bevor er der 1. Gebirgsdivision der 12. Armee, wie beschrieben, nach Frankreich folgt. Jetzt, im August 1941, ist er erneut 'seinen' vertrauten Gebirgsjägern zugeordnet. Da sie in der Nacht vor der Abfahrt in Heidelberg nur wenig schlafen, halten sich JV und Rudi schon zu Beginn vorsorglich mit 'Pervitin' wach.

Hintergrund

Pervitin

Das Medikament Pervitin (Methamphetamin), früher auch Panzerschokolade genannt, heute Crystal oder Crystal Meth, ist ein hochwirksames Stimulans. Ab 1938 wird es patentiert und hergestellt von den Temmler-Werken in Berlin. Schon zu Beginn des Zweiten Weltkriegs wird es gezielt bei Soldaten eingesetzt und gilt als 'Wunderwaffe der Wehrmacht'. Schon während der sogenannten Blitzkriege gegen Polen und Frankreich 1939/40 findet Pervitin millionenfache Verwendung. Unter den weiteren Spitznamen Stuka-Tabletten, Fliegersalz und Hermann-Göring-Pillen dient das Mittel zur Dämpfung des Angstgefühls sowie zur Steigerung der Leistungs- und Konzentrationsfähigkeit bei Soldaten, Fahrzeugführern und Piloten.

Allein zwischen April und Juni 1940 soll die Wehrmacht 35 Millionen Tabletten Pervitin bezogen haben. Reichsgesundheitsführer Leonardo Conti sagt jedoch schon am 19. März 1940 in seiner Rede vor dem NSD-Ärztebund im Berliner Rathaus: "Wer Ermüdung mit Pervitin beseitigen will, der kann sicher sein, dass der Zusammenbruch seiner Leistungsfähigkeit eines Tages kommen muss." Nach massenhaftem Missbrauch dieses starken Mittels gegen eine Vielzahl von Symptomen, ist Pervitin ab Mitte 1941 rezeptpflichtig. Aufgrund von Hitlers Gesundheitsakten wird angenommen, dass auch er abhängig von Pervitin ist. Neuere Forschung fand heraus, dass Versuche unter anderem mit Pervitin an Soldaten der Wehrmacht vorgenommen wurden. (Hardinghaus 2019)

Mögliche folgen dieses Medikaments: Personen, die Pervitin länger und regelmäßig einnehmen, sind oftmals von Spätfolgen betroffen, sie können hektisch, gereizt, aggressiv sein, leiden beispielsweise unter Haarausfall, übersteigerter Egozentrik oder Narzissmus.

Warum JV zu wenig Schlaf bekam, beschreibt er in seinem Tagebuch, das mit diesem letzten Abend in Heidelberg beginnt:

„Der letzte Tag in der Stadt, in der wir uns ein Semester lang austoben durften, muss natürlich gebührend gefeiert werden. Im Haus einer Kameradschaft (Haus Fliesske) des Studentenbundes steigt also ein grosser Bowlenabend mit 3 Kameraden von der 'Stuko' (Studentenkompanie, Anm. SV) und den dazugehörigen Damen. Rudi und ich hatten vor 8 Tagen zwei reizende Dolmetscherinnen geangelt, (so dass der Abend eine nette, runde Sache zu werden versprach. Und er wurde es auch!!) die vortrefflich in diesen zwanglosen Kreis passten, sodass das Fest bei (Pfirsich-)Bowle und Tanz einen zünftigen Verlauf nahm. Noch einmal klingen die alten, traditionsschwangeren Heidelberger Studentenlieder auf, ('Alt-Heidelberg, Du Feine...!!') der Alkohol hilft uns über melancholische Anwandlungen hinweg und wir haben wohl alle schon mehr als die nötige Bettschwere, als wir uns um 5:00 früh zum Aufbruch rüsten. Den tränenschweren Heimweg in Damenbegleitung (mit den wahrhaft herzzerreissenden Abschiedsszenen) näher zu schildern sträubt sich meine Feder!"

Nach solchen Abenden und durchzechten Nächten wird mit Pervitin den Folgen begegnet: „Im Zug gelang es Rudi und mir nur mühsam und mit Hilfe einer Pervitin-Dosis wach zu bleiben und so war die Fahrt kein reines Vergnügen." Während Rudi bis nach Berlin durchfährt, von wo sie dann gemeinsam nach Norwegen starten wollen, macht JV einen Zwischenhalt in Kassel, um seine Familie zu sehen. Zu seiner Freude ist auch Bruder Jochen aus Russland dort, er hat gerade Urlaub. „Am nächsten Mittag bereits tränenschwerer Abschied, wer weiss, ob und wann wir alle wieder zusammenkommen?!"

Die Familie feiert das Ereignis mit Sekt. Und schon am nächsten Tag geht es für JV weiter nach Berlin zur Militärärztlichen Akademie, wo es wiederum einen feuchtfröhlichen Abschied von den Kameraden und Professoren gibt. Dann sind er und Rudi begierig, die Reise an die Front so schnell wie möglich anzutreten. Im Gespräch Jahre später schildert er die damalige Situation: Die Wehrmacht würde ihnen demnächst mitteilen, wann sie den Zug gen Oslo nehmen sollen. Doch das ist den beiden zu ungewiss – warten ist gar nicht ihre Sache. Also überlegen sie, wie sie am schnellsten nach Norden kommen. JV schreibt im Tagebuch: „Rudi und ich haben uns für die Weiterreise so unsre eigene Masche ausgedacht, eine typische 'M.A.-Masche': Wir wollen nämlich fliegen!"

Sie fahren also zum Flugplatz Berlin-Staaken, der in den 30er und 40er Jahren von Passagier- und Militärmaschinen sowie als Zeppelin-Landeplatz gleichermaßen genutzt wird. 1948 wird er stillgelegt. JV genießt abends noch die Operette 'Maske in Blau' im Berliner Admiralspalast und erfährt anschließend, dass sie am nächsten Tag in einer Ju52 mit nach Kopenhagen fliegen können.

Erste Seite von JVs Fotoalbum zu seinem Einsatz mit der Wehrmacht an der russischen Front in Nord-Norwegen. Rudi (r.) ist dabei.

Die Ju52, auch 'Tante Ju' genannt, ist im 2. Weltkrieg das Standardtransportflugzeug der Luftwaffe, wichtig für den flexiblen Einsatz, da es auch mit kurzen Landebahnen zurechtkommt.

Damit beginnt am 27. August 1941 für die beiden Feldunterärzte das 'Trampen per Flugzeug' von Berlin bis zum Eismeer, wo sie am 10. September nach einigen Abenteuern, verschiedenen Stationen und Transportmittel-Wechseln an der Front bei Kirkenes ankommen. Sie landen dort mitten im Kriegsgeschehen, dann geht es auf dem Landweg mit Lkw, Eseln, Skiern und zu Fuß weiter.

Doch alles von Beginn.

Am Tag ihres Starts Richtung Oslo und Nordmeer ist ihr Pilot ein Blindflug-Schüler, der die Maschine nach Kopenhagen überführt. Nach der Landung dort sind sie begierig, etwas von Dänemark zu sehen: „Wir brennen darauf, Kopenhagen kennenzulernen und fahren bald in die Stadt, da heute sowieso an kein Weiterfliegen zu denken ist. Der erste Weg führt zur Kommandantur, wo wir Geld umwechseln und uns als Quartier das Hotel 'Excelsior' anweisen lassen....Die dänischen Mädels erregen unsere Begeisterung. Ein prachtvoller Typ!"

Kommentar

Erstaunlich ist JVs Gelassenheit, mit der er alles für ihn Neue beobachtet und schildert – als Wehrmachtssoldat auf dem Weg zur Front und somit auch als Besatzer. Aber alles in seiner Umgebung und die zivile Bevölkerung interessieren ihn. Bis in die Details beschreibt er das Aussehen der Menschen, ihre Kleidung, ihr Verhalten, ihre Stimmungen, Speisen und Vorlieben. Selbst die Architektur betrachtet er genau. Auch hier das Phänomen, wie schon in Frankreich ein Jahr zuvor: JV beschreibt sein 'abenteuerliches' Vorgehen und viele Begleiterscheinungen, aber nicht das Essentielle, wie man aus anderer, beispielsweise der heutigen Perspektive, erwarten würde. Eigentlich ist er ja im Krieg, er weiß, dass eine harte Zeit auf ihn zukommen wird, dass auf seiner gegenwärtigen 'Reise' durch Skandinavien Gefahren auftauchen könnten. Aber es ist für ihn auch eine entspanntere Situation, die mit der Besatzung in Polen nicht vergleichbar ist. Der für ihn momentan noch etwas unproblematische Aufenthalt in Skandinavien kommt ihm entgegen, er sucht nicht die politischen und gesellschaftlichen Probleme, wenn er ihnen aus dem Weg gehen kann. Also braucht er auch nicht darüber zu schreiben und lässt Gedanken an ernsthafte Geschehnisse und Bedrohungen für sich oder andere nicht aufkommen – zumindest nicht in seiner Niederschrift. In Polen Ende 1939 hält er seine Abscheu vor Juden, Ghettos und den angetroffenen elenden Verhältnissen nicht zurück. Er schreibt darüber, zieht verängstigte Menschen vor die Kamera. Da ist er offenbar das erste Mal ernsthaft mit einer 'anderen Welt' konfrontiert. Natürlich kann er auch in Kopenhagen den Krieg nicht leugnen, aber dieser scheint sich erst mal nur in der Ferne abzuspielen. In Dänemarks Metropole läuft zu diesem Zeitpunkt der Alltag offenbar relativ normal und 'zivilisiert', zumindest in JVs Wahrnehmung.

Hintergrund
Dänemark 1941
Im April 1940 besetzt die Deutsche Wehrmacht Dänemark. Die demokratische Regierung bleibt jedoch neutral und im Amt, einige Änderungen werden oktroyiert, an die sich die dänische Politik und die Wirtschaft zu halten haben, aber das Leben funktioniert halbwegs, und es gibt zunächst keine starke Gegenwehr aus der Bevölkerung. Für den englischen Premierminister Winston Churchill ist Dänemark 'Hitlers Schoßhündchen', da es sich den deutschen Besatzern beugt. Dann ist jedoch der deutsche Angriff auf die Sowjetunion 1941 Anlass für viele Kommunisten im Land, Widerstandszellen zu bilden.

JV und Rudi genießen ihren Aufenthalt und staunen: „Wir gehen in ein Café und bekommen zu unserer höchsten Verwunderung Bohnenkaffee, Schlagsahne und ausgezeichneten Kuchen, den allerdings auf Brotmarken! Welch ein Unterschied gegenüber Deutschland! Den Dänen geht es wirklich jetzt im Kriege noch besser als uns zu Friedenszeiten! ... Nur das Brot ist etwas rationiert." Und er schwärmt weiter: „In einem entzückenden kleinen Restaurant in altem Stil bekommen wir eine Riesenportion Roastbeef mit Pommes frites, ein seltener Genuss, wenn man gerade aus Berlin kommt!"

Es klingt, als ob unbedingte Sparsamkeit angesagt ist, wenn JV erwähnt, dass sie pro Tag „nur 5 Kronen" zur Verfügung haben. Das entspricht 5 Reichsmark, denn mit der Besatzung wird der Kurs eins zu eins festgelegt. Um 1939 besitzt die Reichsmark einen Wert von etwa 3,70 Euro (2018). So sehr wenig scheint es also nicht zu sein und es reicht offenbar auch für so allerlei Vergnügungen. „Dann beschliessen wir, mit unseren letzten Kronen vornehm auszugehen und landen in der 'National-Scala', einem der besten Vergnügungslokale der Stadt. In den unteren Räumen läuft ein Variété-Programm, während oben, durch eine Glaswand von dem Variété getrennt, eine ausgezeichnete Jazz-Kapelle zum Tanz spielt. Dort sitzen wir bei einer vorzüglichen Flasche 'Haute Sauternes' und der Rythmus zuckt uns in allen Knochen, aber natürlich ist der Tanz auch hier für deutsche Soldaten verboten. Erstaunt bin ich, dass fast alle Paare einen wirklich guten Gesellschaftstanz bieten, im Gegensatz zu Berlin, wo man meist einen ziemlichen 'Excentric-Swing' zu sehen bekam! Auch die Kapelle spielt nicht zu 'englisch'!" Sie begegnen in Kopenhagen keiner Feindseligkeit, alle sind freundlich zu ihnen. Und JV notiert zum Schluss ihres Aufenthalts dort: „Wir verstehen jetzt, dass es dieses Land niemals nötig hatte, Kriege zu führen, denn es hat einen derart hohen Lebensstandard, dass der Däne keine Ernährungs- und Versorgungsprobleme kennt!"

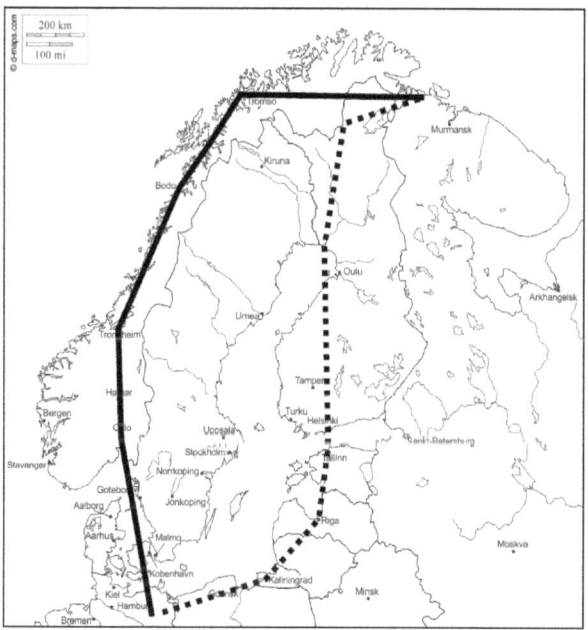

JVs Route von Berlin zur russischen Front (l.): Kopenhagen, Oslo, Trondheim, Bodö, Narvik, Tromsö, Hambukt, Banak, Kirkenes, Petsamo. Rückweg (r.) über Svanvik, Helsinki, Riga, Tauroggen, Tilsit. Grafik SV

Nach ihrem nahrhaften Frühstück am nächsten Morgen, 28. August, geht es weiter Richtung Oslo. Sie fahren per Bus zum Kopenhagener Flughafen Kastrop, der hauptsächlich von der Deutschen Luftwaffe genutzt wird. Nach kurzer Wartezeit nimmt sie ein Pilot mit zu Norwegens Hauptstadt, wiederum in einer Ju52. Dort verursacht er bei der Landung fast einen Zusammenstoß mit einem Hangar. Der Flughafen ist nicht besonders reizvoll, es regnet, und JV und Rudi erhalten die schlechte Nachricht, dass es von dort per Flugzeug kaum weitergeht. „... und wir sollen doch – nach Gerüchten zu urteilen – bis hinauf in den höchsten Norden zu Dietl! Ob wir wohl noch vor Weihnachten in Kirkenes eintreffen??"

Die Kommandantur in der Stadt weist ihnen als Quartier das Wohnschiff 'Stavangenfjord' zu, in dem sie eine komfortable Offizierskabine mit zwei Kojen beziehen. Bei ihrer Stadtbesichtigung fällt ihnen auf: „... städtebaulich betrachtet, findet man ein grotesk verbautes, total amerikanisch verkitschtes Stadtbild vor, Wolkenkratzer stehen neben winzigen Holzhäusern und das Rathaus schaut aus wie ein Mietsgebäude. Überhaupt scheint Amerika sowohl baulich als auch ideell das grosse Vorbild und der Pate Norwegens zu sein!"

Die Deutsche Besatzung hat spürbare Folgen für die Norweger – und entsprechend auch für ihre Besatzer. Man ist den beiden Soldaten gegenüber reservierter als in Dänemark, der Kaffee ist schlecht, es gibt weniger Fleisch, selbst zum Frühstück Krabben.

Wie geht's nun aber weiter nach Norden? Schließlich können sie eine spätere Passage per Flugzeug buchen: „Bei unserem Dusel fand sich natürlich auch diesmal wieder eine neue 'Masche' zur Weiterbeförderung: Wir meldeten uns bei Generalstabsarzt Dr. Mantel, dem IVb des A.O.K. persönlich und baten dreist und gottesfürchtig um einen offiziellen Flugschein nach Kirkenes! Wider Erwarten wurden wir nicht sofort hinaus geschmissen, sondern im Gegenteil das Luftgaukommando gebeten, zwei Flugplätze von Trondheim nach Kirkenes für uns bereitzuhalten. Naja, Glück muss man haben! Das nennt man 'Schwein', uns scheint auf dieser Reise zur Front einfach Alles zu glücken!" (A.O.K. ist die Abkürzung für Armeeoberkommando, Dr. Hans Mantel Oberfeldarzt, damit der Vorgesetzte aller Sanitätsdienstleistenden der Division. Anm. SV)

In ihrer Unterkunft treffen sie Kameraden, die mit dem regulären Transportzug unterwegs sind. Aber sie wollen auf der Reise noch etwas sehen, JV schreibt: „...wir haben es nicht so eilig und mit dem Flugzeug sind wir ohnedies früher in Kirkenes!!" Also nehmen sie sich die Zeit, einen Blick auf die Bewohner zu werfen: „Über die Osloer Damenwelt haben wir uns kein sicheres Urteil bilden können, da wir gar nicht erst den Versuch machten, uns für den kurzen Aufenthalt etwas 'anzulachen'! Zweifellos sind auch hier die Mädels (durchschnittlich) sehr hübsch (ja fast schön), wenn auch mir persönlich die Däninnen noch mehr zusagten, aber unsere Landser schwärmen auch von den Norwegerinnen und behaupten, sie seien 'gar nicht so ohne'!! ... Es fiel uns besonders auf, dass die norwegischen Frauen im Gegensatz zu den sturen und trägen Männern weitaus intelligenter und einsichtiger sind und auch offensichtlich mehr Initiative besitzen. Wenn die Männer hier so wären wie die Frauen, so sähe es bestimmt für sie und auch für uns besser und günstiger aus!"

Eine weitere Beobachtung macht JV bei Problemen mit der Informationsweitergabe: „Mit der militärischen Geheimhaltung ist es in Norwegen so eine eigenartige Sache: Es scheint, als ob Alles, aber auch Alles irgendwie verraten würde, entweder durch Kurzwellensender oder aber durch direkte Überfahrten nach England, von denen man immer wieder die tollsten Gerüchte hört! Na, es ist nicht meine Aufgabe, das zu beurteilen. ... Jedenfalls sind nur so manche überraschenden Angriffe auf deutsche Geleitzüge usw. zu erklären! Im Zusammenhang damit taucht immer wieder die Ansicht auf, dass die Norweger eben zu sehr mit Glacéhandschuhen angefasst werden, aber das soll nicht meine Sorge sein!"

In der Früh des nächsten Tages, es ist der 30. August, müssen sie bis Trondheim doch den Zug nehmen. JV und Rudi können sich aber ein Abteil 2. Klasse teilen, das für die Wehrmacht reserviert ist, denn nicht viele Offiziere sind unterwegs. Auf der 600 Kilometer langen Strecke genießen sie die Landschaft und beobachten die mitreisenden einheimischen Männer und Frauen. Da Samstag ist, sind sie zum Skiausflug unterwegs nach Lillehammer, Hamar und Dombas – Ortsnamen, die sie aus Berichten über den Norwegenfeldzug schon kennen. Ihnen fällt auf: „Auch die Frauen sind sehr sportlich gekleidet, fast alle tragen Knickerbockers, kaum eine sieht man im Rock." Im Speisewagen bekommen sie als Deutsche Besatzer Schwierigkeiten: „Es passierte uns dabei, dass uns, als wir endlich bis zur Theke vorgedrungen waren, die Bedienung einfach stehen liess und, ohne uns zu beachten, seelenruhig Kaffee und Smörbröds an die hinter uns stehenden Norweger verkaufte. Erst als wir anfingen deutlicher zu werden und uns selbst zu bedienen, geruhte man, auch uns zu berücksichtigen. So und ähnlich ergeht es täglich ungezählten Deutschen in Norwegen!"

In Trondheim kommen sie um drei Uhr morgens an, die Kommandantur bringt sie im Hotel Phönix unter, wo sie ein Zimmer mit einem Marineoffizier teilen müssen. Sie bekommen langsam ein Gefühl dafür, dass das luxuriöse Leben sowieso bald ein Ende haben wird, denn sie nähern sich ihrem Ziel. Die Waschgelegenheit lässt auch zu wünschen übrig, aber: „Ein Vorteil ist hier oben das ausserordentlich weiche Wasser, das aus unserer Reichseinheitsseife die reinste Toilettenseife macht." Wie überall auch in den anderen Städten, gibt es für die Besatzer ein 'Deutsches Haus', und das ist ständig von Deutschen überfüllt. JV und Rudi müssen lange im 'Rauchsalon' warten, bis sie einen Platz im Speisesaal bekommen, wo es dann aber gutes Essen gibt. Schließlich nehmen sie „Abschied von der Kultur", wie JV schreibt. Nach zwei Tagen Hafenbesichtigung, mehrfachen Kinobesuchen, Genuss einer Tanzkapelle im Café Müller „... hängt uns Trondheim weidlich zum Halse raus, aber wir mussten noch warten, denn auf der langen Liste der Fluganwärter stehen noch einige Herren vor uns, die erst losgondeln müssen. Bei der Seefliegerei spielt das gute Wetter eine so grosse Rolle, dass man nichts voraussagen kann." Drei Tage später, am 3. September, geht es weiter, mit einer See-Ju52 vom Seefliegerhorst Hommelvik. „Wir hatten schon viel von den Schönheiten dieser Flugstrecke gehört, unsere Erwartungen aber wurden noch bei Weitem übertroffen und es sollte das bisher eindringlichste Erlebnis unserer langen Reise zur Front werden." JV ist begeistert von der Landschaft, der Welt, die sich unter ihm ausbreitet. Sie machen eine Zwischenwasserung in Bodö zum Tanken, eine Zigarette lang. „Dann geht es weiter. Die Landschaft wechselt, stellenweise sehen wir unter uns zwischen den nackten Felsen sogar dicht bewaldete Hänge, der Einfluss des Golfstroms ist unverkennbar! Der nördliche Polarkreis ist nun überflogen und wir befinden uns im Polargebiet! Ich hätte nie geglaubt, dass mich der Krieg einmal in diese Gegend verschlagen würde, die doch den meisten Mitteleuropäern zeitlebens ein geheimnisvolles, von einer gewissen Mystik umwobenes Rätsel ist." Erneute Wasserung in Narvik.

Hafen Narvik, August 1941.

„Schon aus der Luft sieht man die vielen versenkten Schiffe im Hafen, von denen nur die Mastspitzen sichtbar sind, und drüben im Rumbaksfjord sieht man auf dem Meeresgrund die Umrisse der deutschen Zerstörer, die hier nach heldenmütigem Kampf mit wehender Flagge untergingen! Auch das letzte Stück der vor Jahresfrist so heiss umkämpften Erzbahn mündet hier im Hafen." ... „Wir stehen auf der Fläche unserer Maschine und blicken auf die Stadt und die hinter ihr steil aufragenden Berge, in die sich Dietl mit seinen Gebirgsjägern zurückziehen musste, als die ungeheure englische Übermacht zu stark drängte. Erst wer dieses Gelände gesehen hat, begreift die militärische Leistung ganz! ... Früher hatten wir von Narvik immer die Vorstellung, dass es bereits am Ende der Welt läge, nun müssen wir uns erst einmal mit dem Gedanken vertraut machen, dass unser

jetziges Reiseziel noch ca. 1000 km. weiter als Narvik liegt!!" Dann eine weitere
Wasserung in Solbergfjord. „Wir starten wieder und nach insgesamt 6 Stunden
Flugzeit landen wir glatt in Tromsö, wo die Maschine liegenbleibt, um wieder
nach Drontheim zurückzufliegen. Hier müssen wir also versuchen, ein anderes
Flugzeug nach Kirkenes zu bekommen."

Von Tromsö ist er überrascht, es besteht nicht nur aus wenigen Häusern, wie
er erwartet hatte, sondern dort leben etwa 10.000 Menschen, es gibt Hotels,
Cafés, ein Kino – und, wie er schreibt, einen „penetranten Fischgeruch". Die
Menschen, besonders der weibliche Teil, erregen erneut seine Aufmerksamkeit:
„Die Mädels ziehen sich hier oben – auf der geographischen Breite Nordalaskas
und Grönlands – so modern an, dass man sie sogar in Berlin für Stenoty-
pistinnen oder Verkäuferinnen halten würde! Lippenstift, Stöckelabsätze und
Seidenstrümpfe sind fast Selbstverständlichkeit. Eines allerdings unterscheidet
sie wesentlich von allen anderen mitteleuropäischen Frauen: Sie haben fast
durch weg miserabel schlechte Zähne, die meisten tragen sogar ein künstliches
Gebiss, denn durch die einseitige Ernährung, durch den Vitaminmangel in
diesen Gegenden und aber wohl auch infolge ungenügender Pflege fallen die
Zähne frühzeitig aus, so dass die Zahnärzte mit der Anfertigung von Prothesen
sicher viel Geld verdienen."

JV vermisst das Folkloristische, besonders die „Lappen" in ihrer traditionellen
Kleidung sieht er nur selten.

Den Neuankömmlingen wird ein Zimmer in Jansohns Hotel zugewiesen. Der
Wirt ist missmutig und versteht angeblich kein Deutsch, moniert JV in seinem
Tagebuch. Aber sie wollen ja auch nur ein bis zwei Tage bleiben – „... was
sich allerdings bald als gewaltiger Irrtum herausstellen sollte!" Hin und wieder
denkt er sorgenvoll über seine Situation nach, wobei dann aber Vertrauen
in das deutsche Regime, die Überlegenheit der Wehrmacht, Optimismus und
Abenteuerlust die Oberhand zu behalten scheinen: „Von Kirkenes und der
Front vor Murmansk hört man die tollsten Greuelmärchen: Narvik soll ein
Kinderspiel dagegen gewesen sein, was uns jetzt da vorn erwartet, sagen Kenner,
die schon damals bei Dietl gekämpft haben! Jeder drückt uns sein herzlichstes
Beileid aus, wir aber freuen uns trotzdem unbändig auf den Einsatz, denn nicht
umsonst haben wir zwei Jahre lang darauf gewartet. ... Unsere ausgezeichnete
Propaganda macht sich auch hier im hohen Norden bemerkbar: Überall sieht
man das grosse V (Viktoria) und über die Strassen sind grosse Transparente

gespannt mit der Inschrift: 'Tyskland surer pa alle fronter', (Deutschland siegt an allen Fronten)!"

JV erfährt von Torpedoangriffen auf deutsche Transportboote und vom Untergang des Artillerie-Schulschiffes 'Bremse' im Kampf mit einem englischen Kreuzer am 6. September. Beide Katastrophen haben viele Tote zur Folge. Er befindet sich an diesem Tag auf dem Lazarettschiff 'Berlin', im Tromsöer Hafen. Vermutlich kommt er dort in Kontakt mit den Ver-

Die 'Berlin', Hafen Tromsö.

letzten. Auf jeden Fall hat er irgendwo Gelegenheit, mit ihnen zu sprechen und schreibt darüber. Sie seien ganz verstört, erwähnt er, würden aber gleich wieder an die Front nach Kirkenes zurückgebracht. Dieses Mal auf dem Luftweg, weil sie sich weigern, jemals wieder ein Schiff zu betreten. JVs Kommentar dazu: Sie hätten, was ihnen widerfahren ist, durch ihr eigenes falsches Verhalten verursacht. Aber offenbar ist er von diesen Vorfällen dann doch etwas beeindruckt, denn er vermutet: „Eine verdammt mulmige Ecke also hier oben!"

Vom 3. bis 9. September sitzen sie in Tromsö fest, hauptsächlich auf dem Lazarettschiff 'Berlin'. Es geht ihnen allerdings sehr gut bei der unverhofften und ungeliebten Warterei. Sie beziehen eine „... Kabine 1. Klasse im A-Deck ... die reinste Luxuskabine mit allen Schikanen", werden von den Offizieren ins Kasino eingeladen, haben sehr gutes Essen, spielen Skat bei „... herrlichem deutschen Bier". Und im Seefliegerhorst sehen sie viel Neues, beispielsweise den Raketenstart eines Flugbootes, der Do18. Doch sie müssen das Schiff verlassen, als klar wird, dass in absehbarer Zeit hier nichts weitergeht. Man kann vorerst nicht Richtung Kirkenes auslaufen, da wegen der aktuellen Torpedoangriffe alle Wasserwege bis dorthin gesperrt sind. Und der Nebel ist zu dicht für einen Flug. Ein Verladeoffizier der Wehrmacht, mit dem sie inzwischen Freundschaft geschlossen hatten, besorgt ihnen Fahrkarten für das Post-Routenschiff 'Richard With'. Damit wären sie schon mal in Hammerfest, meint er. „Um 14:00 läuft der Kasten endlich ein, wir stehen mit unseren Koffern schon an der Pier um einzusteigen, als plötzlich durch die düsteren Wolken ein heller Fleck blauen Himmels sichtbar wird. Rudi und ich wechseln einen schnellen Blick und schon sind wir uns einig: 'Mensch wir fliegen!!' Dieser Fleck blauen Himmels hat uns wahrscheinlich das Leben gerettet, denn, wie wir später erfuhren, war die

'Richard With' auf dieser Fahrt torpediert worden und gesunken! Glück muss man haben!"

(Dass das Postschiff, mit dem sie nach Hammerfest wollten, untergegangen war, erfährt JV erst später und ergänzt diesen letzten Satz bei der Abschrift seines Tagebuchs, als er zurück in Deutschland ist. Zu diesem Zeitpunkt weiß man: Das Postschiff 'Richard With' wird am 13. September 1941 torpediert, vermutlich von einem britischen U-Boot, und sinkt innerhalb einer Minute. Es befindet sich elf Meilen vor Hammerfest. Von 130 Menschen, die auf dem Schiff vermutet werden, kommen 99 ums Leben, die anderen, darunter drei Deutsche, werden von einem Kutter gerettet. Anm. SV)

Noch am selben Tag, es ist der 10. September, gehen sie an Bord einer See-Ju52. Auf dem letzten Abschnitt ihrer Reise nach Kirkenes, von wo aus es schließlich direkt zur Front geht, landen sie noch einmal, das ist auf einem Seefliegerhorst in Hambukt. Von dort geht der Weitertransport per Lkw zum Landflugplatz Banak. Auch hier werden sie noch einmal richtig gut verpflegt.

„Am anderen Morgen startet unsere Maschine von Hambukt nach Kirkenes. Es wird ein herrlicher Flug! Erst in 1200 m Höhe in der grellen Sonne dieser Breiten, hoch über den Wolken, dann ein Abbiegen nach Südosten und über das seenreiche Gebiet Nordfinnlands. Ein tolles Gelände zum Kriegführen muss das da unter uns sein! An dem grossen, überaus wichtigen Nickelwerk Kolosjoki geht es in scharfem Knick wieder nach Norden, immer über dem Langfjord dahin, der wegen der allgemeinen Luftsperre die einzige Einflugschneise nach Kirkenes darstellt. Da liegt dieses so oft verfluchte und verfemte Nest schon unter uns: einige Strassen mit flachen Holzhäusern, ein kleiner Hafen – Alles!! Wirklich kein Anblick, der einen Sommerfrischler zum Aufenthalt reizen könnte. ... In Kirkenes bekommen wir auch die ersten Eindrücke von der Front: Lange Omnibuskolonnen mit Verwundeten, die alle nach hinten transportiert werden. Nicht gerade ein ermutigender Anblick für Neulinge! Von Kirkenes geht unser Transport über die finnische Grenze nach Petsamo."

Die finnische Siedlung Petsamo, oder auch Petschenga, liegt an der russischen Nordwestgrenze zu Finnland. Der Wehrmacht dient Petsamo im 2. Weltkrieg als Versorgungsbasis und Luftstützpunkt für die Angriffe auf Murmansk und die Murmanbahn. Finnland tritt die Region 1944 an Russland ab. Für Transporte von Gerät und Waffen sowie zur Versorgung der Soldaten an der Front wurde die 'Frontstrasse' oder auch 'Vormarschstrasse zur Liza' gebaut.

JVs und Rudis Ziel ist es nun, direkt und schnell zu ihrer Stellung zu kommen.

Ihrem Ziel nähern sich JV und Rudi auf der 'Frontstraße'.

Schon auf dem Weg sind einige Waffen in Stellung gebracht.

Von Kämpfen am Fluss 'Liza' hört und liest man auch in Deutschland.

Sie hatten schon vor ihrer Abreise in Heidelberg einiges über Gebirgsjäger und SS-Soldaten an der russischen Front vor Murmansk gehört. Ihre Stellung ist am Fluss Liza und in der 'Liza-Bucht'. JV und Rudi verbringen hier die nächsten Wochen.

Hintergrund
Norwegen: Deutsche Kriegsführung – Gebirgsjäger – Dietl
Welche Interessen und Ziele die nationalsozialistische Strategie in Skandinavien und speziell in Norwegen verfolgt, und welche Rolle dabei die Gebirgsjäger spielen, soll zum besseren Verständnis kurz dargestellt werden. Die Besatzung Norwegens durch die Wehrmacht beginnt im April 1940 und dauert fünf Jahre, bis zur Kapitulation Deutschlands im Mai 1945. Über diese Zeit sind ununterbrochen deutsche Truppen mit etwa 200.000 Soldaten in diesem Land stationiert. Das norwegische Recht wird dem

deutschen unterstellt, viele Norweger fliehen, andere, die bleiben, müssen den Deutschen dienen oder mit ihnen kollaborieren.

Schon 1938 beschließen Norwegen und die anderen skandinavischen Staaten, bei internationalen Konflikten neutral zu bleiben. Doch wegen seiner strategisch wichtigen Lage im Nordatlantik und wegen des Zugangs zu bedeutenden Rohstoffen für die deutsche Kriegsmaschinerie, nötigt das deutsche Regime Norwegen, ihnen immer mehr Rechte und Handlungsmacht einzuräumen. In der Folge flüchtet der norwegische König Haakon VII. im Juni 1940 nach London und errichtet dort eine Exilregierung.

Das Ziel der Wehrmacht und der SS ist es, den ganzjährig eisfreien Hafen der Küstenstadt Narvik zu besetzen, um sich darüber schwedische Erze und schließlich auch den nordwestrussischen sogenannten „Petsamo-Nickel" für die eigene Rüstungsindustrie zu verschaffen. Dieses korrosionsbeständige Legierungsmetall wird hauptsächlich in der Region bei der Stadt Petsamo gewonnen. Russland tritt Petsamo 1920 an Finnland ab. Als man danach große Nickelvorkommen entdeckt, besetzt die Rote Armee 1940 die Region wieder. Nach mehreren schweren Kämpfen der Wehrmacht und SS gegen norwegische und alliierte Marine sowie nach großen Verlusten an Soldaten und Material auf allen Seiten, ist die deutsche Vereinnahmung der Stadt Narvik mit ihrem Hafen gegen zahlenmäßige Übermacht der Alliierten besiegelt. Zweitausend Gebirgsjäger und 2.500 Marinesoldaten setzen sich gegen einen fünf Mal so starken Gegner durch.

Es ist General Eduard Dietl (mehr zu Dietl s. u.), der mit seiner Kompanie diese Schlacht 'gewinnt'. Er leitet von da an mit den Gebirgsjägern, die er auch schon beim Überfall auf Polen ein Jahr zuvor anführt, die Besetzung Norwegens und den Vormarsch Richtung Murmansk mit der für alle Kriegsteilnehmer strategisch wichtigen 'Murmanbahn'.

Murmansk

Murmansk liegt am Arktischen Ozean, nördlich des Polarkreises, an den Grenzen zu Norwegen und Finnland. Sie ist die nördlichste sowjetische Stadt, im Nordosten an der Barentssee auf der Kola-Halbinsel gelegen.

An der nordnorwegischen Grenze, in der Nähe des kleinen Ortes Kirkenes, liegen im Zweiten Weltkrieg deutsche Truppen, die im Wesentlichen aus Gebirgsjägern und SS-Soldaten bestehen. Wie beim Kampf um die Hafenstadt Narvik ein Jahr zuvor, geht es auch 1941 um die Hoheit über einen, ebenfalls Dank den Ausläufern des Golfstroms, ganzjährig eisfreien Hafen, den von Murmansk. Dieses Mal aber nicht, damit man darüber selbst die eigenen kriegswichtigen Güter und vor allem Rohstoffe sichert und transportiert. Sondern es geht vor allem darum, zu verhindern, dass sich die Kriegsgegner, wie in diesem Fall Russland und seine Verbündeten, über Verkehrswege wie den Murmansk-Hafen und die anschließende fast 1.500 Kilometer lange Zugstrecke mit Nachschub an kriegswichtigen Rohstoffen versorgen. Bis nach St. Petersburg führen die Gleise dieser 'Murmanbahn', die man genau zu diesem Zweck schon im ersten Weltkrieg baut. Damals wie auch 1941, fast dreißig Jahre später, soll sie Erze und Kriegsgüter zu den verschiedenen Fronten bringen. Von St. Petersburg führen dann weitere Bahnstrecken nach Moskau und zu anderen Zentren im Inland. Murmansk hatte neben Stalingrad unter den massivsten deutschen Bombenangriffen zu leiden.

Die Operationen 'Silberfuchs', 'Polarfuchs','Rentier', 'Platinfuchs'

Das nationalsozialistische Regime in Deutschland will im Osten 'Lebensraum' für das eigene Volk besetzen und vereinnahmen, vor allem deutsche Bauern sollen das Gebiet besiedeln. Um die Welt zu beherrschen, sei laut NS-Propaganda die Erweiterung des 'Deutschen Reichs' nach Osten nötig. Dort wolle man sich die Bodenschätze, den fruchtbaren Boden und die vielen Arbeitskräfte zunutze machen. Für den Vormarsch deutscher Truppen sei es daher wichtig, die Aufrüstung der gegnerischen Fronten in diesen Regionen zu unterbinden. Also müsse verhindert werden, dass Güterzüge aus Murmansk Nachschub liefern. Im Einsatz ist eine Armeegruppe bestehend aus vier Divisionen: der 169. Infanterie-Division, der 6. SS-Gebirgsdivision Nord sowie der 2. und 3. Gebirgsjäger-Division.

Im Februar 1941 errichten Soldaten der Wehrmacht zwischen den Orten Svanvik und Salmijärvi eine Kriegsbrücke über den Fluss Patsjokki und können somit die finnisch-norwegische Grenze nach Russland überschreiten. Diese militärische Operation gegen die Rote Armee an der russischen Grenze, westlich von Murmansk, wird 'Unternehmen Silberfuchs' genannt.

'Silberfuchs' steht für die komplexe Kriegsstrategie zum Aufmarsch in Norwegen und Finnland gegen die Sowjetunion im Mai/Juni 1941. 'Operation Polarfuchs' bezeichnet den südlichen Angriff mit der Aufgabe, die Murmanbahn zu blockieren, die 'Operation Rentier' will den inzwischen sowjetischen Nordmeerhafen Petsamo besetzen. Über zehntausend Tote, Verwundete und Vermisste dezimieren die deutsche Division bei der 'Operation Platinfuchs'. Diese Offensive folgt dem Plan, ab Juli 1941, ausgehend von Lappland und der Halbinsel Kola, mit der 2. und 3. Gebirgsjäger-Division unter General Eduard Dietl Murmansk einzunehmen. Das Gebirgskorps soll zusammen mit einigen finnischen Grenzeinheiten aus dem Norden direkt auf Murmansk vorrücken und den Hafen besetzen, wo laufend militärische Kriegsmittel für die Sowjetunion eintreffen. Diese Operation hatte jedoch von Beginn an erhebliche Probleme mit den arktischen Wetterbedingungen und den Bodenverhältnissen.

Angriff am Fluss Liza

Am 8. September 1941 wird der deutsche Angriff über die 'Liza' erneuert. Nach mehreren vergeblichen Versuchen, den Fluss zu überqueren beziehungsweise den Brückenkopf über den Fluss zu erweitern, geht das Korps Anfang Oktober zum Stellungskrieg über. Die Frontlinie bleibt während des ganzen weiteren Kriegsverlaufes relativ stabil. Im Oktober 1941 erfolgt an der Liza-Front die Ablösung der 3. Gebirgsdivision (ohne Gebirgsjäger-Regiment 139) durch die neu aus dem Balkan herangeführte 6. Gebirgsdivision der SS.

Für den größten Teil der 3. Gebirgsdivision bedeutet die Ablösung die Beendigung ihrer eigenen Kampfhandlungen an diesem Kriegsschauplatz, denn sie kehrt nach Deutschland zurück, wo sie teilweise neu aufgestellt wird. Zuvor marschieren die Einheiten 700 Kilometer durch den arktischen Winter, um Mitte Dezember 1941 für den Transport nach Deutschland eingeschifft zu werden.

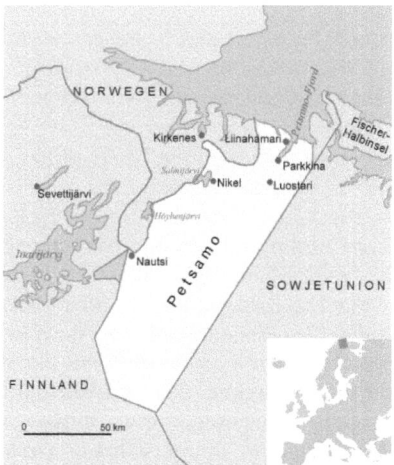

Das Frontgebiet an der Grenze Russlands. Die Hafenstadt Murmansk liegt etwas östlich von der Fischer-Halbinsel. (Lizenzfreie Grafik, Autor: Jniemenmaa)

Gebirgsjägerdivision

Die 3. Gebirgsdivision hat ihren Vorläufer im österreichischen Bundesheer und wird am 1. April 1938, direkt nach dem sogenannten 'Anschluss ans Deutsche Reich', in Graz gebildet. Durch bayerische Mannschaften verstärkt, besetzt dieser Verband 1938 das Sudetenland und kämpft ab Kriegsbeginn an den Fronten in Polen, Frankreich und bis Nordnorwegen. Im März 1940 wird die Division dem Gebirgskorps Norwegen unterstellt, nimmt an den Kämpfen um die strategisch wichtige norwegische Hafenstadt Narvik teil und ist schließlich als sogenannte 'Lapplandarmee' am letztendlich erfolglosen Durchbruchsversuch nach Murmansk beteiligt. Sie greift zunächst aus dem Grenzraum nahe dem Ort Parkkina die sowjetischen Grenzstellungen bei Kuosmaivi an, dann folgen Stellungskämpfe auf der Fischer-Halbinsel.

Eduard Dietl – General der Gebirgstruppe

Kommandeur Generaloberst Eduard Dietl (1890-1944) durchläuft eine steile Offiziers-karriere. Schon im ersten Weltkrieg schafft er es bis zum Rang eines Kompanieführers. Als überzeugter Nationalsozialist und treuer Anhänger Hitlers nimmt er aktiv und in hohen Positionen am Zweiten Weltkrieg teil. Als 'Held von Narvik' wird er vom Regime gefeiert und viele Deutsche bewundern ihn. Doch die Lage am Eismeer ist für die zigtausend dort stationierten Soldaten und eingesetzten Arbeiter äußerst dramatisch. Die von Dietl geführten Gebirgstruppen sind zu langfristigen Operationen nicht in der Lage und die Umstände extrem widrig: Das Gelände am Nordkap ist unwegsam, die Wetterbedingungen sind ungewohnt hart, der Nachschub an Soldaten und Material funktioniert nicht, es gibt keine Infrastruktur. Dies alles macht sie dem russischen Gegner unterlegen, der von heimischem, vertrautem Boden aus kämpft und über gut organisierte Versorgung verfügt.

Als Dietl seine Truppen aus Finnland und Norwegen zurückziehen muss, betreibt er die 'Politik der verbrannten Erde'. Dies bedeutet Zerstörung von Straßen, Brücken und Zugverbindungen hinter ihnen sowie Verwüstung von Häusern und landwirtschaftlichen Flächen. Die einheimische norwegische Bevölkerung leidet in der Folge große Not.

Dietl beteiligt sich mit diesen und weiteren Maßnahmen an Kriegsverbrechen, die erstmals im Zweiten Weltkrieg und durch eindeutige Anweisungen Hitlers regelmäßig begangen werden. So lässt Dietl auch Kriegsgefangene erschießen, da Hitler anlässlich des Scheiterns im Kampf um Stalingrad befiehlt, die internationalen Vereinbarungen zur Behandlung von Kriegsgefangenen nicht länger zu befolgen. Dietl gehorcht und übergibt Kriegsgefangene zur Erschießung an den Sicherheitsdienst (SD), das ist der Geheimdienst der Schutzstaffel (SS). Da die Waffen-SS auch in Nordnorwegen stationiert ist, kommt es hier zu einer direkten Zusammenarbeit mit der Wehrmacht. Dietl errichtet 'Feldstraflager' in Finnland und Norwegen, das sind Konzentrationslager auch für ihre Angehörigen. Beim Bau von Rückzugswegen etwa müssen vorrangig Strafgefangene dieser Lager, sogenannte Arbeitssklaven, unterernährt und unterversorgt härteste Arbeit leisten. Diese Feldstraflager sind die militärische Variante der strategisch organisierten 'Vernichtung durch Arbeit'. Dietl droht zudem: „Wer zu schwach ist, wird erschossen." Wehrmachtssoldaten misshandeln 'Strafsoldaten' und führen Erschießungen durch.

Bis zu seinem Tod bei einem Flugzeugabsturz 1944 bleibt Dietl seiner Linie treu. Seine Maschine, in der sich mehrere höhere Offiziere befinden, zerschellt nach einer Besprechung mit Hitler, die auf dem Obersalzberg bei Berchtesgaden stattfindet. Über Hergang und Hintergründe gibt es widersprüchliche Darstellungen. Ursache könnte eine Anweisung Hitlers sein, wegen Unstimmigkeiten mit Dietl dessen Flugzeug zu beschießen. Dies ist jedoch bislang nicht eindeutig offengelegt.

6.2. Die Front ist das Ziel

Als JV an der Front bei der Truppe ankommt, ist diese schon sehr geschwächt. In den Monaten Juli und August 1941 verzeichnet seine Gebirgsjägerdivision die höchsten Verluste an deutschen Soldaten unter denjenigen, die an der gesamten Ostfront kämpfen. Die Heeresführung unternimmt noch Versuche, um weitere Niederlagen abzuwenden und doch noch einen erfolgreichen Schlag gegen die Rote Armee bei Murmansk auszuführen, aber sie sind dieser stark unterlegen.

„Am 8. September 1941 wurde der deutsche Angriff über die Liza erneuert, doch auch dieser Angriff lief sich unter schweren eigenen Verlusten fest, so dass die deutschen Angriffsbemühungen nach Verlusten von etwa 10.300 Mann an Gefallenen und Verwundeten Anfang Oktober 1941 eingestellt werden mussten.

Außerdem wurde die 3. Gebirgs-Division (ohne Gebirgsjäger-Regiment 139) durch die neu aufgestellte 6. Gebirgs-Division abgelöst." (Altenburger 2019a)

6.2.1. Kompanie der Gebirgssanitäter

Der im Tagebuch von JV aufgezeichnete Zeitraum geht nicht über die gesamten acht Monate seines Einsatzes in Norwegen. Er beginnt am 23. August 1941, Tag des Marschbefehls und Abschieds von Heidelberg, und endet am 1. November 1941. Dann ist für ihn und sein Bataillon sogenannte 'Winterruhe' in Svanvik, hinter der Front. Bis sie sich dorthin zurückziehen, hat er allerdings viel zu berichten.

Am 10. September erreichen JV und Rudi die russische Front bei Murmansk. JV schreibt: „Von der Wehrmachts-Tankstelle aus trampen wir mit Lkw raus nach Björnevatn, der Sommerstelle unserer 2. Gebirgs-Division. Seit Kirkenes tragen wir bereits unsere bei der H.K.K. Oslo (HeeresKriegsKommandantur, Anm. SV) gekauften Bergmützen, sodass wir äusserlich schon wie Gebirgsjäger aussehen! Ein Oberfeldwebel des Div.Stabes (IIa) fährt uns von Björnevatn ganz vornehm im 'Opel/Kapitän' in Richtung Front." (Die 2., 3. und 13. Gebirgsjägerdivisionen sind gemeinsam an der Nordfront, JV ist wechselnd bei ihnen eingesetzt. Anm. SV)

Ihr Frontabschnitt ist, wie erwähnt, die 'Liza-Bucht'. Nördlich von Murmansk mündet der Fluss Liza in die Barentssee. Auf dem Weg dorthin geht's über die Grenze nach Finnland durch fast vollkommen unbewohntes Gebiet. JV sieht nur Wälder und Seen   zum dort Wohnen zu wenig, denkt er. Jetzt ist allerdings Kolonnefahren angesagt. „Ein paar finnische Strassenarbeiter, die an der Strecke bauen, winken uns zu, wie überhaupt allen deutschen Wagen, die in langer, fast ununterbrochener Kolonne von und zur Front über diese wichtige Strasse rollen." Die Finnen nehmen sie herzlicher auf als die Norweger, stellt JV fest.

„Jetzt fahren wir bereits auf der Eismeerstrasse, jener ungeheuer wichtigen und einzigen Verbindung zwischen Rovaniemi und Petsamo, also Mittelfinnland und Eismeerküste. Wir kommen nach Parkkina, das zusammen mit Trifona und Liinakhamari den Sammelnamen 'Petsamo' führt, der jedem deutschen Sportler bekannt ist, denn hier wollten die Finnen ihre Winterolympiade abhalten! Freundliche weisse Häuser überall, deutsche und finnische Soldaten und viele 'Lottas', finnische Helferinnen, die ungefähr den deutschen Arbeitsmaiden vergleichbar sind und die als Pflegerinnen oder Köchinnen teilweise auch direkt an der Front Dienst tun!"

Von Petsamo geht's am nächsten Tag zur Front als es schon dunkel ist. Sie fahren auf Straßen, die vom Reichsarbeitsdienst und von finnischen Arbeitern gebaut werden. Unter ihnen Strafgefangene und Zwangsarbeiter, wie man aus anderen Berichten erfährt. Das erwähnt JV nicht. Er weiß es vielleicht auch nicht, was jedoch zu bezweifeln ist, da er gut beobachtet und man es den Männern und den sie Bewachenden sicherlich ansieht.

„Zur Linken, dicht am Fluss, bietet sich uns ein wundervoll romantischer Anblick: In der stockfinsteren Nacht leuchten am halben Hang viele kleine und grosse Lagerfeuer, um sie herum sitzende und kauernde Gestalten, deren Schatten bald im Dunkel der Nacht untertauchen: Biwakierende Landser am Lagerfeuer! Solch ein Bild hat man sich früher beim Lesen der Bücher Karl May's erträumt, aber nie geglaubt, dass diese Romantik aus der Zeit der Landsknechte noch heute, und dazu im höchsten Norden lebendig sei. Es sollte sich allerdings bald herausstellen, dass der moderne Krieg hier oben im Polargebiet verdammt nüchtern ist."

Die Lagerfeuer gehören zu ihrer Gebirgs-Sanitäts-Kompanie, dort entdecken sie kurz darauf auch Zelte, Erdbunker und den Fuhrpark. Das Blockhaus wird von Kompanie-Chef Stabsarzt Dr. Sill bewohnt. Bei ihm melden sie sich und erfahren, dass man sich über ihre Ankunft freut, da man medizinische Hilfe dringend benötigt.

„Als Quartier wird uns das Russenlager auf der anderen Seite der Strasse zugewiesen, ein früheres Manöverlager der Russen, das sie auf ihrem überstürzten Rückzug anscheinend nicht mehr zerstören konnten. Es besteht aus etwa zehn, halb in die Erde versenkten höchst primitiven Holzbaracken; die Übrigen wurden von unseren Landsern unvernünftigerweise bereits zu Bau- und Brennholz 'verarbeitet'. ... Unser Salon macht einen ausserordentlich luxuriösen Eindruck: Eine Bettstelle, drei Strohsäcke, ein wackeliger Tisch und ein undefinierbarer Kasten bilden die ganze Inneneinrichtung. Wände und Decke sind mit der Sovjet-Zeitung 'Prawda' tapeziert und durch Fenster, Tür und sämtliche Ritzen pfeift ungestört der eisige Wind, so dass das kümmerliche Kanonenöfchen nur mit Mühe eine einigermassen erträgliche Temperatur aufrechterhalten kann."

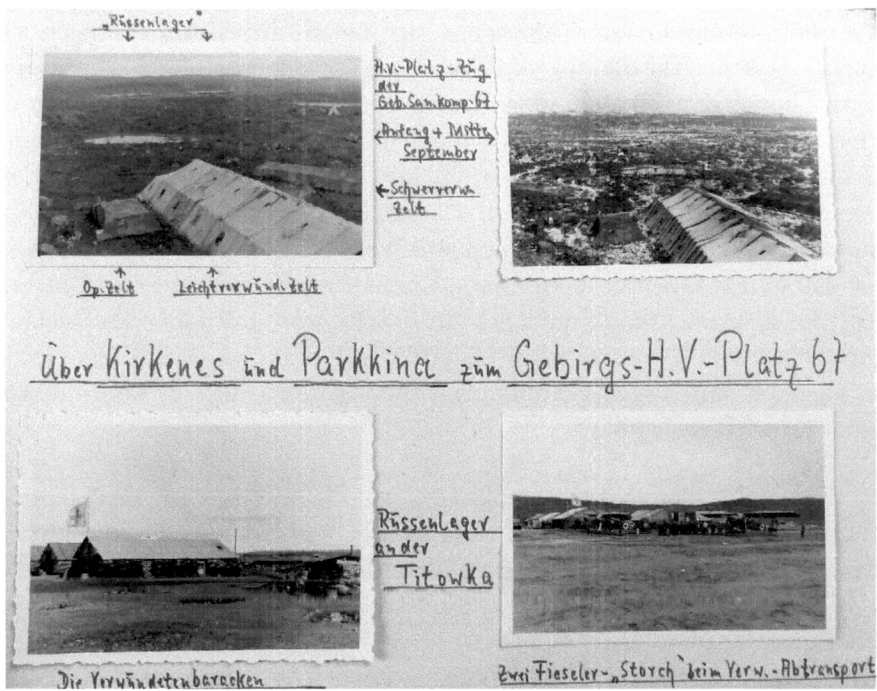

JVs zukünftiger Standort an der russischen Front.

Nach der Anmeldung beim Oberfeldarzt wollen sie im Verbandsplatz den Unterärzten zur Hand gehen, aber Verwundete und Helfer machen das Zelt schon voll.

Also zieht es JV direkt an die Front, wenn er dahinter nicht gebraucht wird. „Am 8. September hat vorn an der Liza eine grosse Offensive unseres Gebirgskorps begonnen, die sehr verlustreich verläuft. Die Sowjets sollen in einem Kessel zwischen der 2. u. 3. Gebirgs-Division und der Waffen-SS eingeschlossen werden. Ausgerechnet jetzt, wo vorn Grosseinsatz ist, werden wir hier hinten beim Hauptverbandplatz festgehalten." Doch sie müssen nicht mehr lange warten. Schon am zweiten Tag nach ihrer Ankunft werden sie voll eingesetzt.

„Wir bekommen bei unserer Arbeit einen recht guten Einblick in die Kriegschirurgie. Es liegen besonders viele Amputierte hier, aber auch Männer mit Kopfschüssen und freiliegendem Cerebrum, Unterleibschüssen und den üblichen Extremitätenschüssen. Das eigenartige bei all diesen Verletzungen ist die Tatsache, dass sie fast alle durch Granatsplitter der russischen schweren Granatwerfer hervorgerufen sind, einer Waffe, vor der jeder Soldat hier oben einen enormen Respekt hat. Die Russen schiessen damit aus 6-7 km Entfernung mit einer ausserordentlichen Treffsicherheit, die allerdings weniger verwunderlich ist, wenn man weiss, dass zwischen Titowka und Liza jeder Fussbreit Boden vermessen ist, da hier früher ein sowjetischer Artillerie-Schiessplatz war und daher das ganze Gelände dem Gegner genauestens bekannt ist. Die Bande schiesst im dicksten Nebel, nur nach der Karte, aber mit einer Treffsicherheit, die uns schon viel Verluste gekostet hat! Der Krieg hier im Polargebiet wird unter gänzlich einmaligen Bedingungen durchgeführt und ist wohl mit keiner anderen Front vergleichbar."

Die Soldaten fühlen sich vernachlässigt, wie JV schreibt. In den Nachrichten zu Hause kämen sie nicht vor, obwohl sie doch so extrem viel durchmachen, opfern und leisten würden. Diejenigen, die schon unter General Dietl in Narvik waren, sehen ihre jetzige Aufgabe ungleich schwerer. JV erfährt, dass seine Division bislang über dreihundert Soldaten verloren hat, für sie werden „Heldenfriedhöfe" eingerichtet. Und sie hätten auch schon eintausend Verletzte zu behandeln gehabt. Die SS-Bataillone sind noch stärker reduziert, denn deren Männer seien noch am wenigsten auf die Strapazen vorbereitet, denkt JV. Doch ihre eigene Situation sieht er auch nicht gerade ermutigend: „Wer in der Heimat kann auch nur ahnen, wie unendlich schwer und opferreich hier in diesem Gelände und gegen diese Übermacht jeder Kilometer nach Murmansk erkämpft werden muss."

An einem Nachmittag fährt JV mit einem Chirurg am Fluss Liza entlang zur Front unten an der Liza-Bucht. Sie fahren an Lagern, Versorgungsfahrzeugen, Küchen- und Verbandszelten vorbei und staunen, mit welchem umfangreichen Material so eine Division ausgestattet ist. Kolonnen mit Fahrzeugen, Eseln, Arbeitertrupps ziehen sich hin zur Front und zurück. Da erleben sie einen Bombenangriff auf die gegnerische Seite. „Hinter uns aus der Luft kommt ein tiefes Brummen, 27 Stukas (Sturzkampfflugzeuge, Anm. SV) – von Zerstörern begleitet – jagen heran. Hoch über dem Russenkessel kippen sie ab und stürzen mit aufpeitschendem Heulton auf den Feind! Sie scheinen förmlich in den Boden hineinzurasen, jetzt lösen sie die schweren Bomben und die Maschinen werden in steiler Kurve wieder hochgezogen. Dumpf dröhnen die Einschläge bis zu uns herüber. Wir gehen zu unserem Wagen zurück und treten die Heimfahrt an."

JV beschreibt weiter seine Arbeit an den Verwundeten, ihren Verletzungen und Schmerzen. Aber er nimmt auch die Kriegshandlungen wahr. Selten, eigentlich nie, werden Gefangene gemacht, damit kann man sich gar nicht aufhalten, erklärt er. „Wer sich ergeben will oder verwundet liegenbleibt, wird kaltblütig niedergeschossen, es ist ein Krieg, der buchstäblich bis aufs Messer geführt wird. Pardon gibt es auf keiner Seite!"

Schon einige Tage später dann endlich die ersehnte Gelegenheit: Es geht an die Front. „Am 20.9.41 kommt ganz plötzlich für Vieting und mich der Abmarschbefehl in die vorderste Linie, und zwar sollen wir alle beide beim Geb.Jäg.Regt. 136 als Kompanieärzte eingesetzt werden. Endlich soll es also ins Feuer gehen, endlich soll ich das, was ich bisher nur von Verwundeten oder meinen Kompaniekameraden aus Erzählungen kannte, selbst mitmachen dürfen." Freund Rudi muss leider zurück bleiben. Er zieht beim Knobeln das kürzere Hölzchen. Aber JV denkt, dass nach sechs Monaten Beisammensein eine Trennung mal gut tut. Doch bis sie ihre ganze Ausrüstung zusammen haben und die nötigen Rucksäcke ankommen – wenn welche fehlen, nimmt man sie getöteten Soldaten ab und gibt sie den nächsten – müssen sie drei Tage warten. Das sind Tage zum Erholen, in denen sie auch die Sauna kennen und schätzen lernen.

Auf dem Weg zur Front machen sie halt am 'Chirurgenstützpunkt'. Der Assistenzarzt Kober nimmt sie in seinem Zelt auf. Da sie oft mit SS-Soldaten und SS-Ärzten zusammenkommen, unterhalten sie sich darüber und sind sich einig: "... über die Zusammenarbeit mit der SS, die auch hier – wie überall – nicht ganz reibungslos verläuft. Die Herren kommen frisch und glänzend ausgerüstet zur Front, geben mordsmässig an und haben dabei keinerlei praktische und taktische Erfahrung gegenüber unseren weit erfahreneren San.Offizieren, so dass es immer wieder zu kleinen Zusammenstössen kommt."

Nach vielen Stunden Wanderung nähern sie sich zwar ihrem Ziel, der Front vor Murmansk, aber sie entfernen sich auch weiter von der sowieso schon kargen Zivilisation. JV freut sich dennoch, als er endlich ankommt.

„Stolz werde ich darauf aufmerksam gemacht, dass ich mich nunmehr bei dem Bataillon befinde, das die ruhmreiche Tradition der alten K.u.K. Kaiserjäger führt und das ausserdem bei dem letzten Angriff von der Liza bis hierher sich am tapfersten geschlagen hat, leider aber auch die meisten Verluste zu beklagen hat."

Die sogenannten Kaiserjäger, hier Geb.Jäg.Regt. 136, gelten als Spitze und Elite der Gebirgsjäger. Ihr Erkennungszeichen ist das Edelweiß. JV ist glücklich, endlich bei seinen großen Vorbildern zu sein.

JVs Anstecknadel: 'D' = Deutschland, 'Ö'= Österreich, 'AV' = Alpenverein.

Hintergrund
Gebirgsjäger – Kaiserjäger

1938 entsteht eine Hochgebirgstruppe, die in ihrem ersten Einsatz den 'Anschluss Österreichs' bewirkt. Danach wird die Gebirgsbrigade zur 1. Gebirgsdivision erhoben und gehört zu denjenigen Formationen der Deutschen Wehrmacht, die von Beginn an in die Kämpfe des 2. Weltkriegs eingebunden sind. Das Selbstverständnis der Mitglieder fassen sie in ihrem Motto zusammen: „Wo andere aufhören, fangen wir erst an." Das 'Tiroler Jägerregiment' des früheren österreichischen Bundesheeres in Innsbruck bildet nach Übernahme in das deutsche Heer im Frühjahr 1938 den Grundstock für das spätere Gebirgsjägerregiment 136 innerhalb der 2. Gebirgsdivision. Die meisten Offiziere verstehen sich zwar als 'unpolitisch', aber sie hegen dieselben Revanchegefühle gegenüber den Siegermächten des 1. Weltkriegs und wollen, wie viele Deutsche, den Versailler Vertrag von 1919 rückgängig machen. Die NSDAP scheint allen so Denkenden die 'richtige Bewegung', um dem deutschen, schnell wieder erwachsenen Hochmut eine politische Heimat zu geben.

Autor Hermann Frank Meyer, auch Mitbegründer von Amnesty International, recherchiert umfangreich für sein Buch 'Blutiges Edelweiß', befragt viele Zeitzeugen, untersucht Einstellung und Vorgehensweise der Gebirgsjäger. „Ähnlich wie die Fallschirmjäger und U-Boot-Fahrer verstanden sich die Gebirgsjäger als Angehörige einer Elitetruppe. Ihr 'Kult von Männlichkeit, Körperkraft und siegreichem Kampf' war gleichbedeutend mit wesentlichen Elementen nationalsozialistischer Ideologie. ...Wer sich auf die Berge einließ, galt als außergewöhnlicher Mensch jenseits bürgerlicher Normen, voller unerhörter Tätigkeit und Tapferkeit." (Meyer 2008, S. 16) Nach dem Überfall auf Polen heißt es dann schon: „Das Edelweiß ist zum Schrecken des Feindes geworden." (s. dort)

Die Werte, die in dieser Zeit für Deutsche allgemein gelten, sind ebenso den Militärangehörigen wichtig: Tradition, Gehorsam, Führung, Vaterland, Ordnung, Berufsehre. Doch was die Gebirgsjäger besonders hervorhebt: Ausbildung und Befehle, die sie entgegennehmen oder anordnen, legitimieren zu hartem Durchgreifen. Bald sind sie überall, wo sie jenseits der deutschen Grenzen operieren, wegen ihrer unzähligen Gräueltaten gefürchtet. Sie tragen das Edelweißabzeichen, das sie als Angehörige der schlimmsten Truppe neben der Waffen-SS erkennbar macht. In Norwegen kämpfen beide Verbände gleichzeitig und gemeinsam.

Gebirgsdivision – Regiment 136

Entstehungstag des Innsbrucker Regiments 136 ist der 1. August 1938, als es unter Befehl der 2. deutschen Gebirgsjägerdivision tritt. Zu Beginn des Polenfeldzugs im September 1939 wird dieses Regiment in den ersten Kriegstagen der Heeresgruppe Süd als Reserve nachgeführt. Im Dezember 1939 ist es in Remscheid am Niederrhein, wird an die Nordseeküste transportiert, um dann ab 9. April an der Besetzung Norwegens teilzunehmen, wo die gesamte 2. Gebirgsdivision bis Ende des Feldzugs bleibt. Schon am ersten Tag des Kriegs gegen die Sowjetunion, das ist der 22. Juni 1941, überschreitet das Regiment 136 die russische Grenze an der Eismeerküste westlich von Murmansk, wo jedoch der Angriff der Gebirgstruppen zum Stehen kommt und in der Tundra, am Fluss Liza, ein erbitterter und für beide Seiten verlustreicher Stellungskrieg beginnt.

Gebirgsjäger heute

Aus der Elite-Truppe der Wehrmacht wird eine Elite-Truppe der Bundeswehr. Wenn im Kosovo oder in Afghanistan deutsche Soldaten eingesetzt werden, sind die Männer der Gebirgsjäger aus Mittenwald, Bad Reichenhall und Strub bei Berchtesgaden immer dabei. Brutale Rituale innerhalb der Kasernen unter den Soldaten, ihre antisemitischen und nationalsozialistischen Äußerungen in der Öffentlichkeit beschäftigen Justiz, Presse, Bundeswehr und kritische BürgerInnen seit Jahrzehnten immer wieder. In besonderer Kritik stehen dabei die Gebirgsjäger in den Kasernen von Mittenwald und Bad Reichenhall zusammen mit ihren Veteranen, die auch alljährlich zu einem 'Heldengedenken' zusammenkommen.

6.2.2. Vorne angekommen

Nun macht JV Bekanntschaft mit seinem zukünftigen Chef Oberstleutnant Forstner von der 13. Kompanie, der ihn als Kompaniearzt einführt. JV ist von ihm sehr beeindruckt und findet ihn sympathisch. Für eine Nacht kommt er in dessen Zelt unter. „Am Abend sind der stellv. Btl.Fhr.Oblt. Gurtner, sein Adjutant Lt. Seeling und Lt. Tizian bei uns im Zelt zu Gast, da ihre

Hütte bereits abgebrochen wird. Man nimmt mich sehr kameradschaftlich auf in diesem Kreis, aber ich nehme mir doch vor, mich zunächst stark zurückzuhalten, denn ich habe den grossen Einsatz nicht mitgemacht, und weiss, dass für einen Neuling – dazu noch aus Preussen – das Einleben in eine ostmärkische Truppe sehr schwer ist. Ich bin für alle hier der 'Doktor' und habe das Gefühl, dass ich mich mit diesen Offizieren noch einmal prächtig verstehen werde. In der Nacht werden wir oft gestört, da oben in der Stellung eine Schiesserei aufflackert und der Ordonnanz-Offz. nach dem Rechten sehen muss. ... für morgen ist ein Stellungswechsel des ganzen Bataillons geplant und in der neuen Stellung werde ich dann zu meiner 13. Kompanie ziehen!"

Bei seiner 13. Kompanie angekommen, kümmern sie sich um den Bau ihrer Erdlöcher, die ihnen für die nächste Zeit, eventuell den ganzen Winter lang, Unterkunft sein sollen.

JV lernt seinen Burschen 'Franz' kennen

Der erste Bunker von JV und seinem Burschen Franz.

„Ein Gefreiter, der nebenan bereits eifrig zu arbeiten scheint, meldet sich bei mir als mein Bursche und Beischläfer. Er heisst Neururer, macht einen sehr ordentlichen Eindruck und bekommt gleich von mir den obligaten Namen 'Franz'. Er ist gerade dabei, unseren zukünftigen Bunker zu bauen und umlegt zu diesem Zwecke ein 2 x 3 m grosses Rechteck mit Rasenplacken um das übliche Einheitsmass von 60-70 cm Höhe zu bekommen. Mir macht dieses Loch einen nicht gerade sehr vertrauenerweckenden Eindruck und ich kann mich nur schwer damit befreunden, den ganzen Winter in einem derartigen Fuchsbau zu liegen, in dem man sich kaum umdrehen, geschweige gemütlich aufsetzen kann. ... Mir schwebt so etwa die Form einer Lappenhütte vor, denn schliesslich muss ich bei der zu erwartenden Kälte und dem hohen Schnee meine Verwundeten und Kranken im Bunker behandeln und brauche dazu unter Umständen recht viel Platz und eben ein – Giebeldach, das zu errichten leider von allen Fachleuten für unmöglich gehalten wird! Um das Ende vorweg zu nehmen: Es wurde der weitaus beste und gemütlichste Bunker im ganzen Abschnitt, das musste sogar mein Chef neidlos anerkennen, als er eine Nacht bei uns zu Gast war!"

Hintergrund
Österreichische Soldaten nach dem 'Anschluss'
Nach dem sogenannten 'Anschluss ans Deutsche Reich' legen im März 1938 die österreichischen Soldaten ihren Eid auf Adolf Hitler ab. Wer diesen verweigert, wird entlassen oder pensioniert. Aber die meisten sind mit dem Wechsel einverstanden. Im deutschen Volksmund werden sie dann 'Ostmärker' und 'Märzveilchen' genannt. Ostmark: Von 1938 bis 1942 das Gebiet des vormaligen Staates Österreich nach dem 'Anschluss' an das sogenannte 'Deutsche Reich', danach 'Alpen- und Donau-Reichsgaue' genannt. Zwei Tagesbefehle vom 14. März 1938 beenden die Existenz der österreichischen Armee und beschließen ihre Vereinigung mit der deutschen Wehrmacht. Der General der Infanterie Fedor von Bock äußert zu diesem Prozess: „Als Ehre und Auszeichnung betrachte ich es, die Führung einer Truppe zu übernehmen, die aufgebaut ist auf der ruhmreichen Überlieferung der alten österreichischen Armee. Dieses stolze Erbe der Vergangenheit wollen wir mit freudigem Herzen in eine neue deutsche Zukunft tragen in eiserner Manneszucht, in treuester Erfüllung unserer Soldatenpflicht, in opferfreudiger Hingabe an unseren Führer für das große deutsche Vaterland."

Der Oberbefehlshaber des deutschen Heeres Walther von Brauchitsch bekundet gleichzeitig: „Ich bin überzeugt, dass es in Kurzem nur noch deutsche Soldaten ohne Unterschied geben wird. Die ruhmreiche Geschichte der altehrwürdigen österreichischen Armee aber wird mit euch eingehen in die Überlieferung der Wehrmacht des Dritten Reiches. Für alle gilt die gleiche Parole: vorwärts für das nationalsozialistische Deutschland in unerschütterlicher Treue für seinen Führer und obersten Befehlshaber Adolf Hitler."

Jüdische Militärangehörige verlieren ihre Stellen, einige nehmen sich das Leben, viele kommen in Konzentrationslager. Jedoch die meisten österreichischen Soldaten stimmen dem Zusammenschluss begeistert zu. (Buchmann 2009)

6.3. Alltag an der russischen Front

Im Oktober 1941 befinden sich JV und seine Gebirgsjäger-Division mitten in schweren Kämpfen gegen die Rote Armee mit zahlreichen Toten und Verletzten auf beiden Seiten. In dieser Situation ist er mit Franz darum bemüht, ihren Wohnbereich auszubauen, die alltäglichen Dinge zu regeln und die medizinische Betreuung der Soldaten zu organisieren.

Bunkerbau

Eine Woche lang bauen JV und sein Adjutant Franz an ihrem „geräumigen und wohnlichen Bunker", wie dieser auch mal ironisch beschrieben wird. Das Baumaterial besteht im Wesentlichen aus Rasenplacken und verkrüppelten Birken. Für JV geht es nun darum, „buchstäblich aus nichts etwas machen". Wasenmauern als Splitterschutz, Dach aus Stacheldraht, darüber Birkenstämme,

Der neue Bunker hat jetzt eine Tür, soll sicherer und wärmer sein.

dann wiederum Wasen und Reisig. Der Eingang wird 60 Zentimeter hoch, die Tür ist aus Reisiggeflecht mit einem Sack davor. Aber der Wind pfeift durch. Bretter und geklaute Nägel ergeben ein „prachtvolles Portal". Eine Fensterscheibe bringt Licht auch bei geschlossener Tür. „Mit einigen nicht ganz rechtmässig besorgten Zeltbahnen haben wir dann noch die Innenwände palastartig verkleidet, was sehr zur Wohnlichkeit beitrug."

Das Bett ist eine Kombination aus Moos und Heidekraut, 60 Zentimeter hoch aufgeschüttet. Die Feuerstelle macht Probleme wegen des qualmenden, feuchten Holzes. Sie bauen schließlich ein Ofenrohr aus gesammelten Konservendosen. „Von da an brauchten wir beim Kaffeekochen nicht mehr die Gasmaske aufzusetzen! Wer diese Zeilen später einmal liest, wird bestimmt diese lächerlich ausführliche Schilderung mit nachsichtigem Lächeln kritisieren, aber er weiss ja nicht, dass der Bunker hier vorn eben ungeheuer wichtig ist, und dass nur von seiner Bauart und Festigkeit Gesundheit, Wohlbefinden und Sicherheit vor Granatsplittern abhängt!"

6.3.1. Die ärztlichen Tätigkeiten

„Mein 'Sprechzimmer' ist der kalte, verlauste und ewig dreckige Bunker, mein Arbeitszeug die übliche San.Offz.-Tasche, die einziges Verbandzeug, Salben, Tabletten, Ampullen und ein kleines Besteck enthält. Die Instrumente werden nach Gebrauch mit einem Mulltupfer abgewischt und sind wieder 'steril', die Spritze wird bei grösserem Andrang ohne Wechseln der Kanüle weitergebraucht. Das Ganze ist also wirklich ein Faustschlag ins Gesicht der Schulmedizin!" Neben der Versorgung der Verwundeten, so JV, sei die Aufgabe des Kompaniearztes, „die Kampfstärke seiner Einheit möglichst aufrecht zu erhalten. ... Die Entscheidung, welche Fälle hier vorn bleiben können und welche unbedingt zurückgeschickt werden müssen ist für mich als ganz jungen Mediziner ohne jegliche Erfahrung natürlich sehr schwierig und bedeutet eine grosse Verantwortung!" Einige Leiden behandelt er besonders häufig, dazu gehören Rheumatismus, erfrorene Füße und Finger. Regen, Dreck, Schnee und Eis seien Normalität in den ungeschützten Stellungen, Ausruhen nur in nassen, ungeheizten Bunkern möglich, berichtet er.

„Heute, am 14. Oktober haben wir bereits 15 Grad Kälte. Es sind an der Front noch keine Wintersachen angekommen", schreibt JV. Behandlung der Beschwerden besteht aus Selbstmassagen, Ichthyol-Verbänden, einem alten Sack um die Füße statt der Bergschuhe. Ungehemmte „Einsatzfreude und Kameradschaft" würden jedoch keinen Verletzten von schneller Rückkehr in die Stellung an der Front abhalten. Statt der planmäßigen 180 Soldaten, seien nur 90 dabei. Eiternde Entzündungen, Abszesse und Furunkel durch Flohbisse sind ebenfalls häufige Leiden, sie werden „ohne Rücksicht auf Schmerzen ausgedrückt, mit der Pinzette ausgeräumt". Tee kochen mit nassem Holz erzeugt Augenentzündungen, etwas Linderung bringt Augensalbe. Brandblasen werden aufgeschnitten, wenn sich einer verbrüht hat. JV staunt immer wieder über die Leidensfähigkeit seiner Patienten: „Einfach nicht umzubringen, diese Tiroler!!" Auch Granatsplitterverletzungen müssen verbunden werden. "...meine sämtlichen Vorgänger sind in diesem mörderischen Feldzug ausgefallen, die

Verluste an Feldwebeln und Unteroffizieren sind noch grösser! Der Ausfall an Toten und Verwundeten der Mannschaft beträgt fast 100 Prozent!!"

Bei schwierigen Entscheidungen erhält JV Unterstützung und Ratschläge von den Ärzten Haupt und Müller. „... meist allerdings wusste ich mir allein zu helfen." JV freut sich über das Vertrauen, das ihm seine Vorgesetzten, Kollegen und Patienten entgegenbringen – er fühlt sich geehrt, schreibt er.

6.3.2. Kriegsgeschehen in JVs Kampfabschnitt

Er spricht von einer Offensive mit dem Ergebnis: Acht Kilometer Geländegewinn bei Verlust von eintausend Toten und dreitausend Verwundeten. Danach seien keine weiteren Angriffe mehr möglich. „Unsere dünnbesetzten Schützenlöcher liegen direkt vor unseren Bunkern, so dass alles Feuer, das dieser HKL zugedacht ist, zugleich auch uns gefährdet. Die russischen Stellungen liegen nur einige hundert Meter weiter und die Sowjets legen eine geradezu beängstigende Aktivität an den Tag, schiessen oft stundenlang was die Rohre hergeben und zwingen uns dadurch ständig zum Deckungnehmen in den kümmerlichen Bunkern." (HKL = Hauptkampflinie, Anm. SV)

Besonderer Respekt gilt den russischen Granatwerfern: „Diesen tausendfach verdammten Mistviechern ist einfach nicht beizukommen! Ihr Kaliber beträgt 8, 12,5 und 15 cm und ihre Reichweite über 6 km, so dass sie von unseren, viel kleineren Werfern einfach nicht zu erreichen sind. Vor unserer Artillerie sind sie ebenfalls ziemlich sicher, da sie sich als Steilfeuerwaffe natürlich tief in den Boden eingraben können. Ja, das ist das Gemeinste: Das Steilfeuer!! Es gibt überhaupt keinen Ort, wo man vor diesen Biestern sicher wäre, da ihre Granaten senkrecht auf das Ziel fallen, um dann mit Aufschlagzünder und dumpfem Knall zu detonieren und ihren reichen Splitterregen in die Gegend zu senden. Ekelhaft ist dabei auch die Tatsache, dass man – im Gegensatz zu Artilleriegeschossen – die Wurfgranaten kaum durch die Luft zwitschern hört, schon gar nicht im Bunker oder gar bei einem Volltreffer, und wenn man sie im letzten Moment doch noch heranbrausen hört, ist es zum Deckungnehmen meist zu spät und man kann seinen Geist getrost Fortuna anbefehlen! Mich haben die Hunde einmal mit einigen zufälligen Salven auf der Latrine überrascht, dass die Splitter nur so pfiffen und mir Hören und Sehen verging. Die Lust zu derartigen – wenn auch sehr wichtigen – Geschäften war mir für diesen Tag restlos vergällt! ... Nachts im Bunker rollen wir uns dann wie die Igel zusammen, setzen den Stahlpott auf und bemühen uns, recht mutig dreinzuschauen!"

Gefechtsstand des Bataillons und Truppenverbandplatz müssen vor den russischen Angriffen zurückweichen. Die geografische Lage der deutschen Stellung macht es zudem schwierig: Sie liegen in einem Felsenkessel, jeder, der da rein will, etwa Munitions- und Essenträger, oder rausgeht, ist im offenen Gelände ungedeckt. Die Gegner schießen auf dem Trampelpfad am Ufer des Sees auch auf einzelne Soldaten, was JV am eigenen Leib erlebt.

„Ich selbst konnte diese Erfahrung am 9. Oktober machen und erhielt dabei meine ganz private, aber saftige Feuertaufe." Mit Franz muss er Holz und Medikamente holen. „Arglos blieben wir oben auf der Höhe einen Augenblick stehen und ich zeigte Franzl die eigenen und feindlichen Stellungen, die man von hier aus gut übersehen konnte. Da heulte es auch schon heran! Mit hoffnungsloser Deutlichkeit spürten wir beide, dass dieses Biest – seinem 'Zwitschern' nach zu urteilen – haarscharf auf uns zukommen musste. Blitzschnell warfen wir uns zu Boden, aber von Deckung konnte auf diesem Präsentierteller natürlich keine Rede sein. Seltsam, wie unendlich lang einem diese Sekundenbruchteile vor der Gefahr werden. Ich hatte nicht einmal das richtige Gefühl der Todesangst sondern nur völlige Klarheit: Du musst mordsmässig Schwein haben, wenn das kein Volltreffer wird!! Und wir hatten geradezu unheimlich viel Schwein! Im Augenblick, da wir uns hinwarfen, schlug 3 m neben uns mit ohrenbetäubendem Krachen eine 12,2 cm Granate ein! Himmel, war das ein Schlag! Noch im Fallen sah ich die riesige Stichflamme der Detonation und die hochspritzende Dreckfontaine, dann zog ich meinen Kürbis ein, denn nun regnete es Steine und Erdbrocken aller Grössen. Mir flog von der Seite etwas gegen das Knie, dass ich dachte: Jetzt hats mich erwischt! Als der Dreckregen vorüber war, schaute ich mich nach meinem Franzl um, der 10 m vor mir auf der Schnauze lag. Auf meine Frage 'Alles gesund?' antwortete er mit einer wehmütigen Handbewegung zu seinem Allerwertesten und rief 'Nur a Stoa!'. Na, das schien ja noch mal gut gegangen zu sein, denn auch mich hatte nur ein Steinbrocken am Knie getroffen. Wenn es ein Splitter gewesen wäre...!! Allerdings blieb uns nicht viel Zeit zum Sinnieren, denn schon brauste die nächste Lage heran und dicht über unseren Köpfen krepierten mit schrillem Krach etliche Schrapnells, dass die Fetzen flogen. Die Russen gaben sich wirklich redliche Mühe um uns zwei einsamen Männeken und scheuten weder Mühe noch Kosten. In schnellster Gangart suchten wir nun Deckung hinter einem Stein und sprangen zwischen den nächsten

Einschlägen immer Deckung suchend von Felsbrocken zu Felsbrocken, bis wir endlich ausser Sicht und herunter von dem verdammten Plättbrett waren."

Kurze Zeit später gibt es direkten Kontakt mit den russischen Gegnern bei einer Schießerei bis wenige Meter vor JVs Behausung. Sie können vertrieben werden. JV lobt die automatischen Schnellfeuerwaffen sowie die Pelzbekleidung der Russen, derer sie habhaft werden. „Ein besonderes Kapitel ist die 'Luftherrschaft', die wir ja nach den OKW-Berichten im gesamten Ostraum besitzen sollen. Auch bei uns hier gibt es eine einwandfreie Luftherrschaft, betrüblich ist dabei nur, dass sie der Gegner hat!!! Tatsächlich ist es hier im nördlichsten Abschnitt der Ostfront so, dass fast täglich 60-70 feindliche Flugzeuge über uns kreisen, während von deutschen Maschinen oft wochenlang nichts zu sehen ist!" (OKW = Oberkommando der Wehrmacht, Anm. SV) Doch er erlebt auch, dass russische Maschinen ihre eigenen Stellungen bombardieren, offenbar wegen schlechter Kommunikation zwischen deren Heer und Luftwaffe, wie JV es sich erklärt. Er schildert Versuche auf deutscher Seite, Russen zum Überwechseln zu bewegen: „Ab und zu werden bei uns jetzt grosse Lautsprecher aufgestellt, durch die unsere Dolmetscher den Russen bei uns gutes Essen und warme Bunker versprechen und sie zum Überlaufen auffordern. Tatsächlich kommen auch manchmal einige Überläufer, die aber sicher drüben geblieben wären, wenn sie gewusst hätten, dass unsere Soldaten selbst in eiskalten, finsteren Löchern erbärmlich frieren müssen."

Zu den Beschüssen aus Richtung der russischen Front und aus der Luft von verschiedenen Maschinen der Alliierten kommen ebenso Angriffe durch „Flachbahngeschosse", wie sie JV nennt, von einem Kriegsschiff, das in der Motowski-Bucht liegt, eine Meeresbucht der Barentssee bei Murmansk. Russische Soldaten nähern sich, zum Beispiel in der Nacht zum 21. Oktober. 25 Russen kommen bis auf zwanzig Meter heran, werden aber von einer Handgranate 'aufgehalten', beschreibt JV eine konkrete Begegnung. Ein blutiges Gefecht mit Nahkämpfen entsteht. Noch in der Nacht schaffen die Russen ihre Verwundeten weg, lassen drei Tote und fünf automatische Gewehre zurück. JV behandelt daraufhin in seiner 'Praxis', wie er es nennt, die eigenen Verletzten.

6.3.3. Tagesablauf

24. Oktober 1941: JV beschreibt seinen Tagesablauf, weil gerade Ruhe ist. Es gibt süßen Glühwein dazu. Der Tag beginnt gegen 11 Uhr. Es wird um diese Jahreszeit erst spät hell, durch längeres Schlafen spart man Verpflegung,

Schießerei und Läuseplage bedingen zudem erst späten Schlaf. „Um 11.00 also erhebt sich mein Franzl, nachdem ich ihm bereits eine Viertelstunde lang gut zugeredet habe, mühsam stöhnend von seinem Lager und bemüht sich um den Morgenkaffee, d.h., er versucht erfolgreich mit dem nassen Birkenholz einen derartigen Qualm zu erzeugen, dass ich meine Atemorgane freiwillig in das duftende Innere des Schlafsacks versenke, um einer Rauchvergiftung zu entgehen. Es ist aber schon vorgekommen, dass selbst der Schlafsack nicht mehr dicht hielt und ich – mit der Gasmaske bewaffnet – schmerzlich auf das Ende dieser Qualmerei wartete." Der Kaffee ist gegen 12.30 Uhr fertig, Franz deckt den Tisch auf einer Munitionskiste, schneidet Brot. Mit dem Essen dauert das etwa eine Stunde. Dann kommen die ersten Patienten. Auf dem Frühstückstisch wird nun behandelt, Franz assistiert. „Neuerdings habe ich ausser der 13., 14., und 7. Kp. auch noch die 11. Kp. zu versorgen, da mein Kollege, U.Arzt Dr. Müller, mit seinem Fingernagel gegen die Läuseplage derart intensiv Stellung nahm, dass er mit heftigen Ekzemen nach hinten zur Entlausung geschickt werden musste." Anschließend geht JV zu den Feldwachen, erkundigt sich nach der Lage und inspiziert das Kampfgebiet. Die Soldaten haben zur eigenen Orientierung verschiedenen geografischen Punkten in der Landschaft Namen gegeben, sie heißen beispielsweise Ura-Höhe, Kreutler-Wald, Höhe 200, Niemands-Land, Doppelkopf oder Calvarienberg. Nach zwei Stunden in der Kälte geht's zurück. Franz hat inzwischen als „Hausgeist" sauber gemacht, „Wärme und Gemütlichkeit" erzeugt, Brot geröstet. JV besucht dann Oberleutnant Forstner und seinen Sanitäts-Unteroffizier Egger.

18 Uhr Mittagessen. Das wird erst nach Anbruch der Dunkelheit zur Front gebracht. „Jeden dritten Tag wird noch kalte Verpflegung empfangen, also: Käse, Wurst, Ölsardinen, Wein, Zigaretten, Schokolade, Rum, Drops, Butter, Fischbutter (die ein normaler Mensch allerdings nicht essen kann) usw...! Es kommt nicht immer alles bei uns vorn an, mal ist ein Tragtier ins Wasser gefallen, so dass das ganze Brot völlig durchweicht ist, oder ein Muli ist samt Wein und Schokolade im Schlamm versoffen und ward nicht mehr gesehen, aber im grossen Ganzen reicht die Verpflegung aus und wir werden satt." Nach dem Mittagessen beginnt die Vorbereitung der Nachtmahlzeit, die gegen 23 Uhr eingenommen wird. Franz kümmert sich um Glut im Ofen und bereitet Schmarrn, Toast, gebackene Wurst. Dazu gibt's süßen schwarzen Tee, alle drei Tage Glühwein. JV liest und schreibt in dieser Zeit, genießt dabei die

Gerüche. Oder: „... ich sitze im Bunker des Chefs mit den anderen Offizieren des Bataillons in sanft dahinplätschender Unterhaltung. Viel Geistreiches wird dabei allerdings nicht geboten, aber wer verlangt hier schon so etwas? Wer, wie unsere Leute hier dem zweiten Polarwinter entgegensteht, der hat für nichts mehr Interesse.“ Während des Nachtmahls beginnen die Angriffe. „Im Bunker zieht man den Kopf ein und verrollt sich in eine 'splittersichere' Ecke. Oft versuchte ich dabei zu lesen und war dauernd auf dem Sprung, etwaige Verwundete zu versorgen.“

Essen

Was wird gekocht? JV und sein Adjutant Franz versuchen, mit dem, was da ist, etwas zuzubereiten, der Leser erfährt von so mancher Mahlzeit im Detail. „Rezept: Man nehme etwas Butter oder Schmalz, gebe zwei in Würfel geschnittene Scheiben Kommissbrot hinein und schmore das ganze gründlich auf der Pfanne. Eine schmierige Handvoll Zucker, ein geschnittener Apfel und ein dreckiger Löffel Marmelade lassen das Gericht zu einem seltenen Leckerbissen werden! Zur Nachahmung für lebenslänglich Deportierte und ähnliche Pechvögel, die jemals ihr Leben unter diesen Bedingungen kümmerlichst fristen müssen, sei dieses Rezept warm empfohlen!“

Jagd auf Läuse

Von den Nordlichtern in klaren und eisigen Polarnächten ist JV begeistert, aber er kann sie wegen der Kälte nicht lange betrachten. Die Nacht gilt oft auch der Kammerjagd auf die Läuse. Die Kleidungsstücke werden abgesucht.

„Mit satanischem Grinsen wird von Franzl und mir jeder 'Abschuss' gebucht, unter charakteristischem Knacken haucht dann jedesmal eine Laus – je nach Grösse als 'Rata' (sowjetisches Jagdflugzeug Polikarpow, Anm. SV) oder 'Martin-Bomber' (mittelgroßer Bomber, Anm. SV) deklariert – ihr Schmarotzerleben aus! Ich hatte bald eine prächtige Fingerfertigkeit in diesem edlen Handwerk und konnte als Rekord innerhalb von drei Tagen 140 (!) Abschüsse melden. Wir haben neuerdings eine neue Methode zur Tötung entwickelt: Alle gefangenen Läuse werden in einer Schale gesammelt und dann über dem Feuer genussreich und langsam geröstet, wobei jedes Knacken freudig von uns zur Kenntnis genommen wird!“

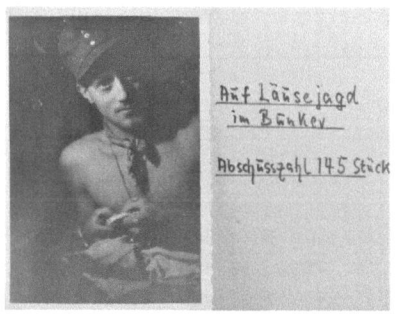

Nächtliche Beschäftigung im Bunker.

Mit seinem Bericht will JV jedoch nicht den Eindruck erwecken, das Leben in dieser „Eismeertundra" sei recht beschaulich, schreibt er. Jeder, der einige Tage dabei sei, „würde sehr bald bezweifeln, überhaupt noch ein Kulturmensch zu sein, und im Übrigen feststellen müssen, dass es hier absolut nicht ungefährlich ist, da die lieben Russen leider auch nicht mit Pellkartoffeln schiessen, wie unsere hohen Verlustzahlen beweisen. Er würde auch die beruhigende Tatsache feststellen, dass wir alle, trotz dieses Hundelebens, unseren Humor noch keinen Augenblick verloren haben, und dass der Tiroler Kaiserjäger ein Held im Erdulden selbst der grössten Strapazen und Entbehrungen ist!!"

6.4. Front-Ablösung

Nach schwächenden Kämpfen, Verlusten und Schneeeinfall im September kommt Ende Oktober die 6. Gebirgsdivision unter Generalfeldmarschall Ferdinand Schörner, 'Gespenster-Division' genannt, als Ablösung. „Wohl jedem von uns wird eine Zentnerlast von der Seele kullern, wenn er aus dem Schlamassel der letzten Monate heil herauskommt und wohl jeder wird sich fragen, wieso das Schicksal gerade ihn ungeschoren liess, wo so viele Kameraden draussen bleiben mussten, von deren unbekanntem Heldentod die vielen kleinen Birkenkreuze in der Tundra ein beredtes Zeugnis ablegen."

Am 28. Oktober kündigt das Kennwort 'Eisgang' die Ablösung an. Es geht zur sogenannten 'Winterruhe' nach Svanvik. Der kleine Ort liegt etwa 150 Kilometer südwestlich und dient im Zweiten Weltkrieg unter anderem als Station für deutsche Soldaten auf ihrem Weg zwischen dem Bahnhof in Rovaniemi und der nordrussischen Front.

Hintergrund
Die 6. Gebirgsdivision – Ferdinand Schörner
Am 1. Juni 1940 wird auf dem Truppenübungsplatz Heuberg bei Albstadt die 6. Gebirgsdivision aufgestellt. Im Frankreichfeldzug geht sie als Besatzungstruppe vom Rhein bis Saint-Dié und Pontarlier südöstlich von Straßburg. Anfang 1941 ist sie im Einsatz in Südrumänien und kämpft von dort im Griechenland-Feldzug, wird anschließend in der Luftlandeschlacht um Kreta im Raum Athen in Reserve gehalten,

Sommer 1941 kommt sie in den Norden. Im Oktober löst die 6. Gebirgsdivision unter General Ferdinand Schörner (1892-1973) die 3. Gebirgsdivision an der Murmansk-Front ab. Dort verbleibt sie bei herausfordernden Abwehr- und Stellungskämpfen bis Oktober 1944. Anfang 1945 verlassen die verbliebenen Wehrmachts- und SS-Truppen endgültig die Region und kommen nach der deutschen Kapitulation in britische Gefangenschaft.

Nach Dietls Tod 1944 hatte Schörner die Führung dessen Gebirgscorps in Norwegen übernommen. Spätere Angriffe führt er noch in der Ukraine, auf der Krim oder in Lettland. Belangt für besondere Härte gegenüber den ihm unterstellten Soldaten, wird er 1952 in der Sowjetunion wegen Kriegsverbrechen zu 25 Jahren Zwangsarbeit verurteilt, 1955 entlassen. Danach bekommt er in der Bundesrepublik Deutschland wegen Totschlags an deutschen Soldaten viereinhalb Jahre Haft, seine Pension wird aberkannt. Aus der Haft wiederum vorzeitig entlassen, gewährt ihm Bundespräsident Heinrich Lübke einen Teil seiner Pension. Der 'blutige Ferdinand' gilt als 'der brutalste von Hitlers Feldmarschällen'.(Mazower 1995)

Zwei Tage bringt JV mit seinem Bataillon einen kräftezehrenden Marsch unter Oberleutnant Forstner zum Russenlager im Kessel des Flusses Titowa hinter sich. „Es war ein wahrhaft trauriger Zug müder, humpelnder Soldaten, der nachts um 23:30 im Russenlager ankam." Die 6. Division hat dort allerdings die Unterkünfte noch nicht vollends geräumt.

Die San. Karrete der 11. Komp.

Rückzug gen Svanvik.

„In diesem Chaos ist plötzlich mein Rucksack von der Karrete verschwunden und es ist unter den augenblicklichen Verhältnissen natürlich ganz unmöglich, ihn noch in der Nacht zu suchen. Ich musste also in einem kleinen Bunker zusammen mit O.A. Müller und Ass. A. Schallhammer schlafen, das heisst, zum Schlafen kam ich gar nicht, da ich vor Kälte mit den Zähnen wie eine Nähmaschine klapperte, bis schliesslich mitleidige Hände mir Decke und Zeltbahn überwarfen."

Viele Soldaten haben erfrorene Füße, können nicht mehr laufen. Aber alle werden schließlich auf Lkw nach Parkkina gebracht. JV hat den Auftrag Pferde und Feldküche zu begleiten. „Zu diesem Batl.-Tross von 170 Mann gehört selbstredend auch ein Arzt, und wer hätte das anders sein können, als ich, der jüngste Arzt des ganzen Bataillons." Sie haben weitere 100 Kilometer zu Fuß vor sich. Aber JV bekommt dank guter Beziehungen einen Lkw vom Krankenwagen-

Zug des Hauptmanns Mühlbacher – ein Lastwagen als 'Lumpensammler' für Marschkranke.

Angriffe der Russen erleben sie auch auf ihrem Rückzug. Sie finden einen leeren, beschossenen Pkw der 6. Division und erfahren später, dass die hochrangigen Insassen verschleppt und nackt, mit durchgeschnittener Kehle, gefunden wurden. „Wenn die Strasse in steilen Kehren über eine Höhe führt, kann ich von meinem am Schluss fahrenden 'Lumpensammler' die kilometerlange Schlange unserer Karreten und Tragtiere übersehen, ein höchst eigenartiges Bild, das eigentlich gar nicht in den heutigen modernen Krieg passt, vielmehr glaubt man sich in die Zeit Napoleons während seines russischen Feldzugs versetzt."

31. Oktober, 7 Uhr, Ankunft im Übernachtungslager – das ist ein großer Pferdestall in Parkkina. „Ich bin wohl der Einzige des ganzen Haufens, der nicht schlafen gehen kann, denn ich muss mir erst einen neuen 'Lumpensammler' für die weitere Strecke besorgen, da der bisherige Begleiterwagen zum Russenlager zurückfährt. Also marschiere ich hinein nach Parkkina. Ich hatte mir die Beschaffung eines Lkw. in einem Standort wie Parkkina nicht so schwer vorgestellt, wie sie tatsächlich war." JV läuft stundenlang von Dienststelle zu Dienststelle. „Vergeblich! Zwischendurch nehme ich eine Sauna und lasse mich entlausen. Herrgott, ist das ein schönes Gefühl, sich nach zwei Monaten zum erstenmal wieder richtig waschen zu können. Die Dreckkruste kann ich buchstäblich mit den Fingern vom Körper abrubbeln. Die Sauna ist zwar nicht richtig geheizt, aber was macht das? Hauptsache, möglichst viel Wasser über den schmutzstarrenden Corpus schütten!!" Die weitere Suche nach einem Lkw führt ihn zum Ort Trifona. Dort wird ihm ein Wagen zugesagt. Insgesamt ist JV elf Stunden unterwegs. Er kommt um 19 Uhr nach Parkkina zurück, um 20 Uhr soll weitermarschiert werden – nach zwei Tagen und Nächten ohne Schlaf.

Nächstes Marschziel ist die siebzig Kilometer entfernte Stadt Svanvik. Der gesuchte Lkw ist angekommen, JV fährt wieder im Schritttempo auf der Eismeerstraße seiner Kolonne hinterher.

„Ich habe mir ein System zurechtgelegt, nach dem jeder Mann sich einige Stunden in meinem Wagen ausruhen kann. Bei jeder kurzen Rast schmeisse ich die ganze alte Belegschaft raus, und fahre an der Kolonne vorbei und lade die nächsten 20 Mann auf. Es klappt tadellos! Viele der Leute verzichten allerdings auf die Erholung. Sie wollen lieber bei ihren Tieren bleiben und tippeln tapfer weiter mit. Nicht umzubringen, diese Tiroler und Vorarlberger!!"

Nach 16 Stunden Marsch Ankunft in Salmijärvi. Alle sind froh, dass das Eis des Langfjords befahrbar ist und man keinen Umweg machen muss.

Auf dem Weg nach Salmijärvi.

„Während die Fahrzeuge und Pferde einzeln und mit weiten Abständen über das Eis geschleust werden, gehe ich mit den Marschkranken voraus über die spiegelnde Fläche nach dem gegenüberliegenden, bereits norwegischen Svanvik, wo das III. Bataillon die Winterquartiere beziehen soll. Erst jetzt, am Ziel, kommt mir zum Bewusstsein, dass ich bereits 72 (!!) Stunden kein Auge mehr zugetan habe. Mein Zustand ist allerdings auch danach ...!!"

Hier, am 31. Oktober 1941, enden JVs Aufzeichnungen des Kriegstagebuchs zum Einsatz in Norwegen und Finnland.

6.4.1. 'Winterruhe' in Svanvik

Jetzt liegen drei Monate hinter JV, in denen er mit seinem Gebirgsjäger-Regiment 136, 2. und 3. Gebirgsdivision, an der russischen Front vor Murmansk die Rote Armee angriff. Er schreibt von erfolglosen Kämpfen mit immensen Verlusten, besonders auf der eigenen Seite. Der Kriegsplan der deutschen Heeresführung, Murmansk zu besetzen, die Verbindung der Murmanbahn zu unterbrechen, um Nachschub für die Alliierten und die russischen Nordmeer-Geleitzüge an die Ostfront zu verhindern, ist bislang gescheitert. Und bis Kriegsende 1945 ändert sich das nicht.

Auch wenn das Tagebuch abbricht, wird weiter fotografiert. JVs Fotoalbum mit diesen Bildern und zahlreichen Anmerkungen erzählt, wie sie sich in der sogenannten 'Winterruhe' in den Monaten in Svanvik bis zu ihrer Rückkehr nach Deutschland die Zeit vertreiben. Im Folgenden bildet dies die Grundlage für Rekonstruktionen zu diesem Abschnitt. Aber so präzise manche Schilderungen auch sind, erfährt man hierdurch sicherlich nur einen Teil.

Recherchen der Autorin im Zusammenhang mit dem Rückzug nach Svanvik machen deutlich: Hierzu aufkommende Fragen finden nicht immer klare Antworten. Beispielsweise, warum JVs Gebirgsdivision über fünf Monate, von Anfang November 1941 bis in den April 1942, in 'Winterruhe' geht, warum sie dafür in Svanvik sind – und nicht zuletzt, ob sie dort spezielle Aufgaben haben. Es gibt verschiedene Hinweise: Die Soldaten sind für Rückkehr an die Front zu geschwächt, Heimreise aus logistischen Gründen früher nicht möglich, oder während die 6. Gebirgsdivision an der Front ist, sichern sie dieser den Rücken.

Parkkina-Petsamo, Friedhof der 2. und 3. Gebirgsdivision. Quelle: R. A. Schäfer, Krieg an der Murmansk-Front, 2014.

Bekannt ist: Die Verluste sind so drastisch, dass Adolf Hitler persönlich den Befehl zum Rückzug von JVs Bataillon hinter die Front zur finnisch-norwegischen Grenze nach Svanvik erteilt, wo es einen von der Wehrmacht ausgebauten Standort gibt. Hitler bestimmt auch, dass die 6. SS-Gebirgsdivision die Stellung an der Liza-Front bei Murmansk übernimmt.

Der Abtransport nach Deutschland war, auch dazu gibt's Hinweise, offenbar schneller gedacht. Warum sie letztlich etwa fünf Monate in der Region bleiben, könnte schließlich an dem hier eingeführten System liegen, etwa halbjährig die Soldaten zwischen Front und Rückzugsort auszutauschen.

Beobachtung auf dem Rückzug.   Unterkunft Region Nordmo.

Auf dem Weg zum Quartier in Svanvik fotografiert und beobachtet er die Bevölkerung. Hier, am westlichen Ausläufer der Taiga, leben die Samen – veraltet 'Lappen'. In dieser Region liegt der Ort Svanvik, in dessen Umgebung die Wehrmacht im Sommer 1941 für ihr schnelleres Vorankommen sogenannte Kriegsbrücken errichtet, beispielsweise über die Flüsse Patsjokki und Petsamojokki.

Alles ist zu diesem Zeitpunkt tief eingeschneit. Bilder zeigen JV und viele Soldaten auf Skiern, mal mit, mal ohne Gepäck. Unter eine Aufnahme schreibt er: „Schneesturm und -40 Grad im Gelände von Nordmo." Die Region Nordmo liegt an der Strecke von Petsamo nach Svanvik.

JV berichtet sogar einmal von 45 Grad Kälte. Alles ist zugefroren. Sie brechen das Fjordeis auf, um an Wasser zu kommen, das sie mit von Pferden gezogenen Karren zu ihren Baracken bringen. Mit ihrem 'Jagdzug' beziehen sie mehrere von der Wehrmacht errichtete Unterkünfte in der Umgebung. Das sind kleine Holzhäuser, die sie für verschiedene Funktionen einrichten, beispielsweise als „Küchenbaracke" oder auch als „Offz.-Wohnbaracke" nutzen.

Weihnachten 1941/1942 verbringen die Gebirgsjäger im Wehrmachtslager von Svanvik.

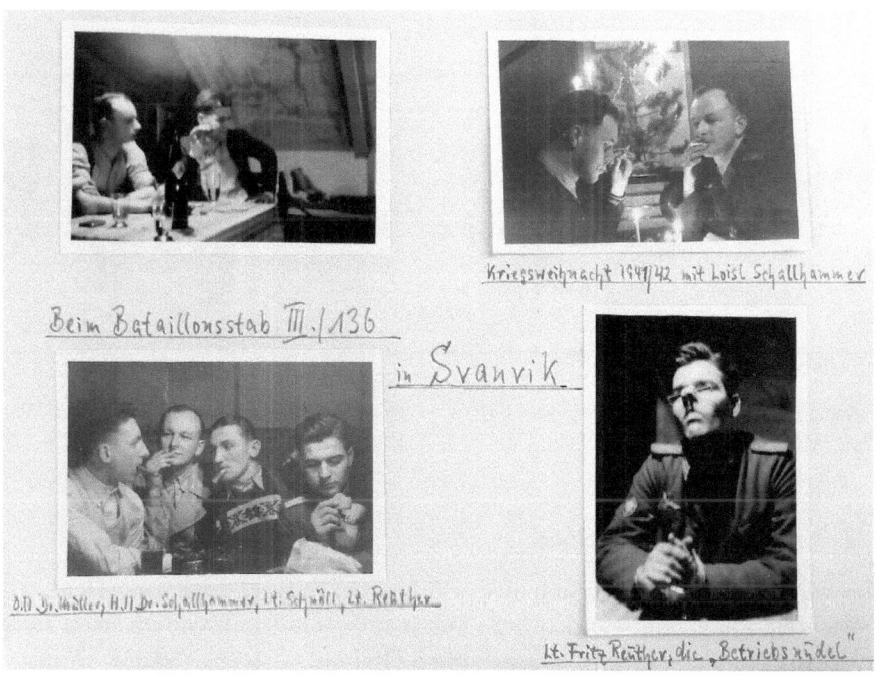

Beim Bataillonsstab III./136 in Svanvik

Kriegsweihnacht 1941/42 mit Loisl Schallhammer

O.A. Dr. Müller, H.II Dr. Schallhammer, Lt. Schwöll, Lt. Reuther

Lt. Fritz Reuther, die „Betriebsnudel"

Überwintern im Wehrmachtslager Svanvik 1941-42.

Neben ihren Märschen übers Eis und durch die Schneelandschaft gibt es für die Soldaten auch Freizeitbeschäftigungen. Fotos zeigen sie bei „Skimeisterschaften" oder „Am Start zum Slalom". Ihren Skisport schützen sie mit Flaks gegen russische Angriffe.

Unter den Teilnehmern an den sportlichen Aktivitäten befinden sich auch der SS-General der Gebirgstruppe Georg Ritter von Hengl und SA-Kommandeur Hubert Heinzle. Von Georg Ritter von Hengl (1897-1952) ist unter anderem bekannt, dass er während des 2. Weltkriegs von Offizieren verlangt, sie sollen ihre Soldaten zum „unbändigen Vernichtungswillen und zum Hass" erziehen.

„Die schöne Zeit als Jagdzug-Arzt" – Mit diesen Worten kommentiert JV eine Reihe weiterer Fotos. Eine seiner Stationen im März ist wieder Salmijärvi in Finnland. Dort hat er die Aufgabe, das 12. Bataillon gegen Typhus zu impfen.

Flaksicherung der SKiKämpfe

Zwischen den beiden Soldaten steht die Flak, März 1942.

Obstlt.+ Btl.Kdeür Heinple
Obrstlt Div.Kdeür Rittev von Hengel

Besuch von hohen Offizieren bei Wettkämpfen, März 1942.

6.5. Zurück nach Deutschland

In diesem Fotoalbum finden sich auch Bilder zu JVs Rückreise nach Deutschland, sie berichten von seinen Eindrücken. Die Route geht von Svanvik nach Helsinki, über Reval (heute Tallinn, Hauptstadt Estlands), Riga (heute Hauptstadt Lettlands), Tauroggen (heute Tauragė, Stadt im Südwesten Litauens) nach Tilsit (heute Sowetsk, russische Stadt an der litauischen Grenze).

Zum ersten Mal allein am Steuerknüppel einer Ju 52
Flug: Reval – Riga

JV ist vom Fliegen begeistert.

Von Tilsit fliegen sie nach Deutschland. Die gesamte Strecke wird in wenigen Tagen zurückgelegt, von Ende März bis 5. April – meistens per Flugzeug, einige Abschnitte per Bahn und Lkw.

In Helsinki am Flughafen angekommen, freut sich JV. Er schreibt: „Endlich haben wir 'unsere' Ju52 gefunden." Aber erst mal müssen sie das Flugzeug gleich nach dem Einsteigen wieder verlassen: „Es waren 'noch Höhere' da!!!" Dann klappt es aber mit der nächsten Maschine. Sie machen Zwischenlandung in Reval. Auf dem Weiterflug nach Riga darf er zum ersten Mal allein eine Ju52 steuern.

Beim Landeanflug auf Riga fotografiert er Ruinen. Die Stadt erfährt immense Zerstörungen zuerst unter russischer (bis Sommer 1941), dann im Sommer und Herbst 1941 unter deutscher Besetzung. Das gesamte Baltikum ist betroffen.

Etwa 124.000 Juden werden unter der Führung der Wehrmacht und der SS ermordet. Allein in Lettland sterben bis Februar 1942 über 35.000 Juden. Die deutschen Soldaten treiben viele von ihnen zu Massenerschießungen zusammen.

Bei JVs Foto vom zerstörten Tauroggen handelt es sich um keine Luftaufnahme, denn nachdem sein Flug in Riga endet, fahren sie weiter über Land nach Süden. Auf ihrem Weg von Riga nach Tilsit an der litauischen Grenze kommen sie auch durch diese Stadt. Ihr Fahrzeug ist ein „9to-Lkw des NSKK", so steht es unter einem Bild. (NSKK = Nationalsozialistisches Kraftfahrtkorps, Unterorganisation der NSDAP)

Von Tilsit fliegen sie dann wieder – nach Berlin, wo sie noch am selben Tag ankommen. Es ist der 5. April 1942 und Ostersonntag.

Riga, Anfang April 1942.   Tauroggen, Anfang April 1942.

Hintergrund
Ergänzungen zum Begriff 'Eismeerfront' und zum Fluss Liza

'Eismeerfront'
JVs Fotoalbum zu seinem Wehrmachtseinsatz in Norwegen ist betitelt „Russland-Kommando – 2. Gebirgs-Div. – Eismeerfront".

Für die russische Ostfront im Norden gibt es verschiedene Bezeichnungen, sie heißt mal Liza-Front, mal Murmansk-Front, oft jedoch Eismeerfront. Sie erstreckt sich über mehrere hundert Kilometer in der arktischen Tundra ostwärts der Hafenstadt Kirkenes am nördlichen Eismeer. Die nationalsozialistische Propaganda prägt diesen Ausdruck.

Der Fluss Liza
Der Hauptarm der Liza ist ein etwa 100 Kilometer langer Fluss in der Region Murmansk, im äußersten Nordwesten Russlands, am westlichsten Ende der Halbinsel Kola. Er verläuft etwa 90 Kilometer von Kirkenes und 60 Kilometer von Murmansk entfernt und

mündet an der Murmanküste in einen Fjord der Barentssee, gegenüber der Fischer-Halbinsel.

Die Liza ist von 1941 bis 1944 die vorderste Verteidigungslinie der sowjetischen Truppen vor der strategisch wichtigen Hafenstadt Murmansk. Die Soldaten der deutschen Wehrmacht, die hauptsächlich Gebirgsjäger-Divisionen angehören, versuchen vergeblich von der Hafenstadt Kirkenes aus im Rahmen der Operation 'Silberfuchs' über den Fluss nach Murmansk zu kommen. Nachdem sie sich 1941 von der Liza-Front zurückzogen, übernahm zuerst eine Division der SS ihre Posten. Weder sie noch andere bei späteren Einheiten schafften weitere Landgewinne Richtung Murmansk. Die Belagerung wurde erst 1944 beendet.

JV wird befördert

In JVs Unterlagen ist später zu finden, dass er während seines Norwegeneinsatzes, am 1. November 1941, zum Feldunterarzt befördert wird, das ist ein Dienstgrad der Wehrmacht im Sanitätsdienst Heer, der Rang eines Oberfähnrichs. Diese Beförderung erfolgt nach seinem 1. Klinischen Semester. Dazu gehört ein spezielles Abzeichen für die Schulterklappen mit einem gotischen 'A', das für die Militärärztliche Akademie steht.

7. 1942 Zweiter Sommer in Heidelberg

Am Ostermontag 1942, ein Tag nach seiner Rückehr aus Norwegen in Berlin, fährt er ohne langen Aufenthalt gleich weiter nach Heidelberg, wo er am nächsten Tag sein Studium fortsetzt. Es ist sein sechstes Semester, inklusive Trisemester, und sein zweiter Sommer dort. Wohnung findet er in der 'Villa Dr. Kasbaum', Bergstraße 3b.

Rechts die Villa Dr. Kasbaum.

JV und Gisela, Ostern 1942.

JV verbringt auch dieses Mal viel Zeit in Wirtshäusern – zum Beispiel im Gasthaus 'Zum Roten Ochsen', das es heute noch gibt. Es ist eins der traditionsreichsten Studentenlokale in Heidelberg, immer gut besucht, vor und nach dem Nationalsozialismus besonders von Burschenschaften.

In den Jahren 1935 bis 1945 sind Burschenschaften verboten, werden in 'Kameradschaften' umgewandelt und dem 'Führerprinzip' unterworfen. Heute steht das Gasthaus 'Zum Roten Ochsen' unter Denkmalschutz, ist bei Studenten, Burschenschaften und Touristen gleichermaßen sehr beliebt. JV ist kein Mitglied irgendeiner 'Verbindung'. In seiner Freizeit Uniform tragen, kontrolliert und reglementiert zu werden, das ist auch jetzt nicht in seinem Interesse.

Ob er sich einer bestimmten 'Kameradschaft' nahe fühlt, erwähnt er nicht. Aber Kontakte hat er. So schreibt er zu Beginn des Tagebuchs über den Abschiedsabend, der im Haus einer Kameradschaft des Studentenbundes stattfindet, ein Abend mit Bowle und Freundinnen (s.o.). Er trifft dort Kommilitonen der Studentenkompanie, sie sind ebenfalls bei der MA und in den Semesterferien mit der Wehrmacht im Einsatz. Also lässt JV sich hin und wieder bei 'Kameradschaften' nieder. Er teilt mit ihnen ja auch die antijüdische und nationalsozialistische Gesinnung, ist zudem gerne unter Männern aus der 'gesellschaftlichen Elite'.

Jetzt kann er auch wieder mit Gisela zusammen sein, gemeinsam verbringen sie etwas Freizeit an den Ostertagen in Bad Herrenalb im Schwarzwald.

Und mit den Freunden wird gleich wieder gerudert und gepaddelt. In seinem Fotoalbum zu dieser Zeit zeigen Bilder Paddelfahrten auf dem Neckar bei Neckargemünd und Neckarsteinach unter anderem mit Jonny, Burry, Ulla, Klaus, Dieter, Reinhard. Eine Rhein-Paddelfahrt geht auch nach Schliengen und Mannheim.

Paddelfahrt mit Freunden auf dem Neckar, hier an der Schleuse bei Eberbach.

3. 7. 1942: „Geburtstags-Besäufnis bei Reinhard Jung in Edingen a/N", schreibt JV.

Am 3. Juli 1942 feiert JV mit einigen Freunden seinen 23. Geburtstag. Unter einem Foto steht dazu: „Das Geburtstags-Fass mit Vollbier (!) wird feierlich angestochen." Jonny spielt Akkordeon.

7.1. Universität Heidelberg – Zweites Sommersemester

An der Heidelberger Ruprecht-Karls-Universität ist JV seit dem 9. Mai 1941 immatrikuliert, am 26. November 1942 verlässt er offiziell die Uni, was ein Stempel in seinem Studienbuch bezeugt. Hier steht ebenfalls: „Der Studierende war im Wintersemester 1941/42 kostenlos beurlaubt (Wehrdienst)." 'Beurlaubt' heißt in diesem Falle, er wird, wie im vorherigen Kapitel geschildert, nach Norwegen abkommandiert.

In Kapitel 5 dieser Chronik gibt es schon einen Abschnitt über die Stadt Heidelberg und dortige Ereignisse im Nationalsozialismus. Hier soll nur noch einmal kurz auf JVs Studium und seine Dozenten eingegangen werden. Seine Fächer und Dozenten sind auch jetzt spezifisch auf Kriegszeit und medizinische Erfordernisse im Einsatz bei der Wehrmacht abgestimmt.

Kursbeispiele: 'Chirurgische Klinik mit Unfall- und Kriegschirurgie' bei Prof. Martin Kirschner, 'Geburtshilflich-gynäkologische Propädeutik' bei Dr. Winhöfer, 'Medizinische Strahlenkunde' bei Dr. Ewald, Dr. Dieker und Dr. Oberdelhoff, 'Wehrpharmazie und Wehrtoxikologie' bei Prof. Fritz Eichholtz, 'geburtshilflicher gynäkologischer Untersuchungskurs' bei Prof. Hans Runge, 'Hygiene, Pocken- und Schutzimpfung' bei Prof. Ernst Rodenwaldt, 'Toxikologie der chemischen Kampfstoffe' ebenfalls bei Prof. Fritz Eichholtz.
Diese Angaben zu Kursen und Dozenten sind im Studienbuch vermerkt.

7.1.1. Dozenten im Dienst des Nationalsozialismus

Drei der Dozenten, bei denen JV 1942 Vorlesungen, Kurse und Seminare belegt, sollen als Beispiele stehen für die nationalsozialistische Orientierung der Lehrenden.

Hans Runge (1892 – 1964)

Runge ist Professor der Gynäkologie, in der NS-Zeit Mitglied der NSDAP und gilt als entschiedener Nationalsozialist. Sieben von acht seiner planmäßigen Assistenten und mindestens vier außerordentliche Assistenten treten ebenfalls in die NSDAP, SA oder SS ein. An der Durchführung von Zwangssterilisationen und eugenischen Abtreibungen beteiligen sich alle seine Mitarbeiter. Runge veranlasst die wissenschaftliche Auswertung der Sterilisationen und setzt ein eugenisches Forschungsprogramm zur Geburtensteigerung durch, in das die Mehrzahl der Habilitanden und Doktoranden eingebunden wird. Nach dem

Krieg, von 1954 bis 1956, ist er Präsident der Deutschen Gesellschaft für Gynäkologie und organisiert deren Kongress 1956 in Heidelberg. Die Gesellschaft ernennt ihn später zum Ehrenmitglied. Hans Runge leitet die Heidelberger Klinik bis kurz vor seinem Tod im März 1964.

Ernst Rodenwaldt (1868 – 1965)

Rodenwaldt ist Hygieniker, Sanitätsoffizier und zuletzt Generalarzt der Wehrmacht. Er gilt als einer der bekanntesten Tropenmediziner Deutschlands, ist seinerzeit ein weltweit führender Malaria-Experte und hält in Heidelberg Pflichtvorlesungen über Rassenhygiene. Mit Beginn des Zweiten Weltkriegs wird er wieder in den militärärztlichen Dienst berufen. 1940 übernimmt er die Leitung des Instituts für Tropenmedizin und Tropenhygiene der Militärärztlichen Akademie und bekommt den Posten als beratender Tropenmediziner an höchster Stelle des Sanitätswesens des Heeres. Er beteiligt sich an der wissenschaftlichen Auswertung der 'Menschenversuche der Wehrmacht'. Berufungen an den Münchner Lehrstuhl für Rassenhygiene oder das Berliner Reichsinstitut für Erbforschung lehnt er ab. 1943 wird er zum Generalarzt ernannt. Rodenwaldt wird nach dem Krieg im Rahmen der 'Entnazifizierung' erst als 'Belasteter' eingestuft, dann freigesprochen. Er erhält einen Lehrauftrag an der Universität Heidelberg, übernimmt die Leitung der geomedizinischen Forschungsstelle der Heidelberger Akademie der Wissenschaften, berät die Bundeswehr, das Ministerium für wirtschaftliche Zusammenarbeit und Entwicklungshilfe.

Fritz Eichholtz (1889 – 1967)

Professor Fritz Eichholtz ist ab 1932 Ordinarius der Pharmakologie mit gleichzeitigem Lehrauftrag für Wehrwissenschaften an der Universität Heidelberg. Nach der Machtübernahme der Nationalsozialisten tritt er 1933 in die NSDAP ein. Einige Jahre zuvor, 1925, übernimmt er die Leitung des Pharmakologischen Laboratoriums der I.G. Farbenindustrie AG. Bis 1958 ist er Ordinarius in Heidelberg. Seine Warnungen vor künstlichen Lebensmittel-Zusatzstoffen oder Antibiotikaresistenz finden Beachtung, 1964 erhält Eichholtz das Große Bundesverdienstkreuz.

Vom 1. August bis 15. November 1942 famuliert JV an der Abteilung für Innere Medizin und Chirurgie im Reserve-Lazarett Kassel. Nach dieser Pflichtfamulatur bekommt er folgenden Eintrag in sein Zeugnis: „V. wurde auf der Inneren und chirurg. Abteilung mit Erfolg eingesetzt. Er war sehr fleißig und seine Führung einwandfrei. V. erscheint für den ärztlichen Beruf vollauf geeignet."

7.1.2. Zwischen Heidelberg und München

Ihren „Jahresurlaub", so nennt es JV in seinem Foto-Album, verbringt er mit Gisela im Oktober 1942 in Konstanz, wo sie arbeitet. Sie unternehmen in dieser Zeit unter anderem einen Ausflug nach Innsbruck-Hafelekar. Die Hafelekarspitze ist ein 2334 Meter hoher Gipfel der Alpen-Nordkette nördlich von Innsbruck. Sein Jahresurlaub dauert vom 15. bis 29. Oktober.

Mit Gisela bei Innsbruck, Okt. 1942.   Mit Freunden am Hochries, Dez.-Jan. 1942/43.

Weihnachten sind beide zuhause in Kassel. Wegen Unterbrechung eines Lehrgangs hat JV vom 16. Dezember bis 5. Januar 1943 wieder einige freie Tage. Die nutzt er mit Freunden und geht mit ihnen über Silvester nochmal in die Berge, bevor sie das Studium in München fortsetzen.

8. 1943 Ein Jahr in München

Das 7. und 8. Semester, Anfang bis Ende 1943, verbringt JV in München. Dort immatrikuliert er sich am 16. Dezember 1942 zum Wintersemester 1942/43 an der Ludwig-Maximilians-Universität (LMU). Am 11. November 1943 ist das Austragungsdatum in seinem Studienbuch vermerkt.

8.1. JV liebt sein Leben in München

In der 'Pension Wahnfried', Mathildenstraße 10, wird ihm vom Vater Hans ein Zimmer gemietet. „Die Pension war sehr praktisch gelegen, nahe dem Klinikviertel, in der Nussbaumstraße." So beschreibt es JV später einmal. Als Brauereimeister hat sein Vater schon lange gute Geschäftsbeziehungen nach München, und nun freut er sich, dass sein ältester Sohn auf seinen Spuren dort unterwegs ist – zumindest in der Freizeit.

So weit JV später erzählt, finanziert ihm der Vater sein Leben in München großzügig, zahlt Miete und etliche andere Ausgaben. Im traditionsreichen 'Hackerbräuhaus' in der Sendlinger Straße kann JV sogar einkehren, ohne seine Zechen zu begleichen. Das erledigt Vater in Kassel, der Wirt schickt ihm die Rechnungen. Der Sohn nutzt dies reichlich – auch seinen Freunden gefällt das, denn sie können hin und wieder ihre eigene Zeche mit auf die Rechnung setzen. Nicht schwer nachzuvollziehen, dass alles nach JVs Geschmack ist. Hier ist er umgeben von Bergen und Seen und kann ausgiebig sein Studentenleben genießen. Mit den Anforderungen des Studiums oder mit Prüfungen hat er keine Probleme.

Selbst gestaltet im Fotoalbum.

Auf einer Seite des Fotoalbums zu dieser Zeit verbildlicht er das Motto seines Jahres in München: „Skilauf - Berge - Hütten - München". Bei der hier skizzierten Hütte handelt es sich wegen der Ähnlichkeit sicherlich um „Unser Standortquartier, die Schmiedalm" am Hochries.

Die Schmiedalm-Hütte.

Damit beginnt die Fotoserie quer durchs Wintersemester. JV ist mit den Freunden Klaus, Werner, Wolfgang und Erika über Weihnachten und Silvester, bis zum 5. Januar 1943, auf dieser Alm. Sie steigen hoch zum Predigtstuhl und genießen den Blick zum Wilden Kaiser. Kurz darauf nutzen sie erneut das Wochenende am 16. und 17. Januar für einen Freizeit-Ausflug: „Abermals mit grosser Meute auf der Hochries", jetzt sind auch Eberhard, Rudi, Bert und Jonny dabei.

Auf dem Predigtstuhl, JV (l.) mit Freunden, Januar 1943.

Zwei Wochen später, 29. bis 31. Januar, haben sie bestes Skiwetter in den Kitzbüheler Alpen, bei Auffach im Alpbachtal. Unter anderem steigen sie auf zum Feldalpenhorn auf 1921 Meter. Mit Oberstabsarzt Dr. Fritz Euler, den sie schon als Dozenten bei der Militärärztlichen Akademie in Berlin kennen, kommen sie vom 1. bis 7. Februar wieder zu einer Gebirgsjäger-Übung hierher. Verschiedene Trainingseinheiten finden auch auf dem Schwarzerkogel und auf dem Brechhorn (2059 Meter) statt.

Skiurlaub mit Gisela (r.), Ende Februar 1943.

Eine große Tour unternehmen sie vom 12. bis 21. Februar: Gerlos, Hofgartner Hütte, Isskogel. JV sonnt sich dort in 2264 Metern Höhe. Er schwärmt: „Herrlicher Aufstieg zum Kröndlhorn" – und er fügt Fotos zu einem Panorama des Zillertaler Hauptkamms zusammen, mit genauer Bezeichnung all der Gipfel, die dort zu sehen sind.

„Ferien vom Ich" oder auch „Junges Glück am Arlberg" – so beschreibt JV seine Tage vom 25. Februar bis 1. März 1943 mit Freundin Gisela in Stuben am Arlberg. Sie genießen das Sonnenbaden an einer Holzhütte oberhalb von Stuben, die er „Unser Landhaus" nennt, und er fügt hinzu: „Raum ist in der kleinsten Hütte ...". Vermutlich ist gerade Urlaubszeit.

In Zürs am Arlberg sind sie auf „Besuch bei der Haute volée", im „Skifahrerparadies", wie er es sieht. Sie erleben dort die „Mittagsruhe der oberen Zehntausend in Schneeburgen bei Cocktails u. Grammophon-Jazz!", kommentiert er weiter. Ihr eigenes Domizil ist das Hotel Alpenrose-Post, so zeigt es ein Foto. Hier gibt es auch einen Skilift.

Vom 6. bis 14. März verbringt JV „8 Sonnentage im herrlichen Gebiet von Kühtai", jetzt wieder mit den Freunden. Die Berge Schafzoll, Zwölferkogl, Sulzkogl, Geisskogl, Windeck sind ihre Ziele, auch die Finstertaler Seen und das Längental. Es geht über 3000 Meter hinauf. Panoramaausblick mit schneebedeckten Gipfeln begeistert sie, etliche Fotos zeugen davon. Auf dem Gamskogel, 2956 Meter, steht JV „bei Saukälte", steht unter einem Foto.

8.2. Lehrplan und Dozenten – Wintersemester

Im Vorspann des Münchner Vorlesungsverzeichnisses zu diesem Semester, wie auch in allen anderen zur Zeit des Nationalsozialismus, steht: „Alle Mitglieder der Deutschen Studentenschaft sind verpflichtet, ihre arische Abstammung nachzuweisen."

Das Studienbuch enthält eine genaue Liste der besuchten Seminare plus Dozenten, zum Beispiel 'Klinik der Geburtshilfe und Frauenheilkunde' bei Prof. Eisenreich, 'Arbeits-, Sport- und Wehrphysiologie (einschließlich Luftfahrt)' bei Dr. Wetterer. Dazu kommen bakteriologische Kurse, pathologische Demonstrationskurse, Unfallheilkunde und Praktika in Chirurgie.

Mehrere Praktikanten-Scheine bestätigen vom 1. beziehungsweise 7. Dezember 1942 bis zum 31. März 1943 JVs regelmäßige und erfolgreiche Teilnahme an der klinischen Visite und als Praktikant, auch an der Universitätsfrauenklinik. Praktikanten-Scheine erwirbt er ebenso in den Sommermonaten Mai bis Juli. Im März dieses Jahres hat er auch „die nach der Prüfungsordnung für Ärzte vorgeschriebenen - 4 - Kreißenden in Gegenwart des Assistenzarztes selbständig entbunden" und dafür den 'Geburten-Schein' bekommen.

Drei Beispiele von JVs Münchner Dozenten sollen hier näher vorgestellt werden. Sie vertreten und fördern nationalsozialistische Lehre, Forschung und medizinische Praxis. Doch nicht sie allein, diese gehören lediglich zu den Bekannteren unter ihnen.

Karl Kißkalt (1875 – 1962)

Prof. Dr. Karl Kißkalt ist Mediziner und Hygieniker, lehrt in München und an der Berliner Charité, befasst sich mit Bakteriologie sowie Umwelt- und Sozialhygiene. Er gehört der Gesellschaft für Rassenhygiene an, tritt 1937 der NSDAP bei. Unter dem Bevollmächtigten für das Gesundheitswesen Karl Brandt ist er 1944 Angehöriger des wissenschaftlichen Beirates. Ehrungen nach dem Krieg: 1955 Großes Verdienstkreuz der Bundesrepublik Deutschland, 1959 Bayerischer Verdienstorden, schließlich wird er Ehrensenator der Universität Kiel.

Alfred Schittenhelm (1874 – 1954)

Prof. Dr. Alfred Schittenhelm ist Internist, tritt gleich nach der Machtübernahme der Nationalsozialisten 1933 in die NSDAP ein, später wird er Mitglied der SS. 1934 kommt er nach München, leitet dort die II. Medizinische Klinik, wo er eine Abteilung für 'Erbpflege und Erbforschung' einrichtet, wofür er Finanzmittel der Deutschen Forschungsgemeinschaft erhält. Nach dem Krieg wird er erst interniert, dann als sogenannter 'Mitläufer' 'entnazifiziert' und aus der Internierung entlassen. Er erhält die Ehrensenatorwürde in Kiel, wird wieder Professor und geht schließlich bei voller Pension in den Ruhestand. Spätere Forschung erklärt ihn posthum zu den politisch am stärksten belasteten deutschen Internisten überhaupt. Schittenhelm habe an der Universität 'antisemitische' und 'völkische' Politik, Rassenhygiene und Erbbiologie betrieben.

Max Clara (1899 – 1966)

Prof. Dr. Max Clara ist österreichisch-deutscher Anatom. Als er 1935 die deutsche Staatsbürgerschaft erhält, tritt er der NSDAP und dem Nationalsozialistischen Deutschen Dozentenbund bei. Er gilt als besonders fanatischer Nationalsozialist, nach 1945 erhält er die Einstufung 'entlastet', er wird 'entnazifiziert' und arbeitet als praktischer Arzt. 1949 leitet er die Abteilung für Experimentelle Morphologie an der Universität München und setzt seine Karriere weiter fort. Wegen seiner Aktivitäten in der NSDAP und weil er Gewebe Exekutierter für seine Forschung nutzte, wird die nach ihm benannte 'Clara-Zelle' in 'Club-Zelle' umbenannt.

8.3. Frühjahr 1943 – JV und 'Die Weiße Rose'

Etliche Jahre nach dem Krieg erzählt JV der Autorin, dass er in München Mitglieder der Widerstandsbewegung 'Die Weiße Rose' kannte, mit ihnen im selben Semester Medizin studierte. Darauf soll hier etwas genauer eingegangen werden, um zu sehen, wie verschieden Studenten zur gleichen Zeit, am gleichen Ort, in der gleichen politischen Situation denken und handeln können. Sicherlich ist diese Beobachtung nichts Besonderes. Doch da die Autorin sich ebenfalls für das Schicksal der Mitglieder der Weißen Rose interessiert, unternimmt sie hier den Versuch, Parallelitäten sowie Unvereinbarkeiten verschiedener Lebensformen im Nationalsozialismus sichtbar zu machen.

Es gibt eine unbekannte Zahl von Bürgern und Studenten, die zur Zeit des NS-Regimes im Widerstand sind, aktiv oder passiv. Mehrere Kommilitonen von JV gehören dazu. Beim näheren Hinsehen stellt sich heraus, einige unter ihnen, von denen man inzwischen mehr weiß, haben eine ähnliche Biografie wie er, sind zum Beispiel ebenfalls, zumindest anfangs, als vom nationalsozialistischen Gedankengut überzeugte Besatzer bei Wehrmachteinsätzen an verschiedenen ausländischen Fronten beteiligt. Im Laufe der Zeit und nach für sie schmerzliche Erfahrungen mit dem Nazi-Regime, schlagen manche jedoch einen anderen Weg ein als JV. Sie setzen sich mit der politischen und gesellschaftlichen Situation auseinander, distanzieren sich zunehmend vom diktatorischen Denken, nehmen besonders zum Kriegsverlauf kritische Positionen ein. Ihre Skepsis gegenüber dem autoritären 'Führerprinzip', das in allen gesellschaftlichen Bereichen eingefuhrt wird, wächst. Und vor allem wächst ihre Ablehnung gegen den Krieg. Immer mehr Kommilitonen von JV, viele von ihnen Studenten der Medizin, schließen sich der Gruppe 'Die Weiße Rose' an.

Bei jenen, die JV kennt, handelt es sich, um nur die Bekannteren zu nennen, um Hans Scholl, Willi Graf und Alexander Schmorell. Sie gehören zu den ersten und zum Kern der Widerstandsbewegung 'Die Weiße Rose'. Ein weiterer, Christoph Probst, studiert ebenfalls Medizin, unter anderem in München, und ist schon früh bekannt mit ihnen, wird aber erst Anfang 1943 aktiver in diesem Kreis. Sie sind so alt wie JV, geboren zwischen 1917 und 1919. Sophie Scholl, Schwester von Hans, ist Jahrgang 1921, studiert Biologie und Philosophie.

JV erzählt später außerdem, dass er Jakob Schmid kannte, den Hausmeister und Hörsaaldiener der Universität. Schmid ist in diesen Funktionen täglich in den Universitätsräumen unterwegs und sicherlich vielen Studenten vertraut. Sein Verhalten ist mit entscheidend für die tragische Entwicklung.

Motive und Handeln der Gruppe 'Die Weiße Rose' etwas genauer darzustellen, vor allem die Ereignisse im Januar und Februar 1943, kann verdeutlichen, wie unterschiedlich sich die Studierenden orientierten. Auf der einen Seite junge Menschen, die wie JV ihre Studienzeit genießen, die nationalsozialistischen Ideale und ihre Rolle als Wehrmachtssoldaten im Krieg bejahen und für sich nutzen. Auf der anderen Seite entwickelt sich parallel dazu eine hauptsächlich universitäre Widerstandsgruppe, die sich bewusst in Lebensgefahr begibt. Alle stehen beinahe täglich miteinander in Kontakt, zumindest im Hörsaal und bei medizinischen Kursen, lernen zusammen.

Hans und Sophie Scholl, Christoph Probst (v.l.), München 1942. Foto: George (Jürgen) Wittenstein/akg-images

Hintergrund
Die Weiße Rose – Münchner Studenten im Widerstand
Die Widerstandsbewegung 'Die Weiße Rose' ist kein fester Verband, eher ein loser Freundschaftskreis von christlich und humanistisch eingestellten Intellektuellen der Universität München. Darunter sind viele Medizinstudenten und auch Professoren. Sie versammeln sich 1942 um Hans Scholl und Alexander Schmorell, treffen sich halbwegs geheim zu Diskussionen, Lesungen und Aktionen. Ein Ergebnis ihrer vielen Gespräche über die Bedeutung des Nationalsozialismus und des Krieges ist ihre Entscheidung, mit Flugblättern ihre Kommilitonen und die Bevölkerung aufzurütteln, vor Hitler zu warnen und zu passivem Widerstand zu bewegen. Insgesamt verfassen und verbreiten sie sechs Flugblätter, außerdem schreiben sie nachts Aufrufe gegen Hitler an Häuserwände. Die

ersten vier Flugblätter drucken und verteilen sie im Juni und Juli 1942, das fünfte Ende Januar 1943, das sechste vom 15. bis 18. Februar. Die Gestapo (Geheime Staatspolizei) beginnt schon im Sommer 1942 mit Untersuchungen zu den Flugblättern der Weißen Rose wegen „staatsfeindlicher Bestrebungen".

Am 18. Februar 1943 bemerkt der Universitätsdiener Jakob Schmid, er ist bei der SA, dass die Geschwister Hans und Sophie Scholl im Lichthof der Universität Flugblätter auslegen. Er stellt sie und bringt beide zur Universitätsleitung, die sie schließlich der Gestapo übergibt. Nach der Verhaftung der Geschwister Scholl werden diese sowie weitere Mitglieder der Weißen Rose in Schauprozessen durch den Volksgerichtshof zum Tode verurteilt und drei von ihnen – Christoph Probst, Sophie und Hans Scholl – noch am Tag der Urteilsverkündung, das ist der 22. Februar 1943, im Gefängnis Stadelheim durch das Fallbeil hingerichtet. Vier Tage nach ihrer Verhaftung.

Für die Festnahme erhält Pedell Schmid eine Belohnung von 3.000 Reichsmark und wird befördert. Bei einer von der Universität München ausgerichteten Dankesfeier zur 'erfolgreichen Zerschlagung' des studentischen Widerstands bejubeln hunderte Studenten Jakob Schmid, was dieser mit dem Hitlergruß entgegen nimmt.

Im Folgenden werden einige zentrale Personen der Weißen Rose vorgestellt.

Hans Scholl (1918 – 1943)

Hans Scholl ist als Jugendlicher und Schüler begeistert bei der Hitlerjugend, macht dort Karriere. Mitte der 30er-Jahre wandelt sich seine Einstellung, denn die dort verlangte bedingungslose Unterordnung wird ihm zuwider. Nach Reichsarbeitsdienst und während seines Dienstes bei der Wehrmacht verstärkt sich seine Ablehnung. Ab Frühjahr 1939 studiert er Medizin in München, wo er in Kontakt mit Lehrkräften und Studenten kommt, die ebenfalls christlich-ethische und regimekritische Positionen vertreten. Hans Scholl kommt, wie auch JV, in den Semesterferien 1940 als Sanitäter der Wehrmacht zum Frankreichfeldzug – Scholl ab April, JV im Juli. Ob sie dort Kontakt haben, ist nicht bekannt, aber da beide Medizinstudenten sind, auch wenn zu dieser Zeit noch an verschiedenen Universitäten, könnten sie sich im Sanitätseinsatz begegnet sein. Eine Biographin von Hans Scholl, die Historikerin Dr. Barbara Ellermeier, schreibt über seine Aufenthaltsorte, denen für diese Chronik aber noch nicht nachgegangen wurde. Scholl ist einer der Impulsgeber der Weißen Rose. Als Wehrmachtssoldat nimmt er an verschiedenen Fronteinsätzen teil, 1942 mehrere Wochen in Russland. Die dortigen Erlebnisse prägen ihn stark, verfestigen seine Abneigung gegen den Krieg, weshalb er Flugblätter schreibt und andere Aktionen vorantreibt. Scholl wurde am 18. Februar 1943 verhaftet und am 22. Februar enthauptet.

Christoph Probst (1919 – 1943)

Christoph Probst, Sohn eines promovierten Chemikers, ist erst ebenfalls Anhänger der nationalsozialistischen Idee und tritt der Hitlerjugend bei. Auch seine Kritik am Regime wächst mit der Zeit. Im Sommer 1939 beginnt er sein Medizinstudium an der Universität München. In dieser Zeit lernt er die Geschwister Scholl kennen, kommt jedoch erst im Januar 1943 zum Freundeskreis Weiße Rose. Probst hält sich im Hintergrund, um seine Familie nicht zu gefährden. Er ist verheiratet und hat drei Kinder. Anfang Februar 1943 entwirft er allerdings als Reaktion auf die Leiden und Verluste deutscher und russischer Soldaten bei der Schlacht um Stalingrad ein siebtes Flugblatt, das jedoch nicht mehr die Öffentlichkeit erreicht. Man findet den Entwurf bei Hans Scholls Festnahme in dessen Tasche. Da man es Probst eindeutig zuschreiben kann, wird er am selben Tag wie die beiden Scholls, am 18. Februar 1943, verhaftet, und ebenfalls vier Tage später enthauptet.

Willi Graf (1918 – 1943)

Als Jugendlicher weigert sich Willi Graf der Hitlerjugend beizutreten. Bei verschiedenen Einsätzen als Sanitäter der Wehrmacht, unter anderem in Belgien, Frankreich, Polen und Russland, erlebt er viele Gräueltaten, die ihn zu dem Entschluss bringen, etwas dagegen tun zu müssen. 1942 kommt er in die 2. Studentenkompanie von Schmorell und Scholl und damit zugleich in Kontakt zu ihrer Widerstandsbewegung. Graf nimmt teil an nächtlichen Aktionen, etwa um die Hauswände mit Aufrufen zum Widerstand gegen Hitler zu beschriften. Und er ist bei der Vervielfältigung und Verbreitung des sechsten und letzten Flugblatts dabei. Er wird am 18. Februar verhaftet, einige Stunden nach den Geschwistern Scholl. Zwei Monate später, am 19. April, wird er ebenfalls, unter anderem wegen Hochverrats, zum Tode verurteilt, und am 12. Oktober in München Stadelheim enthauptet.

Alexander Schmorell (1917 – 1943)

Im russischen Orenburg geboren, emigriert er mit seiner Familie 1921 nach München. Sein Vater ist Arzt. Auch Schmorell kommt 1940 mit der Wehrmacht als Besatzer nach Frankreich, dann im September dieses Jahres nach München zum Medizinstudium, das er zuvor in Hamburg begonnen hatte. Als Mitglied der 2. Studentenkompanie trifft er dort Graf und Scholl. Mit diesem verfasst er 1942 die ersten vier Flugblätter, später mit Kurt Huber, Professor der Psychologie, das fünfte. Nach der Verhaftung seiner Freunde am 18. Februar 1943 versucht er in die Schweiz zu fliehen, allerdings erfolglos. Zurück in München erkennt ihn jemand, der ihn denunziert. Am 13. Juli 1943 wird er zusammen mit Kurt Huber im Gefängnis München-Stadelheim durch das Fallbeil hingerichtet. In Rostock und Kassel sind Schulen nach Alexander Schmorell benannt.

Sophie Scholl (1921 – 1943)

Die Schwester von Hans Scholl glaubt zuerst wie dieser an die Ideale der Nationalsozialisten und tritt dem Bund Deutscher Mädel bei. Mitte der dreißiger Jahre wendet sie jedoch der NSDAP-Organisation den Rücken und engagiert sich wie Hans in der Bündischen Jugend, die aber verboten wird. 1942 beginnt sie in München Biologie und Philosophie zu studieren, lernt über ihren Bruder seine Kommilitonen und verschiedene Widerstandskämpfer kennen. Hans versucht, sie aus seiner Arbeit bei der Weißen Rose herauszuhalten, allerdings vergeblich. Mit ihm zusammen wird sie im Lichthof des Hauptgebäudes der Münchner Universität beim Verteilen des 6. Flugblatts entdeckt, verhaftet und am 22. Februar 1943 enthauptet.

Studentenkompanien

Scholl, Graf, Schmorell und viele ihrer männlichen Kommilitonen gehören zur '2. Studentenkompanie'. Studenten deutscher Universitäten müssen sowohl im Kriegseinsatz als auch im Zivilleben den der Wehrmacht untergeordneten Studentenkompanien angehören. Sie gehen ihrem Studium nach, werden aber in den Semesterferien an die Kriegsfront abkommandiert, ähnlich dem System der Militärärztlichen Akademie. Probst ist als Student der Luftwaffe Mitglied einer anderen Studentenkompanie als seine Freunde.

Sensibilisiert durch Stalingrad

Die Stimmung in Deutschland ist besonders im Winter 1942-43 stark angespannt, weil gerade die Schlacht von Stalingrad immens große Verluste unter deutschen Wehrmachtssoldaten zur Folge hat. Anfang November 1942 hatte zwar die deutsche 6. Armee einen Großteil Stalingrads besetzt, sie wird dann allerdings Mitte des Monats von der Roten Armee eingekesselt. Am 2. Februar 1943 ergibt sich die 6. Armee, die überlebenden Soldaten, etwa 108.000, kommen in Gefangenschaft, nur wenige von ihnen wieder zurück nach Deutschland. Insgesamt verlieren etwa 700.000 Soldaten auf beiden Seiten ihr Leben. Die Niederlage der 6. Armee ohne Kapitulation, ihre großen Verluste und Leiden, markieren einen psychologischen Wendepunkt im deutsch-sowjetischen Krieg und setzen sich im Gedächtnis der Deutschen fest.

Zum 6. und 7. Flugblatt

Der Beginn des 6. Flugblatts der Weißen Rose bezieht sich direkt auf diese Stalingrad-Katastrophe: „Erschüttert steht unser Volk vor dem Untergang der Männer von Stalingrad. Dreihundertdreißigtausend deutsche Männer hat die geniale Strategie des Weltkriegsgefreiten sinn- und verantwortungslos in Tod und Verderben gehetzt. Führer, wir danken dir! Es gärt im deutschen Volk: Wollen wir weiter einem Dilettanten das Schicksal unserer Armeen anvertrauen? Wollen wir den niedrigsten Machtinstinkten einer Parteiclique den Rest unserer deutschen Jugend opfern? Nimmermehr! Der Tag der Abrechnung ist gekommen, der Abrechnung der deutschen Jugend mit der verabscheuungswürdigsten Tyrannis, die unser Volke erduldet hat. Im Namen des ganzen deutschen Volkes fordern wir vom Staat Adolf Hitlers die persönliche Freiheit, das kostbarste Gut der Deutschen zurück, um das er uns in der erbärmlichsten Weise betrogen hat." Dieses letzte Flugblatt der Weißen Rose gelangt nach England und wird im Herbst 1943 in großer Zahl von britischen Flugzeugen über Deutschland abgeworfen. Es geht als „Manifest der Münchner Studenten" in die Geschichte ein.

In seinem siebten Flugblatt, das nicht mehr die Öffentlichkeit erreichte, nennt Christoph Probst Hitler einen „militärischen Hochstapler" und „Mörder", außerdem schreibt er von „Massenmord an geopferten Soldaten". Zum Ende fordert Probst: „Hitler und sein Regime müssen fallen, damit Deutschland weiter lebt. Entscheidet Euch .... Und wenn Ihr Euch entschieden habt, dann handelt."

Studentische Reaktion auf die Verurteilungen – Eine Untersuchung von Götz Aly

Der Historiker Götz Aly erhält im November 2018 für sein Buch 'Europa gegen die Juden' den Geschwister-Scholl-Preis. Sinn und Ziel dieses Preises ist es, jährlich ein aktuelles Buch auszuzeichnen, das durch seine geistige Unabhängigkeit geeignet ist, bürgerliche Freiheit, moralischen, intellektuellen und ästhetischen Mut zu fördern und dem verantwortlichen Gegenwartsbewusstsein wichtige Impulse zu geben. Der Preis wird vom Börsenverein des Deutschen Buchhandels gemeinsam mit dem Landesverband Bayern e.V. und der Landeshauptstadt München vergeben.

Götz Aly geht bei der Verleihung in der Aula der Münchner Ludwig-Maximilians-Universität (LMU) auf die damalige Situation ein. Seine Dankesrede trägt den Titel „Warum blieb die Weiße Rose so isoliert?".

Aly stellt die Ereignisse in Zusammenhang:

Als am 18. Februar 1943 vormittags die Geschwister Scholl und einige Stunden später Christoph Probst verhaftet werden, geht Reichspropagandaminister Joseph Goebbels am Nachmittag dieses Tages bei seiner Rede im Berliner Sportpalast auf die Verunsicherung unter deutschen Bürgern und wachsende Kritik an der Stalingrad-Katastrophe ein, greift Kriegsgegner scharf an und fragt: „Seid ihr damit einverstanden, dass, wer sich am Kriege vergeht, den Kopf verliert?" Tausende im Sportpalast stimmen frenetisch zu, wie auch seiner anschließenden Frage: „Wollt ihr den totalen Krieg?"

Schon in den vorangegangenen Monaten hatten sich Todesurteile gegen Reichsdeutsche gehäuft, die mit ihrer Kritik an der Stalingrad-Politik auffällig wurden. Außerdem, so Aly, hätte Joseph Goebbels die Bevölkerung mit Parolen wie „Sieg oder Untergang" in fatalistisches Schweigen versetzt. Im Bewusstsein der Deutschen wuchs angesichts der Massaker und Verbrechen, die durch ihre Soldaten und in ihrem Namen begangen wurden, die Angst vor Rache der Juden und Kriegsgegner, falls Deutschland den Krieg verlieren sollte. Zu Protest und Verweigerung fehlte jetzt zunehmend der Mut, eine Alternative zum 'Sieg' schien es für viele nicht mehr zu geben.

Aly recherchiert die Stimmung unter den Studenten an der LMU in den Februartagen 1943 und findet unter anderem Berichte von Zeitzeugen.

Damalige Studierende erinnern sich.

Zum einen an den 18. Februar: Hans und Sophie Scholl werden von der Gestapo aus dem Hauptgebäude geführt, nachdem sie der Pedell Jakob Schmid beim Verteilen des 6. Flugblatts der Weißen Rose an den Rektor der Universität übergab.

Zum anderen an den 22. Februar: Nur eine Stunde nach Verkündigung des Todesurteils für die Geschwister Scholl und Alexander Probst versammeln sich an diesem Montag etwa 3000 Studentinnen und Studenten im Audimax sowie im Lichthof davor, da der große Hörsaal nicht für alle Platz hat, die das juristische Urteil und den Hausmeister bejubeln.

Kommentar

Götz Aly schreibt von etwa 3000 Studenten, die die Verurteilung der Mitglieder der Weißen Rose beklatschten, das wären 75 Prozent aller damaligen Münchner Studierenden. Er berichtet ebenfalls, er hätte versucht, in den Archiven der Universität und der Polizei noch mehr Berichte darüber zu finden, aber man sagte ihm, dazu gäbe es nichts. Zumindest weiß man jedoch von Zeitzeugen: Viele hatten die Flugblätter und die nächtlich an die Häuser geschriebenen Aufrufe, Widerstand gegen die Nazis zu leisten, gelesen. Verhaftung und Verurteilung der Mitglieder der Weißen Rose hatten sich herumgesprochen.

8.3.1. Studentischer Widerstand und JV

Um zu zeigen, wie dicht zeitlich und räumlich auch JV am Geschehen um die Mitglieder der Weißen Rose ist, werden hier nur beispielhaft einige Details aus den Januar- und Februartagen 1943 rekonstruiert.

Zwischen dem 27. und 29. Januar 1943 erscheint das 5. Flugblatt der Weißen Rose 'Aufruf an alle Deutschen!'. Die Mitglieder machen zirka 9.000 Abzüge, die sie an vielen Plätzen in München auslegen sowie in verschiedene andere Städte in Süddeutschland und Österreich schicken. Zu dieser Zeit, am Mittwoch, 27. und Donnerstag, 28. Januar, ist JV beim Studieren in München. Er verlässt die Stadt am Freitag, 29. Januar, Richtung Kitzbüheler Alpen für ein Wochenende. Am 31. Januar ist er wieder zurück, denn am Montag, 1. Februar, geht das Studium weiter. Das 6. und letzte Flugblatt der Weißen Rose, überschrieben 'Kommilitoninnen! Kommilitonen!', ist am 15. Februar fertig und soll die Münchner Studentenschaft zum Widerstand gegen Hitler aufrufen. Noch in der Nacht zuvor schreiben Graf, Schmorell und Hans Scholl in München wieder Parolen wie „Nieder mit Hitler" und „Freiheit" an öffentliche Gebäude. Auch per Post verschickt die Widerstandsgruppe einige der etwa 1200 Flugblätter. Die restlichen legen die Geschwister Scholl am Donnerstag, 18. Februar, in der Universität aus. Bei dieser Aktion werden sie, wie geschildert, vom Hörsaaldiener Schmid entdeckt und dann verhaftet.

Am 12. Februar, noch ist Vorlesungszeit, bricht JV mit Freunden zu einer Skitour auf, sie kommen am Sonntag, 21. Februar, zurück. Die Verhaftung einiger Mitglieder der Weißen Rose hat inzwischen stattgefunden. Am folgenden Montag, 22. Februar, geht JV vermutlich wieder zur Uni und hätte spätestens dann erfahren, dass seine Kommilitonen Scholl, Graf, Schmorell und Probst vier Tage zuvor verhaftet worden waren und man ihnen gerade an diesem Montag den Prozess machte. Der Präsident des Volksgerichtshofs Dr. Roland Freisler kommt extra aus Berlin, um dem Prozess im Schwurgerichtssaal des Justizpalasts in München selbst vorzusitzen. Nur einige Stunden nach der Urteilsverkündung werden die Geschwister Scholl und Christoph Probst im Gefängnis Stadelheim enthauptet. Nahezu alle Studenten sind auf den Beinen. Kaum vorstellbar, dass JV davon nichts mitbekommen hätte.

Aber was ging es ihn an?!

Zwar kennt er die Betroffenen. Doch das öffentliche Klima unter den deutschen Bürgern ist offenbar bestimmt durch Gefolgschaft und Gehorsam gegenüber dem Regime. Kritik äußerte man nicht laut, wer deswegen verfolgt wird, muss bestraft werden – so die gängige Einstellung. Es gab also keine offene Empörung.

Dazu kommt: Was hat JV außerhalb der Hörsäle und Kurse mit den Widerstandskämpfern zu tun? Wahrscheinlich sehr wenig. Er teilt nicht ihre literarischen oder philosophischen Interessen, er nimmt nicht an ihren Gesprächskreisen teil. Er ist auch nicht Mitglied einer Studentenkompanie. Da er Student der Berliner Militärärztlichen Akademie ist, einige aus seiner Kasseler Klasse ihn auf seinen Stationen bis nach München begleiten, verbringt er die Freizeit in seinem eigenen persönlichen Milieu. Dies ist geprägt von Skitouren, Segeln und Wirtshaus-Besuchen. JV und seine Freunde führen gerne ein 'elitäres' Leben. Sie verfügen über Geld und haben Abenteuerlust. Zwar kommen viele Mitglieder der Weißen Rose ebenfalls aus wohlhabenden Familien, doch der diktatorisch eingreifende Nationalsozialismus in den dreißiger Jahren, ihr Leben als Soldaten neben dem Studium, vor allem der Krieg sowie ihre persönlichen Erfahrungen bei der Wehrmacht, belasten ihr Gewissen, fordern ihre Verantwortung und lassen sie zu Widerstandskämpfern werden. JV dagegen kümmert sich um sein eigenes Wohlergehen. Er hegt keine Sympathien für die Interessen und das Denken dieser Kommilitonen, das wird in späteren Gesprächen deutlich. Möglicherweise versteht er bis zuletzt auch nicht, was genau sie umtreibt, womit sie sich außerhalb des Studiums beschäftigen, warum sie ihr Gewissen plagt. Gerade Andersdenkenden wie JV und dessen Freunden werden sie sich kaum zu erkennen geben oder öffnen.

Es ist jedoch anzunehmen, dass JV Flugblattaktionen und Aufrufe an den Hauswänden wahrnimmt. Ob oder wie dies ihn beschäftigt, kann nur vermutet werden. Weder in seinen Fotoalben noch in seinen Kriegstagebüchern oder in späteren Gesprächen kritisiert er jemals die nationalsozialistische Herrschaft. Er fordert keine Änderung der Kriegsstrategie, Beendigung der Besatzungen oder gar die Beseitigung des Nazi-Regimes. Er folgt den Anweisungen seiner Vorgesetzten. Sein Leben im Rahmen von Militär und Studium bringt ihm immer wieder Vorteile, befriedigt seine Abenteuerlust und stärkt seine Überzeugung, dass die Deutschen 'Herrenmenschen' seien. Er hat es sich im Nazi-Regime eingerichtet.

Da JV in der Mathildenstraße wohnt, in der Nähe der Medizinischen Universität, muss er am 22. Februar vielleicht nicht mal ins Hauptgebäude an der Ludwigstraße – heutige Adressen 'Geschwister-Scholl-Platz' und 'Professor-

Huber-Platz' – wo sich die Studenten zur Feier des Urteils gegen die Mitglieder der Weißen Rose im und am Audimax treffen. Ob es ihn dennoch hinzieht, weil möglicherweise die Vorlesungen und Seminare ausfallen, da ja die meisten dort hingehen – oder weil er eventuell neugierig ist und die Betroffenen kennt? Auch das bleibt ungewiss.

Gewiss dagegen ist sein Aufbruch drei Tage später, Donnerstag, 25. Februar, mit Freundin Gisela nach Stuben am Arlberg. Jetzt ist Semesterende. Das Sommersemester ruft erst wieder am 3. Mai. Also auch noch Zeit genug für „8 Sonnentage im herrlichen Gebiet von Kühtai", wie er im Fotoalbum schreibt. Dort sind sie vom 6. bis 14. März.

Dann ist er wieder als Soldat mit den Gebirgsjägern im Einsatz.

8.4. Gebirgsjäger-Ausbildung

Der Lehrgang der 'Gebirgs-San.-Schule St. Johann/Tirol' dauert vom 30. März bis 20. April 1943. Diese Zeit zwischen den Semestern beansprucht wieder einmal die Wehrmacht. Das gilt für alle Medizinstudenten, so hatte man es auch bei den Mitgliedern der Weißen Rose gesehen. Ob jedoch Ausbildung, Aufgaben und Karriere während der Wehrmachteinsätze vergleichbar sind, kann hier nicht beurteilt werden.

Dieses Mal geht es für JV also nicht zu einem Einsatz an die Front, wie im Jahr zuvor nach Norwegen oder vorher zur Besatzung Frankreichs und Polens, sondern zur sogenannten 'kriegsfernen Ausbildung' bei den Gebirgsjägern. Seit Beginn seines Studiums 1939 in Berlin gehört er ja schon dazu. Das ist für ihn wichtig, weil er nach gewonnenem Krieg Generalarzt bei den 'Kaiserjägern' werden will. Und genau das sagt man ihm auch schriftlich zu, nennt ihm schon seinen 'Friedensstandort' für die Zeit nach dem Krieg: Er soll zu den 'Kaiserjägern' nach Innsbruck kommen.

Die jetzige Ausbildung beinhaltet Geländeübungen mit Tragtieren und Karabinern im Kaisergebirge sowie Abseilen von Verwundeten. Das üben die Soldaten in einem Steinbruch. Auch gibt es einen Skikurs bei der Karlsruher Hütte im Oetztal, auf 2450 Meter, und es geht auf die Falschungspitze in 3400 Meter Höhe. Bei der Abfahrt von der Hochwilde kommen sie mit 16 Mann in eine Lawine, werden von ihr mitgerissen.

Eine Lawine geht ab, April 1943.

Einige ihrer Männer müssen ausgegraben werden, Eispickel sind verschüttet. Es ist offenbar eine gefährliche Situation. JV schreibt zu einem Foto: „Nach dem Lawinenschreck: Stille Feier des 2. Geburtstags."

Rettung aus der Lawine.

In den folgenden Tagen trainieren sie auf dem Seelenkogel wieder Abseilen und am Eishang Klettern mit Seil und Pickel. Im Kaiserbachtal richten sie ihren 'Hauptverbandplatz' ein. So nennt man Orte hinter der kriegerischen Kampfzone, meist Zelte, zu denen die Verletzten von der Front gebracht werden. JV kennt das schon aus Norwegen. Sie leben in Baracken der Schule, dort sind auch Ställe mit Pferden und Eseln, wie man auf den Fotos erkennt.

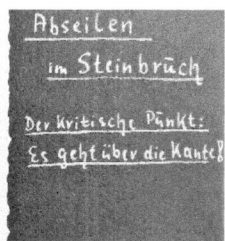

Übungen am Berg und zur Rettung, April 1943.

Zum Ende des Skikurses geht es talwärts von Obergurgl nach Zwieselstein und Kitzbühel.

Auf der letzten Seite dieses Fotoalbums hat JV in einer 'Gipfeltabelle' all seine erklommenen Berge mit Höhenangaben aufgelistet, gegliedert in Bayerische Voralpen, Kitzbüheler Alpen, Zillertaler Alpen, Arlberg, Stubaier Alpen und Oetztaler Alpen. Der höchste Gipfel darunter ist die Hochwilde mit 3480 Meter. Mit diesem Hochgebirgslehrgang für 'Rettung aus Bergnot' und 'Sanitätsdienst im Gebirge' erwirbt sich JV die Qualifikation zum Heeres-Bergführer und Skilehrer bei den Gebirgstruppen.

Die ersten vier Monate des Jahres 1943 verbringt JV also vorwiegend im Urlaub, in den Bergen, beim Skilaufen mit Freunden und mit Gisela, schließlich 20 Tage mit den Gebirgsjägern – vermutlich für ihn das allergrößte Vergnügen.

Die Vorlesungen des Wintersemesters beginnen am 2. November 1942 und enden am 28. Februar 1943. In diesen vier Monaten ist JV fünf Mal unterwegs in den Alpen, Weihnachtsferien bis 5. Januar nicht mitgerechnet. Wenn man sich Vorlesungszeit und seine Freizeiten ansieht, sie ins Verhältnis setzt, ist er ab 5. Januar insgesamt allerdings nur zwei volle Wochen auf Tour, sonst beschränken sich seine Ausflüge auf die Wochenenden.

Anschließend, im Frühjahr 1943, besucht JV Gisela in Konstanz, sie baden im Bodensee und wandern auf den Pfänder. Gisela ist in dieser Zeit Bademeisterin und Masseurin in Dr. Büdingens' Sanatorium, Konstanzer Hof K.G., in Konstanz. Dann verlässt sie das Haus auf eigenen Wunsch, so steht es in ihrem 'Deutsches Reich – Arbeitsbuch' sowie im Zeugnis, das ihr der Leiter Dr. Büdingens ausstellt. Am 4. Oktober 1943 beginnt sie als Masseurin bei ihrem Vater Dr. med. Curt Möhring in dessen Kasseler chirurgisch-orthopädischer Heilanstalt. Dort bleibt sie zumindest bis zum Kriegsende. Es gibt im Arbeitsbuch, das genauestens alle Ausbildungs- und Arbeitsstellen seit ihrem Reichsarbeitsdienst im Mai 1938 aufführt, keine weiteren Einträge. Der letzte lautet: „1.1.45 Heilgymnastin in Kassel bei Dr. med. C. Möhring."

8.4.1. Medaille für Verdienst im Krieg

Am 3. April 1943 wird die Ostmedaille mit Band an Feldunterarzt JV verliehen, dazu gibt es einen Sonderbefehl für das Gebirgsjäger-Regiment 136 vom 20. Januar 1943. Er empfängt die Ehrung vom Wehrbezirkskommando Kassel 1.

Hintergrund
Die Ostmedaille
Die Medaille 'Winterschlacht im Osten 1941/1942', in der Stiftungsverordnung auch 'Ostmedaille' genannt, ist eine deutsche Militärauszeichnung im Zweiten Weltkrieg. Hitler verleiht sie als „Anerkennung für Bewährung im Kampf gegen den bolschewistischen Feind und im russischen Winter 1941/1942". Diese Auszeichnung erhalten Soldaten der deutschen Wehrmacht und der Waffen-SS, die im Zeitraum vom 15. November 1941 bis zum 15. April 1942 an der Ostfront eingesetzt sind. Eine der Bedingungen lautet, sich mindestens 60 Tage ununterbrochen im Einsatz bewährt zu haben. Auch JVs Gebirgsjäger und SS-Truppen, die gemeinsam in dieser Zeit an der russischen Front vor Murmansk kämpfen, gehören dazu. Die Ostmedaille geht unter anderem auch an Angehörige verbündeter Streitkräfte oder Verstorbene. Man schätzt, dass etwa Dreimillionen Soldaten und Frauen, die beispielsweise als Krankenschwestern die Kriterien erfüllen, diese Medaille erhalten. Sie bekommt verschiedene Spitznamen, unter anderem 'Tundra-Orden' – der könnte von den deutschen Besatzern Skandinaviens stammen.

8.5. Sommersemester in München

Zum 8. Klinischen Semester, Sommersemester 1943, das vom 29. April bis 31. Juli geht, ist JV wieder beim Studium in München. Auch jetzt gibt es viele Touren in der Freizeit. Er unternimmt Radausflüge mit Freunden zum Kloster Schäftlarn, zum Kloster Andechs am Ammersee, in die Jachenau am Walchensee, nach Rottach-Egern am Tegernsee, Schliersee am Spitzingsee, und sie steigen auf den Herzogstand am Kochelsee. Sie fahren nach Bad Tölz und Lenggries.

Gisela kommt an Pfingsten, Mitte Juni, zu Besuch. JV und sie spazieren am Ammersee bei Herrsching und besuchen den Tierpark Hellabrunn in München. Dort sieht man die beiden Arm in Arm, JV trägt Uniform.

Danach radelt er mit Freunden zum Achensee, zur Erfurter Hütte, nach Innsbruck und Mittenwald. Unter ein Foto schreibt JV: „Auf LKW mit Gefangenen den Zirler Berg hinauf - Mit Seppel und Günther Hauck."

Gisela in Hellabrunn, Pfingsten 1943.

8.5.1. Lehrplan und Dozenten

JV studiert aber auch. Er besucht Vorlesungen und Kurse, beispielsweise 'Klinik für Geburtshilfe und Frauenheilkunde' bei Professor Eisenreich, 'Geburtshilflicher Operationskurs' bei Professor Brakemann, 'Chirurgische Poliklinik' bei Professor Ernst, 'Pharmakologie' bei Professor Straub, 'Naturgemäße Heilmethoden' bei Professor Eckert oder 'Menschliche Erblehre als Grundlage der Rassenhygiene' bei Professor Rüdin.

Hier soll der Letztere als Beispiel für die damalige Lehre im Sinne der nationalsozialistischen Ideologie kurz vorgestellt werden.

Ernst Rüdin (1874 – 1952)

Prof. Dr. Ernst Rüdin ist ein schweizerisch-deutscher Psychiater, Humangenetiker und Rassenhygieniker. Eine seiner Schwestern, Pauline, studiert ebenfalls Medizin und heiratet den Rassenhygieniker Alfred Ploetz, dessen Ideen den Bruder schon während seiner Schulzeit interessieren. Seit 1903 plädiert Rüdin für staatliche Eingriffe in die Fortpflanzung unter eugenischen Gesichtspunkten. Nach der Machtübernahme der Nationalsozialisten arbeitet er eng mit ihnen in den Bereichen Rassenhygiene und Rassenpolitik zusammen. Es geht ihm um 'Verhütung erbkranken Nachwuchses' und Zwangssterilisation zur 'Verhinderung biologisch minderwertigen Erbguts'. Er erarbeitet auch entsprechende Gesetze. 1937 tritt Rüdin in die NSDAP ein. Während des 2. Weltkriegs unternimmt er Menschenversuche. 1945 wird ihm das Schweizer Bürgerrecht entzogen. Die US-Militärregierung enthebt Rüdin seines Amtes und interniert ihn im Herbst 1945. Im folgenden 'Entnazifizierungsverfahren' wird er erst als 'Minderbelasteter' und dann als 'Mitläufer' eingestuft, was noch geringere Bedeutung hat. 1946 entlässt man ihn, nachdem sich der Physiker Max Planck für ihn einsetzt. Das Max-Planck-Institut für Psychiatrie schreibt nach seinem Tod, Rüdin sei „einer der hervorragendsten Begründer der genetischen Forschung in der Psychiatrie".

8.5.2. Semesterferien Sommer 1943

Das Sommersemester endet am 31. Juli, darauf folgt bis 1. November die vorlesungsfreie Zeit.

Das Zuckerhütl, Sommer 1943.

„Sommerliche Bergfahrt – Hochstubai, Tuxer Hauptkamm, Zillertaler Hauptkamm – 27. VII. - 9. VIII. 1943" – so schließt sich das nächste Fotoalbum

nahtlos an. JV malt auch ein Edelweiß und eine strahlende Sonne dazu. Sie
steigen über den Alpeiner-Ferner, schnallen die Steigeisen am Gletscherbruch
an, Seppel Seebohm und Eb Scherer sind mit von der Partie. Sie machen Pause
auf dem Gipfel der Ruderhofspitze (3472 Meter) und kommen zur Dresdner
Hütte, steigen ab „am Seil von der Schaufelspitze über die Spalten des Gais-
karferners", und es geht zur Hildesheimer Hütte. Über den Pfaffenferner und
Sulzenauferner kommen sie zum Zuckerhütl auf 3511 Meter. JV nennt ihn
„König der Stubaier-Alpen". Und er fotografiert die „grosse Randspalte am
Fusse des herrlichen Firndomes".

Unter den zahlreichen Fotos von Berggipfeln, Felsspalten, Gletschern und
Hütten findet sich auch „Das eigenartig gelegene ital. Becher-Haus im Übertal-
ferner". Nach Rast in der Bremer Hütte, „Abschied von den Stubaiern", steigen
sie über Gschnitz hinab ins Brennertal. Von dort geht's wieder hoch über St.
Jodok auf den Tuxer Hauptkamm, zur Geraer Hütte auf 2380 Meter.

Schwieriger Pfad, Sommer 1943.

Auf mehreren Gipfeln, die JV mit Freunden oder den Gebirgsjägern ersteigt,
weht, wie auf dem Olperer, eine Hakenkreuzfahne. Manche sehen aus, als hätten
sie die Bergsteiger mit sich getragen, aufgestellt und sich für ein Foto darunter
gesetzt. Diese hier scheint jedoch fest montiert, mit Seilen gegen Wind gesichert
und ziemlich massiv. Man könnte sie wohl nicht so leicht auf- und abbauen
oder im Rucksack auf einer längeren Tour mittragen.

Angeseilt steigen sie ab zur Olperer-Hütte. „Durch das Schlegeistal zu den gewaltigen Zillertalern" ... "Über gefährliche Spalten und verschneiten Fels zum Grossen Mösele". Dort machen sie auf 3480 Metern eine Gipfelrast, bevor sie sich den „spaltenreichen Abstieg" vornehmen.

Das Becherhaus.

Auf dem Gipfel des Olperer.

9. 1943-1944 Luftangriffe – Examen – Heirat

Nach dem Sommersemester in München bricht für JV die letzte Phase seines Studiums an. Vorlesungsfreie Zeit ist vom 1. August bis 1. November, am 11. November 1943 wurde sein Abgang von der Uni München im Studienbuch gestempelt. Jetzt geht es zurück nach Berlin zur Militärärztlichen Akademie der Friedrich-Wilhelms-Universität.

Die ersten vier Semester, darunter ein Trimester, studierte er schon hier, das war 1939 bis 1940. Nun bilden das 9. und 10. Semester, vom 18. November 1943 bis Ende 1944, den Abschluss. Das Abgangszeugnis wird ihm am 18. Dezember 1944 schriftlich bestätigt. Im Studienbuch steht unter anderem: "Über seine Führung ist nichts Nachteiliges bekannt geworden."

9.1. Bomben auf Berlin und Kassel

JV pendelt Herbst und Winter 1943/44 zwischen Kassel und Berlin. Die Alliierten fliegen in diesen Monaten Luftangriffe vor allem auch gegen diese beiden Städte. Bombardements durch die englische Royal Air Force (RAF) gibt es schon seit 1940. Nun häufen sie sich, und auch die amerikanische Luftwaffe ist jetzt dabei. Diese greift tagsüber an, die RAF nachts. Die sowjetische Luftwaffe ist im östlichen Frontabschnitt aktiv.

Vom 15. August bis 31. Oktober 1943, in der vorlesungsfreien Zeit, absolviert JV seine Pflichtfamulatur im 'Städtischen Hilfskrankenhaus für Frauen Kassel-Wilhelmshöhe', im Ortsteil Druseltal. Daher ist er häufig in Kassel, vor allem bei Gisela zuhause. Sie hat drei ältere Geschwister, Waltraud, Hildegard und Rolf. Die Familie ist um 1938 innerhalb Kassels von der Kronprinzenstraße 25 in die Karthäuserstraße 19 1/2 umgezogen.

Die Herbstmonate, die JV 1943 mit Gisela in Kassel verbringt, sind bestimmt von schweren Luftangriffen. Jahre später erzählt er davon, wie so manche Straßen aussahen, dass viele ihm vertraute Häuser und Straßenzüge in Trümmern lagen.

Gisela arbeitet ab Oktober 1943 als Masseurin bei ihrem Vater in dem dreistöckigen Haus in der Karthäuserstraße. Im Erdgeschoss und 1. Stock ist die orthopädische Praxis, im 2. Stock die Wohnung der Eltern, im 3. Stock wohnen Schwester Hildegard mit ihrer Tochter Marianne sowie Gisela mit Jörg, sofern er nicht zuhause bei seinen Eltern in der Kaiserstraße ist.

Kassel nach dem Bombenangriff vom 22. auf 23. Oktober 1943.
Foto: Stadtmuseum Kassel

Die kleine Marianne feiert im Juli ihren sechsten Geburtstag. Ihr Vater Oskar kommt, wie fast alle jungen Männer, spätestens bei Kriegsbeginn 1939 zur Wehrmacht. Er gehört zu jenen Truppen der 6. Armee, die schließlich an der russischen Front vor Stalingrad die Feinde bekämpfen. Viele tausend deutsche und russische Soldaten verlieren besonders bei der 'Schlacht von Stalingrad' im Winter 1942-43 ihr Leben. Die überlebenden Deutschen gehen nach den erfolglosen Kämpfen in russische Gefangenschaft. Darunter ist auch Oskar. In Notfällen können Paare eine Ferntrauung beantragen und vollziehen. Dazu hatten sich Oskar und Hildegard schon zuvor entschieden, für den Fall, dass ihm etwas zustößt. Damit wäre sie mit Marianne bei seinem eventuellen Tod als Witwe abgesichert. Oskar kommt aber aus russischer Gefangenschaft zurück nach Kassel zu seiner Familie, allerdings erst kurz vor Weihnachten 1947.

Giselas Bruder Rolf, der älteste der vier Geschwister (geb. 1910), lebt mit seiner ersten Frau Dorothea, genannt Thea, in der nordhessischen Kleinstadt Fritzlar, wo ihre Tochter Elke 1940 auf die Welt kommt. Rolf findet eine Stelle als Arzt in Fritzlar im Katholischen Krankenhaus, weshalb sie von Kassel dorthin ziehen. Später richtet er mit seinem Onkel Paul hier eine Klinik ein. Doch auch diese Männer müssen in den Krieg, Tochter Elke bleibt mit ihrer

Mutter zurück. Als Thea Anfang 1942 stirbt, springt Rolfs Schwester Waltraud ein, zieht in sein Fritzlarer Haus und kümmert sich um Elke. Auch Waltrauds Mann Hans-Günther Strippel wird von der Wehrmacht eingezogen, daher ist sie jetzt ebenfalls allein.

Gegen Ende des Kriegs lernt Rolf in einem Lazarett Annemarie kennen, die dort als Krankenschwester arbeitet. Mit ihr kehrt er am Kriegsende zurück nach Fritzlar und sie heiraten. Frühjahr 1947 ziehen sie alle nach Kassel zu den Eltern in die Karthäuserstraße.

JVs Elternhaus in der Kaiserstraße 96, nach 1945 Göthestraße 96.

Berlin und Kassel erleben dann besonders im Oktober 1942 massive Bombardements durch die Alliierten. Das Haus von Gisela und ihrer Familie übersteht trotz einiger heftiger Einschläge nicht nur diese Phase, sondern auch den Krieg. Von Schäden am Haus der Eltern von JV ist nichts bekannt.

Hintergrund
Luftangriffe auf Kassel

Den schwersten Luftangriff erlebt Kassel am 22. und 23. Oktober 1943 im Rahmen der britischen 'Area Bombing Directive'. Wie in Dresden, Hamburg, Darmstadt oder Pforzheim, gibt es auch in Kassel große Zerstörungen und zahlreiche Opfer. Warum Kassel? Hier ist ein wichtiges Rüstungszentrum entstanden, unter anderem mit 'Henschel und Sohn', die Fabrik produziert Panzer, Lastwagen und Lokomotiven. Oder 'Henschel Flugmotorenbau GmbH' in Altenbauna – heute ist dort das VW-Werk Baunatal. Außerdem produzieren 'Motorenbau Werk Kassel' (MWK) und die 'Gerhard-Fieseler-Werke' Flugzeuge für den Einsatz im Krieg. Das MWK ist während des Zweiten Weltkriegs ein Zweigwerk der Junkers Flugzeug- und Motorenwerke AG Dessau und Zulieferer von kriegswichtigen Hochtechnologiebaugruppen, etwa für das erste serienreife 'Turbostrahltriebwerk Jumbo 004B' der Welt. Auch die Junkers Ju52 ('Tante Ju') ist ein Flugzeugtyp der 'Junkers Flugzeugwerk AG'. Als Bomber ist die Ju52 beispielsweise an der Bombardierung von Warschau beteiligt. Die Ju52/3m dient den ganzen Zweiten Weltkrieg über als Standard-Transportflugzeug der Luftwaffe. Als das MWK Kassel im Jahr 1945 von amerikanischen Truppen besetzt wird, arbeiten dort über 5000 Menschen. Nach dem Krieg übernimmt die Firma AEG die Gebäude. Etwa 7000 Menschen kommen bei dem Angriff auf Kassel im Oktober 1943 ums Leben. In den äußeren Stadtbezirken werden 80 Prozent, in der Altstadt mit ihren vielen Fachwerkbauten rund 97 Prozent der Wohnhäuser zerstört. Viele Menschen sterben jedoch nicht durch herabfallende Steine, einstürzende Decken und Wände, sondern sie ersticken. Baufehler in den Unterkellerungen schaffen chaotische Zustände, weil Schutzsuchende die Ausgänge nicht finden oder sich in dem weitverzweigten System verirren.

Im Gebäude gegenüber dem Haus von Giselas Familie, auf der anderen Seite der Karthäuserstraße, ist die Kasseler Hauptpost untergebracht. In ihrem Keller befindet sich ein Luftschutzbunker, in den sich Mitglieder der Familie mit vielen anderen Bürgern flüchten.

Karthäuserstraße, l. Mitte Haus Möhring, r. Hauptpost. Foto: Archiv Klaus Möhring

Alle sind verpflichtet, die Luftschutzbunker bei Angriffen aufzusuchen. Aber Gisela und ihre Schwestern schmuggeln sich zumindest einmal raus, um bei einem schweren Bombeneinschlag in ihrem Haus Feuer zu löschen. Es heißt, sie hätten einen Wärter bestochen, damit sie den Bunker verlassen können. Das Glasdach im Obergeschoss ihres Hauses wird von einer Bombe zerstört.

JV erzählt später, dass er mal eine Bombe mit bloßen Händen aus dem Fenster geworfen hätte, bevor sie explodieren konnte. Vor und hinter dem Haus sind Wege und Gärten. Irgendwann ließen sie wichtige Instrumente aus den Behandlungsräumen aus Fenstern und vom Balkon herab und brachten sie in Sicherheit. Die Autorin erinnert sich an eine Erzählung, unter den geretteten Dingen soll das echte Skelett gewesen sein, an dem Giselas Vater seinen Patienten die Anatomie erklärte. Nach dem Krieg kehrte dieses Skelett wieder in die Praxis zurück und diente weiterhin zur Anschauung.

Trotz all dieser chaotischen Zustände und Zerstörungen feiern JV und Gisela am 26. Dezember 1943 in der Karthäuserstraße ihre Verlobung.

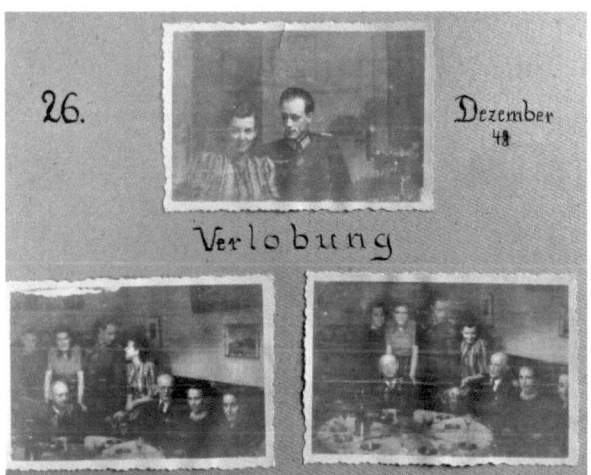

Am Tisch in der Karthäuserstraße sitzen die Eltern des Paares, v. l.: Georg Vetter, Curt Möhring, Marie Möhring, Erna Vetter. Dahinter stehen, v. l.: Waltraud, Hildegard, JV und Gisela.

9.2. Zwischen Examen, Bergen und Seen

Anfang 1944 geht JV wieder zurück nach Berlin an die Militärmedizinische Akademie, um sein letztes Studienjahr zu beenden.

Die Vorlesungen im 9. Semester an der MA dauern vom 1. November 1943 bis 28. Februar 1944. Als er im November dort ist, erlebt er die Bombardements der Alliierten auf Berlin genauso hautnah wie die auf Kassel kurz zuvor. Die Bomben schlagen in etliche zentral gelegene Gebäude ein, etwa in die Kaiser-Wilhelm-Gedächtniskirche, der seitdem die Spitze ihres Turms fehlt. Es werden auch Bildungsstätten angegriffen. An welchen Tagen genau JV in Berlin ist, ist nicht bestimmbar. Doch er ist dabei, als in den ersten Monaten des Jahres 1944 Klinikgebäude der Charité nach Berlin-Buch ins dortige Städtische Krankenhaus ausgelagert werden. Allerdings sind die Hörsäle der Universität und der Militärärztlichen Akademie noch bis zum Herbst 1944 nutzbar, so dass

JV sein Studium beenden kann, bevor die MA ihre Einrichtungen dann doch wegen starker Zerstörungen nach Gießen, Döbeln und Breslau umzieht.

Allen Kriegsgeschehnissen zum Trotz: Bis im Oktober das letzte Semester, sein zehntes, angeht, verbringen JV und seine Freunde Frühjahr und Sommer zwischen Studium und Segeln. Sobald sie ein Examensfach bestehen, geht es raus aufs Wasser, zum Beispiel auf den Schwielow-See. Und auch die Berge muss JV in Berlin nicht lange vermissen.

9.2.1. Erneuter Lehrgang bei den Gebirgsjägern

Eine zusätzliche und besonders willkommene Unterbrechung des Studiums bietet sich erneut mit den Gebirgsjägern. Auch in diesem Jahr findet, wie schon 1943, um Ostern ein Lehrgang der 'Heeres-San.Gebirgs-Schule, St. Johann i.T.' statt. Ihr Standquartier ist dieses Mal die Potsdamer Hütte im Fotschertal, in den Stubaier Alpen.

Rast mit den Vorgesetzten Zickgraf, Müller und Scheueregger von der MA.
Am Hüttenhang wird Verwundetentransport geübt, Ostern 1944.

„Aufstieg über herrliche Hänge zum Roterkogel, 2826m", schreibt JV zu Fotos im Album. Sie üben unter anderem Verwundetentransport. Bilder zeigen die Gebirgsjäger beim Anschnallen der Felle zum Aufstieg auf den Wildkopf, 2850 Meter. Dabei sind ihre „3 Chefs", die Stabsärzte Dr. Richard Müller, er ist auch Lehrgangsleiter, Dr. Zickgraf sowie Oberarzt Dr. Scheueregger. Gemeinsam machen sie „Gipfelrast auf dem Wildkopf – Hoch über den Wolken herrlicher Gipfelblick". Daran schließt sich der Kommentar an: „Verlockend liegt die einzigartige Abfahrt vor uns – die wir durch stäubenden Pulverschnee hinabbrausen!"

Am Ostersonntag dokumentiert JV mit Fotos: „Schwieriger Verwundetentransport vom Roterkogel. Das 'Opfer' wird durch die Steilrinne abgeseilt!"

Was das Studium betrifft: Dieses letzte Semester ist vollgepackt mit Prüfungen. Und zur Erholung unternehmen sie Segeltörns. Zu dieser Mischung aus Lernen und Freizeit hat JV ein eigenes kleines Fotoalbum angelegt. Das Motto heißt: „Der Sommer ist heiss – das Examen schwer – es locken die Havelseen!"

Zu Pfingsten stehen die Noch-Studenten in weißen Hosen und Hemden auf einem Segelboot, auch zwei Frauen sind bei ihnen. JV schreibt: „draussen im schönen Werder – (oh selige Zeit der Baumblüte!) – wird eine 20er Wanderjolle 'klar zum Segeln' gemacht." Freund Rudi Rättig ist der „sturmerprobte Käpt'n". Dabei auch „Reederin" Callam sowie Bert Hübner als „Fockgast". „Schnuck Callam – die einzige, die als 'wirkliche Jungfrau' bei totaler Flaute mit Erfolg am Mast kratzen darf!"

Zwei Bilder zeigen die Verlobten, denn: „Diesmal ist auch Gisela mit dabei! – kleine voreheliche Auseinandersetzungen am Mast – (keineswegs so bösartig, wie es den Anschein hat!) – doch: beim gemeinsamen Peilen zum Windstauder herrscht bereits wieder eitel Friede und Sonnenschein!"

Auf einem weiteren Foto sieht man Jonny, Klaus John, mit seiner frisch angetrauten Frau Liesel und cand. med. Bärbel von Stuckrad. JV scherzt über die zunehmende Bräune der Segler: „... die prüfenden Professoren sahen das weniger gern!!" Einmal auf dem Schwielow-See frischt der Wind auf und „es gab eine Havarie!" Sie flicken anschließend das gerissene Großsegel.

„Und wieder ein Examensfach mit 'sehr gut' bestanden – in bester Laune raus auf's Wasser."

Ein anderes Mal kommen auch Oberarzt Dr. Rudi Lukas mit seiner Verlobten und Ulla Hebbinghaus mit. Ulla ist JVs Cousine, Tochter seiner Tante Stella, die ältere Schwester seiner Mutter. Für die Ausflüge sind sie ihrer „braven Jolle" dankbar, „sie ermöglichte uns während des Examens manche Erholungsstunde!".

Ein besonderes sportliches Ereignis wird ebenfalls mit Fotos festgehalten: „Trotz Krieg und Bomben: Sportfest der M.Ak." Neben verschiedenen Wettkämpfen ist auch eine Disziplin dabei, die nennt sich „Handraketen-Werfen".

Bei der Militärärztlichen Akademie findet der Sport als ein ganz wichtiger Bestandteil von Studium und Freizeit oft große Beachtung bei höheren militärischen und medizinischen Vorgesetzten. Dieses Mal kommt sogar Walther Asal.

Walther Asal, Generalstabsarzt und Kommandeur der MA, verteilt die Preise.

Hintergrund
Walther Asal (1891 – 1987)
Asal ist Chirurg und Generalstabsarzt, ab 1909 Angehöriger der Kaiser-Wilhelms-Akademie für das militärärztliche Bildungswesen, im 1. Weltkrieg Bataillons- und Regimentsarzt. Im 2. Weltkrieg kommt er zur 'Panzerarmee Afrika'. Von August 1944 bis März 1945 ist er der dritte und letzte Kommandeur der Militärärztlichen Akademie in Berlin. Nach Kriegsende arbeitet er für die britische Militärregierung, kommt bis 1947 in britische Gefangenschaft. Nach seiner Entlassung bekleidet er von 1948 bis 1963 die Position als Chefarzt der Chirurgie und Ärztlicher Direktor des Krankenhauses Siloah der Diakonie in Pforzheim.

9.2.2. Dissertation in München

Seine Inaugural-Dissertation legt JV am 18. August 1944 an der Münchner Ludwig-Maximilians-Universität vor. Das Thema: 'Beitrag zur Frage der Gelenkkapselchondromatose – mit besonderer Berücksichtigung eines Falles aus der Münchener Chirurgischen Universitätsklinik.' Referent: Oberarzt Doz. Dr. med. habil. A. Kohler, leitender Arzt des Röntgeninstituts der Chirurgischen Universitätsklinik München. Die Arbeit ist im Format DIN A4 und umfasst 57 Seiten mit Schreibmaschine geschrieben. JV erhält für seine Doktorarbeit die Gesamtnote 'gut'. Beim handschriftlichen Originalmanuskript dieser Dissertation findet sich unter anderem ein zweiseitiges 'Extrablatt' der 'Deutsche

Allgemeine Zeitung', Berlin, vom Freitag, 21. Juli 1944. Der Artikel trägt den Titel 'Der Führer an die Nation' und den Untertitel 'Komplott völlig zusammengebrochen – Göring und Dönitz sprachen zur Truppe'.

Hintergrund
Attentat auf Hitler am 20. Juli 1944
Der vielleicht bedeutendste Umsturzversuch des militärischen Widerstands zur Zeit des Nationalsozialismus findet am 20. Juli 1944 statt. Hitler soll getötet werden, um einen Machtwechsel möglich zu machen. Der Wehrmachtsoffizier Claus Schenk Graf von Stauffenberg deponiert im Führerhauptquartier Wolfsschanze (bei Rastenburg, heute Kętrzyn in Polen) vor einer Besprechung eine Sprengladung. Hitler wird bei der Detonation jedoch nur leicht verletzt, andere in seiner Umgebung schwerer, es gibt vier Tote. Der Umsturzversuch scheitert. Die beteiligten Widerstandskämpfer sind Teil des Adels, der Wehrmacht und der Verwaltung. Über 200 von ihnen werden hingerichtet.

9.2.3. Staatsexamen

JV und seine Freunde legen am 26. Oktober das Staatsexamen ab, JV mit der Note 'sehr gut'. Bei einigen Prüfungen sind sie im Keller der Universität, während es Bombenangriffe gibt, erzählt er später. Am 20. November folgt die mündliche Prüfung. Die 'Urkunde über die Verleihung des Doktorgrades' mit dem Gesamturteil 'gut' wird ihm erst später in München verliehen, am 6. Oktober 1947. Also über drei Jahre, nachdem er seine Dissertation an der Uni München eingereicht hatte. Möglicherweise liegt dies an den Umbrüchen in Gesellschaft und Verwaltung nach dem Krieg oder an JVs persönlicher und beruflicher Orientierung beziehungsweise an seinen häufigen Ortswechseln in dieser Zeit.

Der Chronologie des Fotoalbums zum Jahr 1944 folgend, liest man im November den Eintrag „Nach Abschluss des Staatsexamens: Erholungstage in St. Johann i.T.". JV ist mit Werner Riedel unterwegs, einer der engsten Freunde. Nun sind sie zum wiederholten Male gemeinsam hier in den Bergen und genießen „Das vertraute Dorf in tiefem Schnee" sowie den Aufstieg zur Angerer-Alm am Kitzbühler Horn. Ab 1. November 1944 kommt JV, inzwischen Assistenzarzt der Wehrmacht, ins Reserve-Lazarett Hann. Münden 'Haus Weserland', auf die chirurgische Abteilung. Dort arbeitet er bis zum 15. Juni 1945. Da dies nun in die Nachkriegszeit fällt, wird später noch einmal darauf eingegangen. Vorerst ist noch Krieg.

Die letzten Monate 1943 und das jetzt ablaufende Jahr 1944 haben es für JV in sich: Doktorarbeit in München eingereicht, Bombardements in Kassel und Berlin, dort auch während heftiger Luftangriffe im Keller der MA das Staatsexamen erfolgreich abgelegt. Dazwischen gibt es Alpentouren mit Freunden und Gebirgsjägern, außerdem verschiedene Segeltörns.

Dann ist das Studium beendet.

Offenbar sehen seine Lehrer an der MA in Berlin zu diesem Zeitpunkt immer noch eine siegreiche Nachkriegszeit am Horizont, denn sein Stabsarzt meldet ihm, auch jetzt nach Hann. Münden, bezugnehmend auf eine 'Friedensdienststelle', dass seine Versetzung zur 'Geb.San.Abt.42, Geb.San.Staffel Innsbruck' mit Wirkung vom 1. 11. 1944 erfolgte.

Also ein ereignisreiches Jahr bis hierher – aber dabei bleibt es nicht.

9.2.4. Heirat

JV und Gisela heiraten am 16. Dezember 1944 in Kassel.

Neben dem Brautpaar (l.) Giselas Mutter Marie und JVs Vater Hans, rechts von ihnen Giselas Vater Curt und JVs Mutter Erna. Die Trauung findet im Kasseler Standesamt statt.

Um heiraten zu können, beantragen sie eine 'Eheunbedenklichkeits-Bescheinigung' beim Stadtgesundheitsamt, Abteilung Ehe- und Rassenpflege, die ihnen am 26. Juni 1944 zugestellt wird. Darin heißt es: „...daß auf Grund der vorhandenen Unterlagen Bedenken gemäß §1 Abs. 1 des Gesetzes zum Schutze der Erbgesundheit des deutschen Volkes (Ehegesundheitsgesetz) und des § 6 der Ersten Verordnung zur Ausführung des Gesetzes zum Schutze des deutschen Blutes und der deutschen Ehre vom 14. 11. 1935 gegen die Eingehung einer Ehe nicht bestehen. Diese Bescheinigung verliert ihre Gültigkeit am 28.12.1944." Außerdem benötigen sie eine 'Amtsärztliche Bescheinigung über die Untersuchung auf Eignung zur Ehe'. Die erhält JV von der Militärärztlichen Akademie, Scharnhorststrasse 35, in Berlin, unterschrieben vom Stabs- und Truppenarzt Dr. Stoll.

16. Dezember 1944: Hochzeitsfeier in der Kasseler Karthäuserstraße.

Vom 17. bis 23. Dezember unternimmt das Paar eine „Kleine Hochzeitsreise nach Friedrichroda in Thüringen", wie JV es nennt. Schon 1937, vor nun über sieben Jahren, waren sie dort, besuchten Giselas Eltern, die Urlaub in der

175

'Pension Herbst' machten, und Schwester Hildegard mit Tochter Marianne, die dort gerade zur Welt kam.

Noch vor der Hochzeit, gleich zum Examensende im November, meldet sich JV auf Befehl der Wehrmacht im Reservelazarett Hann. Münden. Es ist ja Krieg, und er wähnt sich mit diesem Schritt seinem Berufswunsch, Sanitätsarzt bei den Gebirgsjägern zu werden, wieder ein Stück näher. Gisela als seine Angetraute begleitet ihn jetzt. Für beide beginnt mit dem neuen Jahr 1945 auch eine neue Epoche, privat und beruflich. Doch bald wird ihnen klar, dass sie ihre bisherigen Pläne nicht verwirklichen können.

10. 1945-1953 Kriegsende – Neustart in Wolfhagen

Für JV beginnt die Zeit der beruflichen Orientierung und Niederlassung. Zwischen Studiumende, Oktober 1944 in Berlin, und der Selbstständigkeit mit eigener Praxis als Gynäkologe am Krankenhaus Wolfhagen, gibt es einige Schritte, Stationen und Hürden. Er arbeitet von Anfang 1945 in verschiedenen Krankenhäusern, Universitätskliniken und privaten Praxen, um die nötige Assistenzzeit für die Facharzt-Qualifikation zusammenzubringen, und natürlich auch, um Geld zu verdienen. Am Ende dieser Reise zeigt sich, wo er mit Gisela und dann drei Kindern eine Zukunft hat. 1953 sind alle Hindernisse überwunden, die Kleinstadt Wolfhagen in Nordhessen ist letztendlich der passende Ort für seine berufliche Karriere und die Familie. Bis dahin ist es aber noch ein weiter Weg.

10.1. Von Berlin nach Hann. Münden

In seinem Lebenslauf, den JV 1953 für eine Bewerbung schreibt, erwähnt er seinen Start ins Berufsleben im Jahr 1945: „Zum Beginn meiner ärztlichen Tätigkeit wurde ich als Assistenzarzt an das Reserve-Lazarett Hann. Münden verlegt, wo ich auf der Inneren und chirurgischen Abteilung arbeitete und bei Kriegsende, zum Oberarzt befördert, eine chirurgische Abteilung mit 180 Betten selbst leitete. Weihnachten 1944 heiratete ich die jüngste Tochter des bekannten Kasseler Orthopäden Dr. Möhring, bei dem ich nach meiner Entlassung aus der Wehrmacht vom 15. 6. 45 bis zum 31. 10. 45 als Assistenzarzt tätig war."

Sein Dienst im südniedersächsischen Hann. Münden dauert vom 1. November 1944 bis 15. Juni 1945. Am 2. November 44 erhält er vom Polizeipräsidenten Berlin und der Militärärztlichen Akademie die Urkunde zu seiner Bestallung als Arzt, allerdings gemäß der zu diesem Zeitpunkt noch gültigen Reichsärzteordnung mit einer Einschränkung: Ausübung in eigener Praxis erst dann, wenn 'Bestallungsurkunde' bescheinigt, 'Pflichtassistentenzeit und Landvierteljahr' geleistet sind.

Von seiner Arbeit und den Lebensumständen in Hann. Münden ist kaum etwas bekannt. Jahre später berichtet JV der Autorin einmal von bedrohlichen Erlebnissen Ende des Kriegs dort. Als er im Lazarett arbeitete und der Ort von den Amerikanern bombardiert und belagert wurde, sei er einige Male in Gefahr geraten, von Bomben und Gewehrkugeln getroffen zu werden. Er habe sich dann manches Mal schnell in einen Straßengraben werfen müssen, um dem Beschuss auszuweichen. Dann sind aber auch in Hann. Münden die Veränderungen spürbar.

JV (2. v. r.) im Reserve-Lazarett Hann. Münden, 1944-45.

Gisela und JV sind seit Dezember 1944 ein Ehepaar. Gemeinsam erleben sie das Kriegsende in Hann. Münden.

Hintergrund
Kriegsende in Hann. Münden, Deutschland und Europa

Für Südniedersachsen endet der Krieg bereits in der ersten Aprilhälfte 1945 mit der Eroberung Hann. Mündens durch die Amerikaner, ihrer Überquerung der Weser und ihrem Vormarsch auf Göttingen, das sich am 8. April fast kampflos ergibt. Es finden teils schwere Gefechte mit großen Verlusten auf deutscher Seite statt, aber auch nahezu kampflose Übergabe südniedersächsischer Städte und Dörfer, deren Bürger mit weißen Fahnen winken, sie an Fenstern und Türen anbringen, ihre Kapitulation deutlich machen.

Tausende Gefangene fallen den Amerikanern in den letzten Kriegswochen in die Hände. Zwar hatten die Deutschen zuvor die Brücken gesprengt, auch diejenigen über die Weser. Fast zehn Jahre nach ihrem Bau wird auch die Werratal-Autobahnbrücke in der Nacht des 6. April 1945 von einem deutschen Sprengkommando auf persönlichen Befehl Adolf Hitlers gesprengt. Doch die Amerikaner errichten Pontonbrücken, die sogar auch Panzer tragen können.

Das Göttinger Tagblatt schreibt siebzig Jahre später in seiner Ausgabe vom 4. Juni 2015: „Die deutsche Bevölkerung stand im Zwiespalt. Der Vormarsch der Alliierten machte ein Befolgen der Befehle, die Heimat bis zum letzten Mann zu verteidigen, immer absurder. Dennoch wurden Befehlsverweigerer bis in die letzten Kriegsstunden von deutschen Amtsinhabern und Militärangehörigen mit dem Tod bestraft." (Nachtwey 2015) Die Einwohner der Ortschaften beginnen jedoch schnell umzuschwenken. Sie lassen ihre Bilder von Adolf Hitler und dessen Buch 'Mein Kampf' verschwinden, hissen allerorten weiße Fahnen und begrüßen überschwänglich an den Straßenrändern die amerikanischen Soldaten.

Im Zweiten Weltkrieg bleibt Hann. Münden bis auf wenige Ausnahmen von direkten Kriegsauswirkungen und Kampfhandlungen verschont. Am 17. Mai 1943 erreicht die Stadt eine Flutwelle, ausgelöst von der Bombardierung der Edertalsperre durch die Engländer. Das Wasser richtet beträchtliche Schäden in der Stadt an, fordert aber keine Todesopfer wie in anderen Orten.

Am 30. und 31. März 1945 finden zwei amerikanische Luftangriffe auf Münden mit mehreren Toten und Verletzten statt. Ziel der Angriffe ist unter anderem die Gneisenau-Kaserne. In dieser 1935 fertiggestellten Pionier-Kaserne ist, wie auch in der damaligen historischen 'Plan-Schule', bis zum 28. März 1945 die Personalstelle des Oberkommandos des Heeres einquartiert. Deutsche Pioniere sprengen am 5. und 6. April 1945 kurz vor dem Eintreffen der vorrückenden amerikanischen Truppen auch alle Brücken im Stadtgebiet. Am 6. und 7. April nehmen amerikanische Truppen kämpfend die Stadt ein. Entsprechend der folgenden alliierten Abmachungen liegt die Stadt in der britischen Besatzungszone, am 20. Mai 1945 übernehmen sie britische Soldaten.

Kriegsende für Europa

Am 30. April 1945 erschießt sich Hitler in Berlin im 'Führerbunker', der sich unter der Neuen Reichskanzlei befindet. Am Abend desselben Tages erobert die sowjetische Armee das Reichstagsgebäude, das für die Sowjets als Symbol Hitlerdeutschlands gilt. Am 7. Mai unterzeichnet Generaloberst Alfred Jodl, Chef des Wehrmachtsführungsstabs, in der französischen Stadt Reims die bedingungslose Kapitulation aller deutschen Truppen. Die Kapitulation der Wehrmacht tritt am 8. Mai, 23.01 Uhr mitteleuropäischer Zeit in Kraft. Des Weiteren wird die Ratifizierung dieser bedingungslosen Kapitulation durch das Oberkommando der Wehrmacht sowie die Oberbefehlshaber von Heer, Luftwaffe und Marine vereinbart.

10.2. Nach dem Krieg

Gleichzeitig mit dem Ende seiner Arbeit im Lazarett Hann. Münden, am 15. Juni 1945, wird JV auch offiziell aus der Wehrmacht entlassen. Er gehört zu den 18,2 Millionen aktiven Wehrmachtsoldaten, über 3,7 Millionen kommen im Krieg um. Allerdings sind die tatsächlichen Gesamtverluste der Wehrmacht nur schwer zu beziffern, weil eine namentliche Vollerhebung der Todesfälle bislang (2022) nicht erfolgt ist.

Da er seine Vorstellung, nach dem (gewonnenen) Krieg Sanitätsarzt bei den Gebirgsjägern zu werden, nun nicht mehr verwirklichen kann, geht es jetzt darum, andere Möglichkeiten zu finden, den Arztberuf auszuüben.

Giselas Familie erweist sich dabei als sehr hilfreich. Wieder findet JV Anstellungen bei ihrem Vater und Bruder in der Kasseler Karthäuserstraße. Dort sind sie nach dem Krieg erst drei, dann vier Ärzte in einem Haus. Einige Familienmitglieder erinnern sich heute noch an die Klingelanlage an der Haustür:

1 x klingeln Dr. Curt Möhring, 2 x klingen Dr. Rolf Möhring, 3 x klingeln Dr. JV. Als Hildegards Mann Oskar kurz vor Weihnachten 1947 aus russischer Gefangenschaft zurückkommt, wohnt er ebenfalls dort. Auch er ist Arzt. Für Besucher seiner Praxis heißt es dann an der Eingangstür: 4 x klingeln.

Vom 15. Juni bis 31. Oktober 1945 ist JV bei Dr. med. Curt Möhring als Assistenzarzt in dessen chirurgisch-orthopädischer Heilanstalt tätig. Doch das kann keine Dauerlösung sein, denn er will nun Frauenarzt werden.

10.2.1. Assistenzarzt im Diakonissenhaus Kassel

JV bewirbt sich am Diakonie-Krankenhaus in Kassel. Dort stellt ihn Chefarzt Dr. med. Hans Baumgart als 1. Assistenzarzt ein. Diese Chance ergibt sich für JV, weil einer der Assistenzärzte bis dahin 'nicht aus dem Krieg zurückkommt', wie man damals sagt, und dessen Platz deswegen unbesetzt ist.

Von seiner Anstellung bei Schwiegervater Curt Möhring wechselt JV also dort hin. Ganze drei Jahre ist er im Diakonissenhaus, vom 1. November 1945 bis 31. Oktober 1948. Den wesentlichen Teil der Ausbildung zum Facharzt absolviert er hier. Wegen Überlastung und Erkrankung des Chefs Dr. Hans Baumgart kann JV, der deshalb häufig und längerfristig einspringen muss, selbstständig arbeiten.

Er leitet teilweise die Klinik und hält ausgedehnte Sprechstunden, nutzt zudem die Gelegenheit zur „Vervollkommnung operativer Techniken" und erlernt „vaginale Operationstechnik", wie Dr. Baumgart in seiner späteren

Gisela mit Barbara.

Beurteilung und Empfehlung für JV am 3. April 1949 schreibt (s. u.).

Zuvor kommt am 22. Juni 1946 im Diakonissenkrankenhaus das erste Kind von JV und Gisela zur Welt: Barbara Susanne. Nach der Geburt wird sie jedoch erst einmal Bärbel genannt.

Wieder auf Bergtour

„Erster Bergurlaub nach dem Krieg – September 1946 – Hintersee bei Berchtesgaden." JV ist erneut mit seinen alten Wegbegleitern Werner Riedel und dessen Frau Charlotte unterwegs, auch Otto Deppe und Rolf Stolowsky schließen sich ihnen an.

Werner, Charlotte und ihr 170 V.

Heiner und Olly reisen an.

Jeweils paarweise erreichen sie ihren Treffpunkt. JV schreibt: Während die einen mit ihrem „reizenden kleinen Mercedes 170 V" anreisen, wie Werner und Charlotte Riedel – auch sie heirateten inzwischen – kommen andere mit dem Motorrad, zum Beispiel Heiner Rietzkow und Frau Olly. Er selbst ist wohl mit seinem Motorrad dort. Denn das erste Auto gibt es erst einige Jahre später, etwa 1951, das ist ein Fiat Toppolino.

Gisela ist nicht auf den Fotos dieser Bergtour zu sehen, vermutlich bleibt sie mit Tochter Barbara, die gerade mal drei Monate alt ist, zuhause in Kassel. Die Freunde nehmen Quartier im Gasthof Auzinger in Hintersee. Den gibt es auch heute noch, inzwischen ist es ein großes Hotel.

Sie besuchen Ramsau, steigen zum Watzmann-Haus und zur Watzmann-Mittelspitze auf 2712 Meter, der Abstieg führt sie ins Wimbachtal. Sie machen Fotos vom 'Steinernen Meer', der Schönfeldspitze und von ihrer „Gipfelrast in herrlichem Sonnenschein".

Acht Monate später sind sie vom „21. Mai – 11. Juni 1947 abermals am schönen Hintersee", und es geht noch einmal zum Gasthof Auzinger, schreibt JV ins Album.

Gisela mit dem ersten Auto, ein Fiat Toppolino, 1951.

Jetzt ist auch Gisela mitgekommen, offenbar ohne die kleine Barbara, die nun knapp ein Jahr alt ist. Sie verbringen gemeinsam

181

Zeit am See und baden, unternehmen Ausflüge, beispielsweise zur Halsalm auf 1800 Meter.

Ein Besuch gilt dem Haus von Fritz Todt (1891-1942), er war in der SA Obergruppenführer, Reichsminister für Bewaffnung und Munition sowie als Bauingenieur unter anderem zuständig für den Bau der Reichsautobahnen. „Landhaus des ehem. Reichsministers Dr. Todt", steht unter dem Foto. Gisela und Jörg genießen eine Fahrt über den Königssee, wandern zur Schärtenalm, durch die Wimbachklamm und zum Hochplateau der Reiteralpe. In der Ramsau schauen sie sich die Fronleichnamsprozession an. Am Ende dieses Albums notiert JV, wie auch sonst nach Bergtouren, seine „Gipfeltabelle".

Rosel und Gisela (r.) vor dem Auzinger, Juni 1947.

Jagdhaus des ehemaligen Reichsministers Fritz Todt, Hintersee, im Juni 1947.

10.2.2. Erst 'Mitläufer', dann Amnestie

Der 'Entnazifizierungsprozess', den die Alliierten kurz nach dem Krieg in die Wege leiten, ordnet JV erst als 'Mitläufer' ein, dann fällt er jedoch wegen seines Alters unter die sogenannte 'Jugendamnestie'.

Hintergrund
Ende von Wehrmacht und NSDAP
Die Wehrmacht wird Ende August 1945 aufgelöst. Ihre Soldaten sind damit entlassen, auch wenn in verschiedenen Regionen Europas Mitglieder der Wehrmacht selbst nach der bedingungslosen Kapitulation Deutschlands am 8. Mai 1945 noch nicht entwaffnet sind und ihre Kämpfe gegen die verschiedenen einheimischen Bevölkerungen einige Zeit fortsetzen. Zum wichtigsten Ziel erklären die Alliierten die Auflösung der NSDAP. Mit dem Zusammenbruch des NS-Staates stellt die NSDAP-Parteiorganisation ihre Tätig-

keiten ein. Am 10. Oktober 1945 verbietet das 'Kontrollratsgesetz Nr. 2' des Alliierten Kontrollrates die NSDAP mit allen Gliederungen und angeschlossenen Verbänden. Die Nürnberger Prozesse erklären 1946 die Partei zu einer 'verbrecherischen Organisation'.

'Entnazifizierung'

Als 'Entnazifizierung' bezeichnet man ab Juli 1945 jene Politik der vier Mächte USA, Frankreich, England und Sowjetunion, die darauf abzielt, die deutsche und österreichische Gesellschaft, Kultur, Presse, Ökonomie, Justiz und Politik von allen Einflüssen des Nationalsozialismus zu befreien. Entnazifizierung soll ein Maßnahmenbündel erreichen, das umfassende Demokratisierung und Entmilitarisierung beinhaltet. Doch wegen der damit zusammenhängenden Entlassungen (s.u. 'Der Fragebogen') entsteht Personalmangel an vielen Stellen, unter anderem in den Verwaltungen und Schulen. Außerdem bedeutet die Einrichtung von Internierungslagern, in denen rund 120.000 Personen inhaftiert sind, eine Belastung für den Demokratisierungsanspruch der amerikanischen Besatzungsmacht. Die in den elf Lagern der US-Zone auf ihre Entnazifizierung Wartenden erkennen keinen Zweck ihrer Festsetzung, die Überprüfung funktioniert nur schleppend und unsystematisch. In allen vier Besatzungszonen laufen zudem ganz unterschiedliche Prozesse zur Entnazifizierung, was den eigentlichen Zielen nicht entspricht.

Anfang 1946 erlassen daher die Amerikaner das 'Gesetz zur Befreiung von Nationalsozialismus und Militarismus' und geben damit alles in deutsche Hände. Dieses 'Befreiungsgesetz' sucht den Kompromiss zwischen dem Diskriminierungs- und Strafgedanken einerseits und der als notwendig empfundenen Rehabilitierung. In allen Zonen setzt sich in der Folge die Idee der Rehabilitierung nachhaltig durch. Die hiermit zunehmend betriebene Umwidmung von Schuldigen in Unschuldige, die Entlastung ursprünglich 'schwer Beschuldigter', die zu 'Mitläufern' werden, zeigt sich allerdings bald als Fehlschlag des ganzen Unternehmens.

Täter-Kategorien – 'Mitläufer'

Die alliierten Siegermächte beschließen zwar im Sommer 1945 auf der Potsdamer Konferenz allgemeine Grundsätze zur 'politischen Säuberung' Deutschlands, einigen sich jedoch nicht auf gemeinsame Verfahren und Zielvorgaben. Jede Besatzungsmacht geht, ihren eigenen Interessen folgend, mit unterschiedlicher Härte auf der Basis verschiedener Grundregeln vor. In den westlichen Zonen kommt es zu über 5000 Verurteilungen. Dabei sind etwa 800 Todesurteile, von denen knapp 500 vollstreckt werden. In den drei Westzonen wird über die 2,5 Millionen Deutschen, deren Verfahren bis 31. Dezember 1949 durch die überwiegend mit Laienrichtern besetzten Spruchkammern entschieden war, wie folgt geurteilt: 54 Prozent von ihnen gelten als 'Mitläufer', für 34,6 Prozent wird das Verfahren eingestellt, 0,6 Prozent werden als NS-Gegner anerkannt, 1,4 Prozent zu 'Hauptschuldigen' und 'Belasteten' erklärt.

Das Verfahren der Entnazifizierung unterscheidet fünf Kategorien, in die man die Betroffenen einteilt: Hauptschuldige, Belastete, Minderbelastete, Mitläufer, Entlastete. Mitläufer ist, „wer nur als nomineller Parteigänger an der nationalsozialistischen Gewaltherrschaft teilgenommen oder sie unterstützt hat", insbesondere „wer als Mitglied der NSDAP oder einer ihrer Gliederungen lediglich Mitgliedsbeiträge bezahlt, an Versammlungen, deren Besuch obligatorisch war, teilgenommen oder unbedeutende oder laufende Obliegenheiten, wie sie allen Mitgliedern vorgeschrieben waren, wahrgenommen hat", oder aber, „wer als früherer Angehöriger der Wehrmacht auf Grund seiner Fähigkeiten die Ziele der Alliierten gefährden könnte". An jede Stufe des Beteiligtseins sind Strafen geknüpft. Mögliche Maßnahmen gegen Mitläufer sind bestimmte Meldeauflagen und Aufenthaltsbeschränkungen, der Verlust des passiven Wahlrechts, bestimmte Einschränkungen der beruflichen Tätigkeit sowie die Auflage von Zahlungen an einen Wiedergutmachungsfonds.(s. Historisches Lexikon Bayerns: 'Entnazifizierung'.)

In den drei westlichen Besatzungszonen enden über ein Drittel der Verfahren mit einer Einstufung als 'Mitläufer', allein in der französischen Zone sogar mehr als die Hälfte. Nordwestdeutschland gehörte zur britischen, Südwestdeutschland zur französischen, Hessen, Bayern und Sachsen zur amerikanischen und Ostdeutschland mit Thüringen und Berlin zur sowjetischen Zone.

Einige Historiker, die die Vorgänge der sogenannten 'Entnazifizierung' untersuchen, sehen darin eine 'halbherzige Vorgehensweise' und kritisieren die Ergebnisse: Viele der tief in die NS-Vergangenheit verstrickten 'Mitläufer' können in der Bundesrepublik Deutschland nach 1949 unbehelligt Karriere machen. Mit sogenannten 'Persilscheinen', die ihnen (mutmaßliche) Opfer des Nazi-Regimes für die beurteilenden Kommissionen und Spruchkammern ausstellen, gehen viele in die Politik, Justiz, Verwaltung, zur Polizei oder an die Universitäten zurück, oft unter falschem Namen und häufig unter Mithilfe der Netzwerke alter Kameraden oder Seilschaften. So sind zum Beispiel zeitweise in den 1950er-Jahren mehr als zwei Drittel der leitenden Mitarbeiter des Bundeskriminalamts ehemalige Mitglieder der SS.

Verstärkt wird dieses Scheitern einer tatsächlichen Aufarbeitung der Vergangenheit noch dadurch, dass die amerikanische Außenpolitik ab 1946 ihren Fokus auf die Konfrontation mit der Sowjetunion setzt und auf einen 'Kalten Krieg' zusteuert. Sie will die Deutschen nicht durch konsequente Untersuchungen und Strafen in 'kommunistische Arme' treiben. In der sowjetisch besetzten Zone wiederum behauptet man, NS-Verbrecher seien nur im Westen zu finden. Die Briten wollen einen möglichst raschen und reibungslosen Wiederaufbau Deutschlands, legen also auf strenge Durchleuchtung keinen Wert, besetzen schließlich wieder alle Posten mit dem vorhandenen Personal. Und Frankreich hat mit der eigenen Vergangenheitsbewältigung und Verstricktheit mit dem Nationalsozialismus im Zusammenhang mit Marschall Pétains 'Vichy-Regierung' zu tun.

Der Fragebogen

Ein Element zu erfahren, wer im Nationalsozialismus Verbrechen begangen, sich an jüdischem Besitz bereichert oder tatkräftige Mithilfe bei diesen Vorgehen geleistet hatte, soll ein Befragungsformular sein, das auch unter der Bezeichnung 'Der Fragebogen' in die Geschichte eingeht. Diesen 'Fragebogen' mit 131 Fragen entwickeln die Amerikaner 1945 und verteilen ihn an rund 1,4 Millionen Deutsche in der amerikanischen Zone. Insgesamt werden mehr als 13 Millionen Deutsche, die über 18 Jahre alt sind, befragt. Es sind Fragen beispielsweise zur persönlichen Geschichte, politischen Einstellung, Mitgliedschaft in Organisationen. Etwa 900.000 Formulare kommen bis zum Frühjahr 1946 zurück und werden im März ausgewertet. Letztendlich erweist sich diese Mühe als vergeblich. Denn die Angaben sind unüberprüfbar, somit das ganze Vorhaben nicht besonders tauglich, um 'verbrecherische Nazis' von 'harmlosen Mitläufern' zu unterscheiden. Dennoch gibt es nach der Auswertung in der amerikanischen Zone 140.000 Entlastungen, in ganz Deutschland über 300.000.

Jugendamnestie

Im August 1946 erlässt die amerikanische Besatzungsmacht eine 'Jugendamnestie', die alle nach dem 1. Januar 1919 Geborenen erfasst und freisprechen soll, wenn nicht die begründete Annahme besteht, dass sie zur Kategorie 'Hauptschuldige' oder 'Belastete' gehören. Zusammen mit der 'Weihnachtsamnestie' für Kriegsbeschädigte und alle, die während der NS-Zeit nur geringe Einkünfte hatten, führt die Jugendamnestie dazu, die Zahl der juristisch zu verfolgenden Betroffenen um ungefähr ein Drittel zu senken.

Jugendamnestie für JV

Auch JV füllt einen Fragebogen aus. Die Auswertung stuft ihn als 'Mitläufer' ein. Wäre es bei diesem Urteil geblieben, hätte es ihm berufliche und finanzielle Schwierigkeiten bereiten können. Geboren im Juli 1919 fällt er jedoch unter die Jugendamnestie-Verordnung, was ihm das Hessische Staatsministerium, der 'Minister für politische Befreiung', am 21. Juni 1947 schriftlich bestätigt:

„Auf Grund der Angaben in Ihrem Meldebogen gehören Sie gemäß der Jugend-Amnestie-Verordnung vom 24. August 1946 zu dem Personenkreis, der unter die Jugend-Amnestie fällt. Ich habe deshalb das nach dem Gesetz zur Befreiung von Nationalsozialismus und Militarismus vom 5. März 1946 gegen Sie schwebende Verfahren eingestellt. Sollte sich herausstellen, daß die Angaben in Ihrem Meldebogen nicht der Wahrheit entsprechen, oder sollten gegen Sie Beschuldigungen vorgebracht werden, die den Verdacht aufkommen lassen, daß Sie Hauptschuldiger oder Belasteter sind, behalte ich mir vor, erneut Klage zu erheben. Der öffentliche Kläger - gez. Ebert." Demnach hatte es schon eine Anklage und ein 'schwebendes Verfahren' gegen JV gegeben. Doch jetzt kann er das hinter sich lassen und sich auf Beruf und Familie konzentrieren.

Einen weiteren Schritt voran kommt er am 26. November 1947, er erhält seine 'Lizenz zur Ausübung eines Heilberufes als Assistenzarzt'. Seine Ausbildung zum Facharzt will er jetzt zu Ende bringen.

Ende der Arbeit im Diakonissenkrankenhaus

Allerdings muss JV nach drei Jahren seine Position am Kasseler Diakonissenhaus wieder aufgeben. Sein Vorgänger auf der Stelle des Assistenzarztes überlebt Krieg und Gefangenschaft, kehrt im Herbst 1948 unerwartet zurück und bekommt seinen Arbeitsplatz wieder. Man hatte ihn für 'gefallen' gehalten, wie viele 'Vermisste', von denen lange keine Nachricht nachhause kam. Er teilte offenbar das Schicksal der schätzungsweise drei Millionen deutschen und österreichischen sogenannten 'Spätheimkehrer', die zwischen 1941 und 1945 in sowjetische Kriegsgefangenschaft geraten waren. In der 'Fünften Konferenz von Moskau' vereinbaren die Außenminister der Alliierten im April 1947, dass noch nicht freigelassene Kriegsgefangene bis Ende 1948 in ihre Heimat zurückkehren sollen.

JV wird also unvorbereitet arbeitslos, und er hat mit den drei Jahren am Kasseler Diakonissenhaus noch nicht die ausreichenden Nachweise für eine fachärztliche Qualifikation, um sich selbstständig zu machen.

Axel im Kasseler Garten.

Dafür ist in der Zwischenzeit das zweite Kind geboren, ebenfalls im Diakonissenhaus. Knapp zwei Jahre nach Barbara kommt Axel Hans am 4. April 1948.

Mit der Stelle am Diakonissenkrankenhaus hatten JV und Gisela eine beruhigende Existenzgrundlage. Alle Mitglieder von Giselas Familie wohnen gemeinsam in dem Kasseler Haus, man unterstützt sich gegenseitig auch finanziell, beseitigt miteinander die Kriegsschäden am und im Gebäude. Vier Ärzte unter einem Dach tragen die Kosten.

Für JV ist nun aber alles anders. Er hat eine Familie mit zwei Kindern, keine Arbeitsstelle, die Zukunftsaussichten sind ungewiss, damit die Sorgen groß.

In dieser Zeit verliert er innerhalb von etwa vier Wochen alle seine Körperhaare. Sie gehen ihm büschelweise aus. Er sagt später einmal, es hätte an Unterernährung, Vitaminmangel und psychischer Belastung gelegen. Eine weitere Ursache könnte eine Scharlach-Erkrankung sein. Diese Möglichkeit wird von einzelnen Familienmitgliedern erwogen, wovon er selbst gegenüber der Autorin jedoch nicht spricht. Vielleicht kommt alles zusammen. Da ist ja auch sein starker Konsum von Pervitin-Tabletten (heute 'Crystal-Meth'), mit denen er, wie viele Soldaten der Wehrmacht, für die Einsätze im Krieg von der Heeresführung reichlich versorgt worden war, um Herausforderungen wie Schlafmangel, Hunger, Mutlosigkeit und Schmerzen besser zu ertragen oder zu überwinden. Wie einige Untersuchungen zeigen, kann die Einnahme von Pervitin verschiedene Spätschäden zur Folge haben, darunter Haarausfall.

Zeit seines Lebens bleibt JV von nun an am ganzen Körper haarlos. Anfangs gehen damit psychische Probleme einher, denn er ist eitel und auf sein Äußeres sehr bedacht. Doch allmählich arrangiert er sich mit seiner 'Glatze', entwickelt gar aus hygienischen Gründen eine gewisse Abneigung gegen Haare, kann es aber auch mit Humor nehmen. Wenn seine Kinder mal ein Haar auf seinem Kopf entdecken, dürfen sie es unter großem Hallo ausreißen. Ohne Kopfhaar, Wimpern und Augenbrauen muss er sich fortan bei Kälte und Wärme besonders schützen. Mit seinem markanten Aussehen entwickelt er eine neue Eitelkeit, es bringt ihm Spitznamen ein wie 'Kojak' oder 'Meister Propper'.

JV geht also Ende 1948 gezwungenermaßen wieder auf Stellensuche. Dr. Hans Baumgart, sein Chef im Diakonissenkrankenhaus, kennt seine schwierige Lage und unterstützt mit einer schriftlichen Empfehlung seine Bewerbungen bei verschiedenen Krankenhäusern.

10.3. Berufliche Stationen – Facharzt – Wolfhagen

Es erfolgt eine Einladung von Prof. Dr. H. Martius als Gastassistent an die Frauenklinik der Universität Göttingen. Hier kann JV vom 1. November bis 15. Dezember 1948 arbeiten, „um meine fast beendete Fachausbildung abzurunden", wie er in seinem später verfassten Lebenslauf schreibt, sowie die „vorbildliche Göttinger Operationstechnik und Strahlentherapie kennenzulernen".

Gleich anschließend ist er vom 15. Dezember 1948 bis 31. Januar 1949 wieder beim Schwager Dr. Rolf Möhring in Kassel, assistiert ihm bei Operationen im Kinderkrankenhaus und „konnte sich Kenntnisse und Erfahrungen in der modernen Ultraschall-Therapie erwerben", wird ihm bescheinigt.

Mit Gisela wohnt er weiterhin im oberen Stockwerk des Hauses in der Karthäuserstraße, jetzt mit ihren beiden Kindern. Vielleicht hilft Gisela auch mal bei Vater oder Bruder aus, wenn eine Masseurin oder Heilgymnastin gebraucht wird.

Als nächstes arbeitet JV für zwei Monate, vom 1. Februar bis 31. März 1949, als Gastarzt an der Frauenklinik der Universität Marburg bei

Wohnraum von Gisela und JV.

Prof. Dr. C. Kaufmann, er ist auch Direktor der Klinik. Bei ihm assistiert er hauptsächlich in der gynäkologisch-operativen Abteilung, womit er nach eigener Aussage in seinem Lebenslauf seine Fachausbildung beendet.

1949 Assistentenstelle in Wolfhagen

Wieder beginnt ein neues Kapitel im Leben von JV. Auf welchem Weg genau er die Assistentenstelle im Waldkrankenhaus des Kreises Wolfhagen bekommt, ist bislang nicht gänzlich zu klären. Vielleicht hört er von der freien Stelle und bewirbt sich mit dem Empfehlungsschreiben seines Chefs im Kasseler Diakonissenkrankenhaus Dr. Hans Baumgart.

JV (hinten im weißen Kittel) im Kreis von Kollegen vor der Chirurgischen Abteilung des Wald-krankenhauses Wolfhagen - Prof. Carl Rohde vorne im weißen Kittel.

Da sich dieses Schreiben aber auch direkt an Erich Baumgart richtet, der mit einer Tuberkulosen-Heilstätte das Wolfhagener Waldkrankenhaus seit 1948 privat betreibt und die Abteilungen des Krankenhauses erweitern möchte, könnte man zwischen den beiden Baumgarts einen konkreten familiären Zu-sammenhang und somit eine ganz persönliche Empfehlung vermuten.

Ob Dr. Hans Baumgart und Erich Baumgart jedoch tatsächlich verwandt sind, ist bis zur Fertigstellung dieser Chronik nicht in Erfahrung zu bringen. Das ist allerdings auch nicht unbedingt nötig, da es sicherlich auch ohne eventuelle persönliche Beziehungen kollegiale Kontakte unter den Einrichtungen gibt und ihr jeweiliger Bedarf an Fachkräften bekannt ist. Kassel und Wolfhagen sind außerdem lediglich etwa dreißig Kilometer voneinander entfernt.

Direkt nach seiner letzten Stelle als Gastarzt an der Frauenklinik der Universität Marburg beginnt JV also in Wolfhagen am 1. April 1949 als 1. Assistent der 'geburtshilflichen-gynäkologisch-chirurgischen Abteilung'. Diese steht unter der Leitung von Professor Dr. med. Carl Rohde, obwohl er Chirurg und Orthopäde ist, somit keine Ausbildung zum gynäkologischen Facharzt besitzt. Erich Baumgart sieht Bedarf für eine Erweiterung der frauenärztlichen Betreuung in der Region, weshalb JV für ihn die ideale Besetzung ist.

Hintergrund
Waldkrankenhaus Wolfhagen

Das Krankenhaus am Rande des Wolfhagener Ortsteils Philippinendorf-Gasterfeld nimmt 1948 seine Arbeit auf. Zuvor werden die dort im Zweiten Weltkrieg errichteten ehemaligen Wehrmachtsunterkünfte (s. u. Hintergrund 'Muna') dafür umgebaut. Nach dem Krieg zeichnet sich schnell deutlicher Bedarf an medizinischer Versorgung kranker Menschen in der Region und der zusätzlich aufgenommenen Flüchtlinge ab. Die Lage kranker Menschen wird offenbar immer problematischer. Im sogenannten 'Waldkrankenhaus' richtet Ernst Baumgart zuerst die Tuberkulose-Heilstätte 'Schauinsland' auf privater Basis ein. Schrittweise entwickelt er die medizinischen Bereiche.

Waldkrankenhaus und Patientenzimmer. Fotos: Klinkhardt 2004

Die 'Muna'

Auf dem Gelände des Waldkrankenhauses befindet sich vorher eine Munitionsfabrik. Zu Beginn des Nationalsozialismus wird dort eine 'Lufthauptmunitionsanstalt' gebaut, von den Bürgern der Region 'Muna' genannt. Hier entsteht ab 1933 ein zuerst geheimes Munitionslager sowie eine Rüstungs- und Munitionsfabrik, insbesondere zum Aufbau der deutschen Luftwaffe. Produktionsstätten, Testgelände für Waffen, Wohnbaracken für über 1000 Arbeiter sowie zusätzlich viele Zwangsarbeiter und 'Fremdarbeiter' aus unterschiedlichen Ländern. Nur für einen Teil der Arbeiter baut man Baracken in der Muna, andere, die im Umland leben, werden mit Bussen und Lkw kostenlos zuhause abgeholt. Von Wolfhagen kann man aber auch per Bahn kommen, die extra für die Munitionsfabrik gebaut wurde und über den Anschluss am Wolfhagener Bahnhof eine direkte Verbindung zu verschiedenen Dörfern und nach Kassel herstellt. Auf den Fahrten zur Arbeit geht es zuweilen fröhlich zu, wie Zeitzeugen später berichten, und sie erzählen von einem Lied, das die Muna-Arbeiter selbst dichten und häufig auf den Transporten singen:

> „Frühmorgens, wenn die Hähne krähn,
> ziehn wir nach Gasterfeld.
> Die schöne Fahrt im Omnibus,
> die kostet uns kein Geld.
> Am Waldrand die Kontrolle
> spielt eine große Rolle.
> Der Ausweis muss in Ordnung sein,
> sonst kommen wir nicht rein.
> Ja, schön ist's im Gasterfeld,
> besonders freitags,
> dann gibt's Geld.
> Und kommen wir abends spät nach Haus,
> dann geben wir die Hälfte wieder aus."

(s. dazu die ausführliche Dokumentation des Regionalmuseums Wolfhagen zur Geschichte und Gegenwart der Munitionsfabrik. Klinkhardt 2004)

Am 31. März 1945 wird das Munitionslager in der Muna gesprengt. Schon lange zuvor plante man das, sobald sich 'Feinde' nähern würden, um diese nicht in den Besitz der Waffen und Munitionen kommen zu lassen. Es soll ein regelrechtes Inferno gewesen sein, wie Zeitzeugen berichten. Betonbunker bersten, unterirdische Produktionsstätten heben sich aus dem Boden und fliegen in Stücke, entwurzelte Bäume findet man hunderte Meter weiter. Die Druckwelle ist enorm. Fenster gehen auch einige Kilometer entfernt in Wolfhagen zu Bruch, unter anderem die der Stadtkirche St. Anna. Jedoch sind nicht alle Bunker der Munitionsfabrik von der Sprengung erfasst oder vollständig zerstört. In den Ruinen spielen bald Kinder, ohne zu ahnen, dass sie sich auf gefährlichem Gelände befinden, denn Munitionsreste, tiefe Löcher und einsturzgefährdete Bunker, Lagerstätten und Baracken sind offen zugänglich. Zwar wird nach der Detonation das Gebiet nach explosiven Resten abgesucht, doch kann lange Zeit nicht alles gefährliche Material gefunden und weggeschafft werden. Bis ins neue Jahrtausend findet man weitere Munitionsreste, und noch Jahre nach der Sprengung ereignen sich zufällig oder bei der Suche danach zahlreiche Unfälle, etliche auch mit Todesfolge. 1946, nach erster Entmunitionierung des Geländes, sind einige der Wohngebäude wieder begehbar.

In die Häuser zieht das Krankenhaus ein. Doch schon einige Jahre später, 1952, zeichnet sich abermals Nutzungsänderung ab: Die Bundeswehr plant, 1960 die Gebäude des Waldkrankenhauses zu übernehmen, dort die 'Pommern-Kaserne' einzurichten und mit etwa 2000 Soldaten und ihren Familien einzuziehen. (Informationen unter anderem entnommen dem umfangreichen Buch von Dr. Paul Görlich zur Geschichte Wolfhagens. Görlich 1980)

10.4. Familienalltag – Niederlassung mit Hindernissen

Vom 1. April bis 30. Juni 1949 ist JV Gastassistent im Wolfhagener Waldkrankenhaus, dann vom 1. Juli 1949 bis 31. Juli 1950 Assistent auf der chirurgisch-geburtshilflich-gynäkologischen Abteilung.

Zuerst bezieht er ein Zimmer dort, Gisela bleibt mit den beiden Kindern noch in Kassel. Mitte 1950 holt er alle zu sich, dauerhafte Beschäftigung und eine gewisse finanzielle Grundsicherung zeichnen sich ab. Er findet eine Wohnung gleich in der Nähe seiner Arbeitsstätte. Für Herrichtung, Umzug und Einrichtung nimmt er 6.000 DM bei Kreditinstituten und beim Krankenhaus auf. Viele Jahre später erzählt er einmal der Autorin, er habe 5.000 Mark von Landrat Hermann Rühmekorf (Amtszeit 1949–1955) bekommen, „unter der Hand, damit ich bleiben kann". Aus welcher Kasse dieses Geld stammt, ist nicht bekannt. Doch Rühmekorf muss sich als Landrat unter anderem um die medizinische Versorgung seiner Bürger kümmern und schon von Amts wegen an der Niederlassung von Ärzten interessiert sein.

Bislang lautet JVs Adresse 'Waldkrankenhaus Wolfhagen'. Das neue Haus mit der Wohnung für seine ganze Familie gehört zum Ortsteil Wolfhagen-Philippinendorf, die Adresse ist nun 'Schanze 9'. Alle Vier ziehen in das zweistöckige Gebäude mit ausgebautem Dach, wo die Wirtsfamilie Gasch, die auch Hausbesitzerin ist, und gelegentliche Gäste wohnen. Den ersten Stock haben Gisela und JV mit ihren beiden Kindern für sich. Im Erdgeschoss betreiben Gaschs die Gaststätte 'Zur Schanze'. Frieda Gasch, ehemals Ranft, Jahrgang 1923, ist hier geboren. Während des Kriegs ist auch sie in der Munitionsfabrik dienstverpflichtet. Jetzt, Ende der 40er- bis in die 50er-Jahre, sind ihre Gäste im Gasthaus zum großen Teil die Patienten der Lungenheilstätte, die sich lediglich etwa 400 Meter entfernt befindet.

Aber auch Bewohner des benachbarten Philippinendorf kommen hierher. Die Kinder von Gisela und JV tummeln sich mit den beiden Gasch-Kindern Dieter und Sieglinde zwischen den Gästen. Sie besuchen diese auch in ihrer Heilstätte, zum Beispiel wenn sie mit den Freunden Kathi und Horst alte Zeitungen für eine Handschuh-Fabrik auf dem Muna-Gelände einsammeln. Dafür bekommen sie etwas Geld.

JVs und Giselas Wohnung über der Gaststätte besitzt Küche, Elternschlafzimmer, Wohnzimmer, Kinderzimmer. Vor ihrem Eingang, im Treppenflur, befindet sich das Badezimmer. Sie heizen mit Kohle, die im Keller gelagert ist.

Jeden Samstag kommen alle Kinder gleichzeitig in die Badewanne. Allerdings: Gaststätte unten, Familie oben – das geht nicht immer ohne Konflikte.

Manchmal sind die Gäste unten sehr laut, wenn die Kinder in ihrem gemeinsamen Zimmer direkt über der Gaststube schlafen sollen. Manchmal sind aber auch die Kinder beim Toben und Spielen unten gut zu hören. Dann dauert es nicht lange, bis ein deutliches Bummern von unten zu vernehmen ist.

Gaschs beschweren sich, indem sie mit dem Besenstiel an die Decke klopfen. Die Kinder oben sagen dann: „Achtung, Onkel Gasch kommt hoch!" Das wird zum geflügelten Wort und hält sich über Jahre, auch noch lange nach ihrem Auszug.

Taufe Sabine, Gisela (r.).

Für die Kinder ist es eine gute Zeit. Sie haben Spielkameraden, freies Gelände, viel Wald zum unkontrollierten Austoben.

Dabei ist dann auch Sabine, Autorin dieser Chronik. Sie kommt als drittes Kind von Gisela und JV am 25. Dezember 1950 im Wolfhagener Waldkrankenhaus auf die Welt. Nachdem ihre beiden Geschwister jeweils zwei Vornamen haben, bleibt es für Sabine bei dem einen. Die Zeiten werden moderner. Man brauche nicht mehrere Vornamen, die wären nur eine Belastung, sind sich Gisela und JV einig.

Dienstmädchen

Weil viele Frauen jetzt in den Nachkriegsjahren alleine sind, ausgebombt, ihre Männer verloren haben oder es nach dem Krieg überhaupt an Männern mangelt, suchen sie, zudem sie meist ohne Berufsausbildung sind, Arbeit und Wohnung im Tausch gegen Dienstleistungen. Beides finden sie unter anderem als Haushaltshilfen, damals sogenannte 'Dienstmädchen', zum Beispiel bei Familien mit Kindern. Gisela und JV nutzen ebenfalls diesen Komfort.

Bis Ende der 50er-Jahre stellen sie Dienstmädchen ein. Diese haben in der Regel ein eigenes Zimmer, das ist hier im Hause Gasch vorhanden. Es befindet sich nicht innerhalb der Wohnung, sondern im Dachgeschoss, wo auch die Wirtsleute mit ihren beiden Kindern leben.

'Dienstmädchen' passen in die Zeit und zu den Gewohnheiten wohlhabender Familien. Und sie passen zur Tradition der Familie JVs. Seine Eltern und Großeltern halten sich in Kassel schon immer ein Dienstmädchen, wie auch JVs

Mutter und ihre Vorfahren in St. Petersburg, die Dienst- und Kindermädchen anstellten. Sie passen ebenso zu dem Leben, wie es sich Gisela und JV als 'Arztfamilie' vorstellen. Die Mutter von drei Kindern soll nicht so viel arbeiten müssen. „Sie hat es nicht nötig", heißt es zur Begründung.

Die gesellschaftlichen Einstellungen und Rollenverteilungen, denen man schon in den Jahren zuvor begegnet, setzen sich fort: Die Frau ist Begleiterin des Mannes, Mutter der Kinder. Sie hat auch kein eigenes Geld, erhält monatlich einen Beitrag für den Haushalt.

Gisela arbeitet nun nicht mehr als Masseurin, was sie allerdings vermisst. Sie sorgt sich zwar maßgeblich um ihre Kinder und den Haushalt, hat aber viel Hilfe vom Dienstmädchen und dadurch auch freie Zeit, beispielsweise für Reisen. Als Arztfrau soll sie neben ihrem Mann 'eine gute Figur abgeben', wie man sagt. Die Frau ist 'Hausarbeiterin', sie hat das Sagen in ihrem eigenen Reich, ist Chefin einer Hausangestellten, sofern es sich um eine 'gesellschaftlich besser gestellte Familie' handelt.

Für Gisela und JV bildet sich hier der Charakter ihres zukünftigen gemeinsamen Lebens heraus. Er arbeitet, sie bleibt zuhause. Sie können es so einrichten, dass sie Zeit für sich, für Freunde, Reisen und Feiern haben.

Sie reisen, sobald es ein Urlaub von JV möglich macht. Am liebsten ein Mal im Winter und ein Mal im Sommer, in die Berge, ans Meer und an die Seen. Wieder werden Bilder ihrer Erlebnisse liebevoll in Fotoalben geklebt.

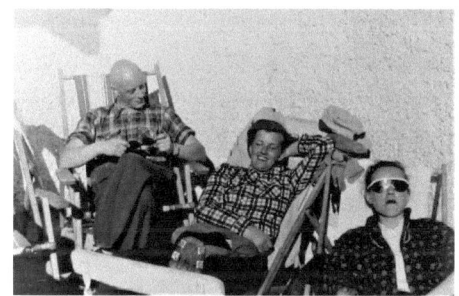

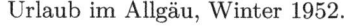

Urlaub im Allgäu, Winter 1952.   Gisela am Luganer See, Sommer 1953.

1952 sieht man sie im Allgäu, unter anderem bei der 3. internationalen Skiflugwoche in Oberstdorf. 1953 zelten sie am Zürichsee und am Brienzer See. Sie besuchen das „Bergsteiger-Paradies" Zermatt, wie es JV nennt, blicken zum

Matterhorn, weiter geht es nach Locarno an den Lago Maggiore. JV fotografiert
das „Paradies Ascona". Die Berge sehen sie sich jetzt aus der Ferne an.

JV vor dem Monte-Rosa-Massiv, Sommer 1953.

Diese Reisen unternehmen sie in einem Brezel-Käfer. Ab Anfang der 50er-
Jahre haben sie außer JVs Motorrad auch ein Auto, vor dem Käfer war es der
Fiat Toppolino. Das Dienstmädchen macht die persönlichen Freiheiten möglich,
sie ist immer zuhause und kümmert sich um die Kinder.

Natürlich ist es wichtig, dass es sich mit diesen und seinen Arbeitgebern gut
versteht. Wenn es mit einem Dienstmädchen nicht klappt, wird ein anderes
eingestellt. Viel verdienen diese Haushaltshilfen nicht, neben Zimmer und
Essen gibt es noch ein Taschengeld. Ihre 'Freizeit', wenn man überhaupt davon
sprechen kann, ist knapp bemessen.

Zulassung zur Kassenpraxis

Am 13. Dezember 1949 stellt JV an die Ärztekammer Kassel einen Antrag
auf 'Anerkennung als Facharzt für Frauenkrankheiten und Geburtshilfe'. In
der schriftlichen Antwort der Ärztekammer zehn Tage später heißt es, die
„Ausbildung am Hessischen Diakonissenhaus läßt nicht klar erkennen, daß Sie
die große Gynäkologie beherrschen. Nur wenn Dr. med. Baumgart bestätigen

kann, daß Sie in der Lage sind, alle einem Fachgynäkologen vorkommenden Ereignisse zu beherrschen, z.B. eine Wertheim'sche Radikaloperation auszuführen, kann einer Anerkennung nähergetreten werden. Die Gastarzttätigkeit ist auf die Facharztausbildung nicht anzurechnen, da sie keine selbständige Assistententätigkeit darstellt. Zur Frage des Pflichtassistentenjahres wird noch eine grundsätzliche Entscheidung der Landesärztekammer eingeholt."

Anerkennung als Facharzt

Doch am 23. Januar 1950 ist es endlich so weit: Die Ärztekammer Kassel hat die Unterlagen geprüft und anerkannt. All die letzten Jahre als Assistenzarzt in den verschiedenen Kliniken und Praxen addieren sich. JV erhält seine Anerkennung als Facharzt für Frauenkrankheiten und Geburtshilfe.

Im Mai dieses Jahres bittet JV um kassenärztliche Beteiligung, weil Erich Baumgart plant, ab 1. Juli eine gynäkologische Abteilung einzurichten. Also könnte JV eine eigene Facharzt-Praxis innerhalb des Waldkrankenhauses betreiben und kündigt die bisherige Anstellung. Zu dieser Veränderung schreibt ihm sein Chef Dr. Rohde ein Zeugnis: „Im Juli 1950 führte er neben seiner Assistententätigkeit auf der chirurgischen Abteilung die geburtshilflich-gynäkologische Abteilung selbständig ... Herr Dr. V. ist mit dem Abschluss seiner chirurgischen Ausbildungszeit aus der chirurgischen Abteilung ausgeschieden um sich selbständig zu machen."

Während der Zeit, in der JV im Waldkrankenhaus Wolfhagen als Assistenzarzt angestellt ist, wird er auch zum Oberarzt ernannt. Es ist ein koordinierter Prozess: Am 1. Juli 1950 wird auf Wunsch der Ärzte des Kreises, der Behörden, des Krankenhausleiters Erich Baumgart sowie der Bevölkerung die geburtshilfliche Abteilung von der chirurgischen abgetrennt. JV bekommt vom Kostenträger Heilstättengesellschaft m.b.H., deren Geschäftsführer Erich Baumgart ist, die Leitung der neu eingerichteten geburtshilflich-gynäkologischen Abteilung übertragen. Er rechne „mit einer jährlichen Frequenz von etwa 500 Operationen, grossen und grössten operativen Eingriffen in der Geburtshilfe und Gynäkologie", schreibt JV. Belegarzt bleibt er weiterhin.

Schiedsamt stellt sich quer

Allerdings wird JVs Antrag auf Zulassung als Kassenarzt, um die Versorgung der Patientinnen auch im Sinne der AOK und der Stadtverwaltung sicherzustellen, vom 'Schiedsamt für ärztliche Angelegenheiten' aus Rechtsgründen abgelehnt. Die Begründung lautet wiederum, seine Qualifikation als Facharzt sei nicht hinreichend belegt. Zwischen Schiedsamt, Ärztekammer, JV und seinen Rechtsanwälten entsteht ein über zwei Jahre währender Rechtsstreit mit umfangreichem Schriftwechsel. Dass noch dazu gerade jetzt, Januar 1951, das Schiedsamt eine Kassenarztstelle für einen Frauenarzt in Wolfhagen ausschreibt, während JV noch um seine Zulassung zur Kassenpraxis kämpft, finden die Befürworter des Verbleibs von JV, zu denen Kollegen, Erich Baumgart und Wolfhagener Behörden gehören, weder nachvollziehbar noch korrekt. Das Schiedsamt sei im Besitz aller Unterlagen, die die Befähigung bezeugen könnten, so argumentieren JV und seine Anwälte. Außerdem nehme JV die zu vergebende Position schon seit über sechs Monaten selbst ein – zur Zufriedenheit aller Beteiligten. Oder vielleicht doch nicht aller?

In den Schriftwechseln werden aus verschiedenen Richtungen Vermutungen angedeutet, dass der Leiter des Waldkrankenhauses, Prof. Dr. Rohde, wegen persönlicher Gründe JVs Berufung hintertreibe. Es heißt, Rohde sei vielleicht neidisch auf JVs Erfolg bei Patientinnen und Kollegen. Rohde ist ja selbst kein Gynäkologe, hatte bis zu JVs Einstellung als Assistenzarzt auch nur die notwendigsten Operationen und Behandlungen in diesem Bereich selbst übernommen, aber gleichzeitig den Aufbau einer zusätzlichen Frauenabteilung verhindert – mit dem Argument, es bräuchte diese nicht, ihm würde die Arbeit zu viel und der Bedarf sei zu gering. Allerdings ist eine Frauenabteilung seit Beginn Teil des Krankenhauskonzepts von Erich Baumgart. Zudem wächst die Bevölkerung nach dem Krieg rasant. Die nächsten kleinen Krankenhäuser, an die sich Frauen wenden können, befinden sich in den benachbarten Ortschaften Volkmarsen und Naumburg, schwierigere Operationen sind überhaupt nur in Kassel möglich. Um der AOK hohe Fahrtkosten und den Frauen unnötige Wege zu ersparen, sei nun eine eigene Wolfhagener Frauenabteilung sinnvoll und nötig, so die Argumente der Befürworter. JV schreibt, er sei der einzige Fach-Gynäkologe im Kreis Wolfhagen, im Einzugsgebiet lebten etwa 40.000 Einwohner, seine frauenärztliche Abteilung vergröße sich laufend.

Das Schiedsamt vertagt im November 1950 zunächst die Genehmigung einer Kassenpraxis für JV wegen seiner fortdauerenden Zweifel an seiner Facharzt-Qualifikation.

Im Januar 1951 wird also die Kassenarztstelle, die von JV eigentlich schon besetzt ist, ausgeschrieben. Er bewirbt sich im März mit der Begründung, er sei seit April 1949 1. Assistenzarzt und Oberarzt, seit 1. Juli 1950 Leiter der neu eingerichteten geburtshilflich-gynäkologischen Abteilung, außerdem liefen schon der Aufbau einer Fachabteilung und seine Niederlassung als Frauenarzt.

Allerdings gibt es zwischenzeitlich mindestens eine weitere Bewerbung auf die Ausschreibung, sie kommt von Dr. Hansen aus Wildungen. Da dieser aber dort eine feste Stelle, Familie und ein Wohnhaus hat, wird vermutet, dass sich Hansen nur pro forma in Wolfhagen bewerbe, um über diesen Umweg selbst seine Kassenzulassung zu erhalten – aber dann wieder nach Wildungen zurückgehe.

JV schreibt seinem Anwalt, er sehe sich als Opfer „einer üblen Quertreiberei" ... bislang habe er den Beteuerungen des Schiedsamts und der Kollegen Glauben geschenkt, „dass persönlich nichts Nachteiliges gegen mich vorliege und insbesondere von Seiten des Prof. R. keinerlei Einmischungsversuch oder gar Verleumdung erfolgt sei". Hiermit ist Dr. Rohde gemeint. Der Verdacht wird noch einmal deutlich: Eventuell gönne Rohde wegen JVs größerer Fachkenntnisse in der Gynäkologie, seiner Facharztausbildung und Beliebtheit bei Patientinnen diesem eine Position als Kassenarzt nicht und habe deswegen die Behauptung aufgestellt, JV hätte (noch) keine Lizenz als Facharzt. Damit kommt dann also das Schiedsamt wieder ins Spiel, das im weiteren Verlauf der Auseinandersetzung jedoch selbst in Verdacht gerät, verdeckte eigene Interessen zu verfolgen.

Denn zum Beispiel bewirbt sich Dr. Hansen zeitlich zu spät, weshalb JV und Rechtsanwalt Stückrath hier eine unrechtmäßige Einflussnahme des Schiedsamts zugunsten des Bewerbers vermuten und auch aus diesem Grund über Einspruch nachdenken. Zudem werde von der AOK und anderen Stellen bestätigt, dass es gar keine weitere Einstellung eines Gynäkologen bräuchte, da durch JV der Bedarf ausreichend gedeckt sei.

Dr. Rohde äußert schriftlich gegenüber dem Schiedsamt den Wunsch, ihm keinen anderen Arzt an die Seite zu setzen. Wegen seiner wirtschaftlichen und familiären Lage wolle er lieber alleine bleiben. Außerdem sei finanziell die Niederlassung von zwei Ärzten nicht tragbar, ebenso wenig brauche es eine eigene Abteilung. Er verweist auf die Gynäkologen Dr. Bertram in Volkmarsen und Dr. Schlagetter in Naumburg.

Dieses Ansinnen Rohdes beachtet das Schiedsamt jedoch nicht und will Dr. Hansen nach Wolfhagen holen. Im März 1951 ist aber nicht sicher, ob dieser überhaupt nach Wolfhagen kommen würde, wenn er die dortige Situation kennenlernt und eventuell doch lieber eine Stelle in Witzenhausen ins Auge fasse, für die er ebenso vom Landesschiedsamt die Zulassung erhalten könnte.

Im April 1951 schreibt JV an Rechtsanwalt Dr. Stückrath in Kassel, dass Dr. Hansen die Zulassung für Wolfhagen bekommen habe, er aber „nicht die Flinte ins Korn werfen", sondern „mit vollen Segeln und bestens vorbereitet in die Revision gehen" wolle. Die rechtliche Auseinandersetzung zwischen Rechtsanwälten und Schiedsamt ziehen sich bis in den Sommer 1952. Im Juli dieses Jahres wird die Ausschreibung der Kassenarztstelle aufgehoben, Hansen ist nicht mehr im Spiel. Stückrath schlägt nun vor, erneut den Antrag auf JVs Zulassung zur Kassenpraxis zu stellen.

JV bewirbt sich in Northeim

Ständige Verschiebungen der Entscheidung sind vermutlich zermürbend und die Unsicherheit für die Familie groß. Das könnten Gründe sein, warum sich JV am 24. Januar 1953 um die Stelle des leitenden Arztes der gynäkologisch-geburtshilflichen Abteilung des städtischen Krankenhauses der Stadt Northeim bewirbt. Northeims Stadtdirektor antwortet allerdings am 4. März dieses Jahres: „Aus der Vielzahl der vorliegenden Bewerbungen ist die Wahl auf einen anderen Bewerber gefallen, so daß Ihre Bewerbung unberücksichtigt bleiben mußte. Es wird bedauert, Ihnen keinen günstigeren Bescheid geben zu können."

Doch im Wolfhagener Waldkrankenhaus tut sich inzwischen einiges, wodurch sich für JV die Situation grundlegend ändert. Schon im August 1952 gibt es wieder Beschwerden von Patienten wegen „mangelnder Verpflegung und schlechter Organisation", wie es in Paul Görlichs Geschichte Wolfhagens heißt. Drei Jahre zuvor, 1949, kam es sogar schon mal „zu einer Demonstration vor dem Verwaltungsgebäude, die von der alarmierten Gendarmerie zerstreut werden mußte". Um weitere Zuspitzung zu vermeiden, fasst man nun entscheidende Änderungen für das Waldkrankenhaus ins Auge.

„Der Kreistag beschloß am 29. Juni 1953, das Haus in die Regie von Kreis und Stadt Wolfhagen zu übernehmen. Der Kreisausschuß sollte den Übergabevertrag aushandeln", schreibt Görlich. Dabei geht es ums Inventar und die Lagervorräte. Offizielle Übergabe des Waldkrankenhauses ist dann am 4. Juli. „Damit wurde ein Schlußstrich unter eine wenig erfreuliche Geschichte dieser Anstalt gezogen."

Diese Vorgänge erweisen sich für JV als entscheidend. Denn während das Schiedsamt das Urteil über seine Zulassung bis zu einer neuen Verhandlung im November 1953 wieder einmal aufschiebt, wird er in diesem Monat vom Landrat, der jetzt Vorsitzender ist vom 'Kreis- und Stadtkrankenhaus', wie das Waldkrankenhaus nun heißt, rückwirkend zum 1. Juli 1953 als leitender Arzt der gynäkologisch-geburtshilflichen Abteilung angestellt.

Ab Oktober erhält er ein monatliches festes Gehalt von 300 DM. „Darüber hinaus bleibt Ihnen die Ausübung der privat- und kassenärztlichen Tätigkeit in den Räumen des Krankenhauses gestattet." Man müsse noch den Zweckverband offiziell gründen, der „wird dann sofort mit Ihnen einen schriftlichen Vertrag auf dieser Grundlage abschliessen", schreibt Landrat Rümekorf am 25. November 1953.

Das Schiedsamt will JVs Angelegenheit am 2. Dezember wieder besprechen, bis dahin solle er einen „festen Vertrag" liefern. Der Zweckverband „Kreis- und Stadtkrankenhaus Wolfhagen" beschließt, wie zuvor vereinbart, die Anstellung JVs ab 1. April 1954, der Landrat unterschreibt den Vertrag am 30. Dezember 1953. Fast sechs Jahre später, am 25. Mai 1960, stimmt der Zulassungsausschuss für Ärzte JVs Antrag auf Zulassung zur Kassenpraxis zu, „mit Wirkung vom 1.8.1960".

Das hat er nun geschafft.

Weil es sich deutlich zeigt, dass das Krankenhaus in Philippinendorf-Gasterfeld für den wachsenden Bedarf nicht mehr ausreicht, beginnt 1958 die Planung eines Neubaus. Ein Krankenhaus mit 120 Betten und ein Schwesternhaus seien notwendig, ist das Ergebnis einer Besprechung unter Vorsitz des Regierungsdirektors. Als Bauplatz wird das Gelände am 'Kleinen Ofenberg' am südöstlichen Rand von Wolfhagen bestimmt. Baubeginn ist im November 1959, Richtfest am 1. Dezember 1960.

Görlich berichtet weitere Details in seinem Buch: „Am 30. Oktober 1961 wurden Krankenstation und Bettenhaus übergeben, und mit dem 1. November wurde auch einer der Operationssäle eingerichtet. Gleichzeitig wurde noch im alten Krankenhaus in vollem Umfange und ohne jede Einschränkung weitergearbeitet. Am 27. und 28. November 1961 zogen die Patienten in das neue Krankenhaus am Kleinen Ofenberg um. Den Krankentransport besorgten die Männer der DRK-Hilfszugszentralstaffel, den Materialtransport die Bundeswehrgarnison Wolfhagen. Am 29. November 1961 wurde das alte Krankenhaus geschlossen, das Gebäude an die Bundesvermögensverwaltung zurückgegeben und für die Verwendung durch die Bundeswehr vorbereitet. Am 21. Mai 1962 wurde das neue Haus offiziell seiner Bestimmung übergeben. Mit Ablauf des Jahres 1969 wurde der Zweckverband Kreis- und Stadtkrankenhaus Wolfhagen aufgelöst. Ab 1. Januar 1970 hat der Landkreis Wolfhagen die alleinige Trägerschaft übernommen."

Wolfhagen: Vorne das neue Krankenhaus. Jenseits der Stadt, hinten Mitte, Philippinendorf, ehemaliges Waldkrankenhaus und das Wohngebiet 'Schanze'.

Die Gebäude des alten Waldkrankenhauses auf der Muna werden in die Pommern-Kaserne integriert, die 1960 in direkter Nachbarschaft mit Truppen- übungsgelände und Wohnhäusern für 2000 Soldaten entsteht.

Freimaurer werben um JV

Zwischenzeitlich stellt sich für JV eine aus seiner Sicht eher unbedeutendere Frage. Die Kasseler Freimaurer der Johannisloge 'Zur Freundschaft' schicken ihm im Mai 1951 einen Aufnahmeantrag aufgrund einer „Anregung unseres Mitgliedes Fabrikant Hans Vetter". Wie Vater Hans ist auch Bruder Jochen schon lange in dieser Loge (s. auch Kapitel 1).

Am 12. Juni füllt JV das mitgesandte Formular aus, worin er seine Bitte um Aufnahme wie folgt begründet: "Übereinstimmung mit den Zielen und Auffassungen der Logen, soweit diese mir bekannt sind." Er unterschreibt das Gelöbnis: „Ich gelobe, den Logengesetzen gehorsam zu sein und vor allem dafür einzustehen, daß politische, insbesondere nationalsozialistische oder mi- litärische Umtriebe aus unserer Loge verbannt bleiben. Ich werde alles tun,

JV in seinem Sprechzimmer des neuen Krankenhauses, um 1965.

um den Meistern, welche die Bürgschaft für unser Logenleben gegenüber den Besatzungsbehörden übernommen haben, in jeder Weise beizustehen und die von ihnen für uns alle übernommenen Verpflichtungen peinlichst auszuführen. Dies gelobe ich feierlich mit Handschlag über Bibel und Schwert."

Da diese Dokumente in JVs schriftlichem Nachlass zu finden sind, ist anzunehmen, dass er seine Anmeldung gar nicht abschickt. Vielleicht spricht er mit Vater und Bruder darüber, was eine Mitgliedschaft bedeuten würde. Tatsächlich wird er kein Freimaurer. Später sagt er der Autorin einmal, dass er die Einladung bekommen hätte, aber nicht beigetreten sei. Er wolle prinzipiell keinem Verein beitreten, um nicht zu abhängig zu sein. Regelmäßige 'Vereinstreffen', wie er es nennt, seien ihm unsympathisch, ebenso die häufigen Fahrten nach Kassel, die er dann auf sich nehmen müsste.

Ein neues Projekt

Zwei Jahre später, 1953, hat er dann sowieso einen Plan, der ihn neben seinem Beruf voll in Anspruch nimmt. Die berufliche Situation und die Zukunft sind auf absehbare Zeit gesichert, die Familie kann sich endgültig in Wolfhagen niederlassen. JV vertraut auf das beginnende Wirtschaftswachstum und baut ein Haus.

1955 Einzug in das neue Haus auf der Schanze.

A. Anhang – Ahnen von JV

A.1. Ahnentafel Jörg Vetter – Eltern, Großeltern, Urgroßeltern

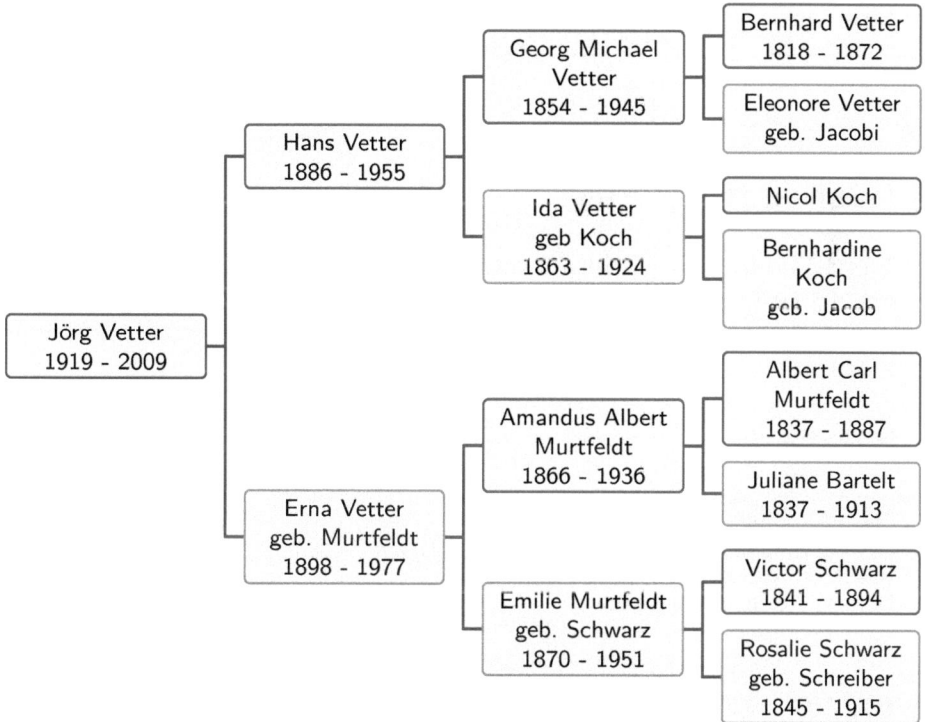

A.2. Genealogie: Familien Vetter und Murtfeldt
Johannes Georg Vetter, genannt Jörg (JV)

  * 03.07.1919   Kassel, Luisenstr. 2, Donnerstag, 16 Uhr
  † 24.04.2009   Wolfhagen

  JV ist evangelisch wie alle hier erwähnten Familienmitglieder.

Brüder

Albert Joachim Vetter

* 16.11.1920	Kassel
† 22.04.2002	Kassel

Klaus Vetter

* 08.11.1928	Kassel
† 19.07.2016	Neuhaus am Inn

Eltern

Bernhard Hans Vetter

* 14.12.1886	Schwarzwald, Kreis Sonneberg (Thüringen)
† 04.06.1955	Kassel

Braumeister

Geschwister

Martha – verheiratete Weinberger
Paula – verheiratete Adam
Helene – verheiratete Reichardt
Dora   – verheiratete Imm

Erna Marie, geb. Murtfeldt

* 18.08.1898	St. Petersburg / Russland
† 05.11.1977	Kassel

Nach damaligem russischen Kalender geboren am 5. August 1898. Dieser Kalender wurde im Februar 1918 umgestellt und mit dem westeuropäischen synchronisiert. Erna feierte ihren Geburtstag immer am 18. August, auch in Russland.
Konfirmation 26.10.1914 in St. Petersburg
Beruf: Übersetzerin Deutsch – Russisch – Französisch

Geschwister

Stella
Edith

Heirat
Hans und Erna heirateten am 6. Juli 1918 in Kassel.

Großeltern mütterlicherseits

Amandus Albert Murtfeldt

* 20.05.1866   Berlin
† 11.12.1936   Köln

Direktor einer Buch- und Verlagsgesellschaft in St. Petersburg

Emilie Natalie Marie, geb. Schwarz

* 19.03.1870   St. Petersburg
† 13.07.1951   Köln

Heirat
Amandus Albert und Emilie heirateten am 26.12.1890 in St. Petersburg

Kinder von Amandus Albert und Emilie

Stella – verheiratete Hebbinghaus (Köln)
Erna – verheiratete Vetter (Kassel)
Edith – verheiratete Hartig

Großeltern väterlicherseits

Georg Michael Vetter

* 08.08.1854   Hämmern Thüringen
† 15.05.1945   Haina Thüringen

Chemiker, Brauerei- und Gasthofbesitzer

Ida, geb. Koch

* 15.03.1863   Sonneberg Thüringen
† 18.12.1924   Neuhaus-Unterfranken

Brauereibesitzerin

Kinder

Hans	– Vater von JV – Kassel
Martha	– verheiratete Weinberger (Hamburg)
Paula	– verheiratete Adam (Haina Thüringen)
Helene	– verheiratete Reichardt (Berlin)
Dora	– verheiratete Imm (München)
Elise	– verheiratete Fritz
Victor	– wird nur 2 Monate alt

Urgroßeltern mütterlicherseits

Albert Carl Murtfeldt
* 10.07.1837   (?) Berlin
† 05.04.1887   St. Petersburg

Juliane Henriette Amalie Bartelt
* 1838   Berlin
† 1913   November St. Petersburg

Victor Schwarz
* 20.04.1841   Friedberg Frankfurt a.M.
† 25.08.1894   Friedberg Frankfurt a.M.
Druckereibesitzer in St. Petersburg

Rosalie Schreiber
* 03.08.1845   St. Petersburg
† 05.09.1915   Stockholm

Urgroßeltern väterlicherseits

Bernhard Martin Vetter
* 19.12.1818   Schwarzwald Thüringen (Seelenreg.: *Sonneberg)
† 25.10.1872   Schwarzwald Thüringen
Mahlmüllermeister, Bäcker, Farbgrubenbesitzer
Recherche ergibt: Er war vielleicht auch Brauerei-Inhaber in Schwarzwald/Forschengereuth.

Eleonore, geb. Jacobi
* unbek.   Hämmern Thüringen

† unbek.   Hämmern

Heirat

Eleonore und Bernhard heiraten am 6. Juli 1851 in Oberlind-Sonneberg/Thüringen.

Kinder

Bernhard und Eleonore bekommen 16 Kinder, davon sterben sieben in den ersten Lebensjahren. Bernhard Martin Vetter listet die Geburten seiner Kinder und ihren Todeszeitpunkt auf, sofern er diesen erlebte. Den Tod einiger früh gestorbenen Kinder kommentiert er mit ganz persönlichen Worten.

„Geburts- u. Sterbe-Register über meine Kinder, geführt von mir, Bernhard Vetter (Vater)."

1. Mathilde Therehsa
   * 26.04.1852

2. Maria Auguste
   * 05.03.1853
   † 08.08. 1856
   Sie war sanft, klug u. von gutem Herzen. Stets gedenke ich ihrer mit Wehmut und Liebe.

3. Georg Michael
   * 08.08.1854
   † 15.05.1945

4. Paul Max
   * 11.12.1855
   † 17.12.1855

5. Georg Bernhard Joseph
   * 3.3.1857

6. Paul Eduard Max
   * 08.08.1858
   † 05.08.1859

7. Carl Christian Cäcil
   * 13.04.1860

8. Caroline Wilhelmine Friederike Eleonore
   * 15.01.1862
   † 14.04.1869
   Unvergesslich bleibt mir dies gute Kind.

9. Eduard Otto
   * 25.06.1863
   † 19.02.1866
   Er war sanft und gut und stets gedenke ich seiner im Schmerz.

10. Friedrich Arthur
    * 10.10.1864

11. Gottlieb Alexander
    * 23.05.1866
    † 07.12.1866

12. Ernst Moritz
    * 07.06.1867

13. Julius Erwin
    * 16.10.1868
    in Schwarzwald, Thüringen

14. Carl Adolph
    * 16.01.1870
    † 25.03.1870

15. William Ferdinand Alfred
    * 05.04.1871

16. Marie Olga Helene
    * 17.03.1873
    † gegen 1905

Wenn nicht gesondert erwähnt (13), sind alle in Hammern geboren.

Bernhard Vetter ist mit knapp 54 Jahren gestorben, kurz vor der Geburt seines letzten Kindes – lt. Seelenregister in Hämmern „an Abzehrung".

Urgroßeltern väterlicherseits - Eltern von Ida Koch

Johann Nicol Koch
Schwarzwald, Thüringen
Schneidermeister

Bernhardine geb. Jacob
Schwarzwald, Thüringen
Brauereifamilie

Es gibt (auch heute noch) viele mit Namen Vetter und Jacob in der Region um Hämmern, aber es findet sich niemand mit dem Namen Koch (Stand 2018). Johann Nicol Koch und Bernhardine sind nicht im Seelenregister verzeichnet. Es kommen viele Bergleute durch diese Gegend, die sich nicht alle auf Dauer niederlassen. Vielleicht gehören die Kochs dazu. Weiter zurück führende Recherchen im Seelenregister und Archiv Hämmern ergeben: Ein Paul Jacob betreibt um 1730 die Schwarzwaldmühle, er bekommt 13 Kinder.

A.3. Erinnerungen an die Großeltern

Großeltern mütterlicherseits

Amandus Albert Murtfeldt: Was er gelernt oder studiert hat, ist nicht bekannt. Seine Tätigkeiten und Aufenthaltsorte sind zeitlich nicht genau feststellbar. Erinnerungssplitter: Betriebsleiter, Wohnort während des Krieges (1.Weltkrieg) in Berlin, später in Köln, dort auch gestorben. Wann und warum er nach Sankt Petersburg kam, wo er schließlich Direktor einer Buch- und Verlagsgesellschaft wurde, wissen die Enkel nicht. (s. A.4. Familie Murtfeldt in Russland)

JV: *„... 1945, nach dem Ende des 2. Weltkriegs, regt es ihn sehr auf, dass Amerikaner und Neger, wie er sagt, im Land waren. Er stirbt 1945 mit 91 Jahren. Er hatte einen guten Posten als Betriebsleiter in einer Papierfabrik bis Kriegsausbruch. .... Er war auch so etwas wie der 'Deutsche Konsul' in Sankt Petersburg."*

Großmutter Emilie Murtfeldt lebte in der Erinnerung von JV das 'normale' Leben einer damaligen Hausfrau, sie hatte keinen Beruf.

JV: *„Ich habe wenige Erinnerungen. Sie lebte wohl gedanklich noch in ihrem geliebten St. Petersburg. Sprach sehr gern und oft russisch.“*

Großeltern väterlicherseits

JV zur Familie seines Großvaters Georg Michael Vetter, der neben seinem Sohn, JVs Vater Hans, fünf Töchter hatte:

„... keinen Kontakt: nur Familie, und dann noch lauter Weiber ...“

„... nicht sehr eng ...“

„... man sah sich selten ...“

„Der Großvater selbst war öfter bei uns in Kassel zu Besuch, war ein sehr fröhlicher kleiner Mann, Typ 'ewiger Corpsstudent'. Das Bier schmeckte ihm – eben ein Vetter.“

Klaus: *„Er hat's mit der Arbeit nicht so gehabt, war aber sehr unterhaltsam.“* Die letzten Jahre lebte ihr Großvater Georg bei seiner Tochter Paula Adam (Frau von Oberlehrer Adam) in Haina bei Römhild/Thüringen (südwestlich von Suhl). Dort starb er auch.

JV: *„Die Großmutter haben wir kaum gekannt. Ist wohl früh in Neuhaus gestorben, wahrscheinlich an Dickdarmkrebs.“*

Recherchesplitter zur Familie in Thüringen

Kurze Chronik der Brauerei von Koch und Vetter in Schwarzwald, Thüringen:

1885 gegründet

1890 Brauerei 'Koch & Vetter' in Schwarzwald, Thüringen

1902 Brauerei 'Louis Jacob & Ida Vetter'

1910 Brauerei 'Georg Vetter'

Hintergrund

Familie Vetter in Thüringen

Klaus (Bruder von JV) ist 1996 persönlich auf der Suche nach Spuren der Familie Vetter in Thüringen. Er berichtet darüber Folgendes:

„Der Ort, in dem die Brauerei Koch & Vetter stand, heißt heute Mengersgereuth-Hämmern. Dort gibt es auch noch eine 'Braugasse'. Ehemalige Nachbarn erinnerten sich an die Brauerei mit dem Gasthof gegenüber. Früher gab es noch einen angebauten Tanzsaal, der ist heute jedoch abgerissen. Es gehören noch ein paar verfallene Schuppen zum Grundstück – insgesamt alle Gebäude in keinem guten Zustand. Zur DDR-Zeit wurde der ganze Besitz zu VEB-Eigentum erklärt. Aber es heißt, die Brauerei ging schon nach dem 1. Weltkrieg pleite. Danach wohnten die Vetters eine Weile in Neuhaus-Schierschnitz. Ida wurde sehr krank, sie ist dort beerdigt. Georg lebte, wie JV sich noch erinnert, nach dem Tod seiner Frau bei Tochter Paula Adam in Haina (Römhild), das ebenso in Thüringen liegt und nicht weit entfernt ist von Schwarzwald-Hämmern und Sonneberg."

Klaus wollte sich bei seinem Besuch in der Region auch das Grab seiner Großmutter Ida ansehen, konnte aber niemanden in der Friedhofsverwaltung antreffen. Er hatte ebenfalls nicht herausgefunden, ob auch Großvater Georg dort begraben ist.

A.4. Familie Murtfeldt in Russland

Wann genau, warum und unter welchen Umständen die ersten Vorfahren der Murtfeldts nach St. Petersburg kommen, ist nicht dokumentiert. Das früheste bekannte Datum ihrer Anwesenheit dort ist die Geburt von Rosalie Schreiber 1845 in dieser Stadt. Sie ist JVs Urgroßmutter und Ernas Großmutter. Sie lebt mit ihrem Mann Victor Schwarz ebenso in der russischen Hauptstadt wie ihre Großeltern Murtfeldt/Murtveld väterlicherseits. Der Familienname erfährt im Laufe der Zeit verschiedene Schreibweisen. Albert Carl Murtfeldt ist Buchbinder, Victor Schwarz Druckereibesitzer. Familie Schwarz lebt in Zarskoje-Selo, zu Deutsch 'Zarendorf'. Der Ort liegt 25 Kilometer südlich von St. Petersburg. Die Druckerei floriert offensichtlich, sie wird in dem „Verzeichniss der hervorragendsten Papierfabriken im Gebiete des russischen Reiches" mit einer „Produktion im Werthe von 40.000 Rubel" erwähnt (Universität Köln 2019). Zarskoje-Selo wird 1918 in 'Puschkin' umbenannt und steht seit 1998 unter der Verwaltung von St. Petersburg.

Erna schreibt später einmal an die Tochter ihrer jüngeren Schwester Edith, Angela von Buchwaldt: „Der Buchdrucker Albert Murtfeldt war mit seiner Familie ungefähr 1872 von Berlin nach Petersburg umgesiedelt. So ist auch sein Sohn Albert (mein Vater) dort gross geworden, ging später bei Druckereibesitzer Schwarz in die Lehre, heiratete seine Tochter Emilie, wurde später Direktor des Verlages 'Niwa', übrigens Hoflieferant."

A.4.1. Drei Generationen in St. Petersburg

JVs Mutter Erna, Großmutter Emilie und Urgroßmutter Rosalie werden alle in St. Petersburg geboren und wachsen dort auf. So hat die Familie, zumindest seit der Geburt Rosalies 1845, eine gewachsene Tradition in dieser Stadt. Die Eltern von Erna Murtfeldt besitzen in St. Petersburg eine große Wohnung oder ein Haus. Sie beschäftigen Hausangestellte und zumindest ein Kindermädchen.

Um eine etwaige Vorstellung von dem Leben dort zu bekommen, folgen wir Ernas Bildern und schriftlichen Anmerkungen in ihrem Fotoalbum, das

1908 beginnt. Da ist Erna zehn Jahre alt. Anfang des 20. Jahrhunderts ist es, ebenso wie in anderen europäischen Ländern, auch in Russland verbreitet, dass wohlhabende Familien die Sommer außerhalb der Großstadt verbringen.

1908 – Emilie und Amandus Murtfeldt mit ihren Töchtern Erna und Stella in Grafskaja.

St. Petersburgs Großbürger fahren aufs Land, auch wenn der 1905 verlorene Russisch-Japanische Krieg seine Spuren hinterlässt und eine der Grundlagen für die Russischen Revolutionen 1905 und 1917 bildet. Weiterhin wachsen und gähren die sozialen Ungleichheiten – besonders in Städten wie St. Petersburg und Moskau.

Wie das Leben der Familie Murtfeldt in dieser Zeit im Detail aussieht, weiß man nicht. Die Fotos dokumentieren, dass sich zumindest ihre weiblichen Mitglieder in manchen Sommern beispielsweise in Hapsal (1913), Grafskaja (1908 und 1914) und immer wieder in Dibuny aufhalten. Hapsal ist ein mondäner Kurort an der Ostseeküste im Westen Estlands, auch genannt 'Venedig des Nordens'.

Bis zum Ende des 1. Weltkriegs gehört das Gouvernement Estland, wie auch die anderen heutigen baltischen Staaten, zu Russland. Anfang des 20. Jahrhunderts zieht es viele Besucher hierher, darunter die russische Zarenfamilie. Der Zar unterstützt schon zuvor den Bau der Eisenbahnstrecke, sodass man von St. Petersburg über die estnische Stadt Tallinn eine gute Verbindung hat.

Beispielsweise in den Sommern 1908 und 1914 verbringen die Murtfeldts einige Zeit in 'Grafskaja'. Diesen Namen notiert Erna zu mehreren Fotos. Zwar gibt es auch einen kleinen Ort 'Grafskaya' bei Sewastopol auf der Halbinsel Krim, am Schwarzen Meer, sodass auch dieser gemeint sein könnte.

Doch der erstere liegt nur etwa 35 Kilometer südlich von St. Petersburg und ist auch nur zehn Kilometer von Zarskoje-Selo entfernt, jener Kleinstadt, in der Ernas Großeltern Victor und Rosalie Schwarz eine Druckerei und Papierfabrik betreiben.

Sommer 1913 in Grafskaja. Auf der Rückseite des Fotos stehen die Namen, v. l.: Fr. Woinowa, Fr. Mütelberger, Fr. Pihlblad, Alexandra Swanowna, Mama, Edith, Marie (Ediths Fräulein).

Dieses Grafskaja ist ursprünglich ein Gutshof, den Zar Nikolaus I. 1846 kauft. Er entwickelt sich demografisch und wirtschaftlich, Ende des 19. Jahrhunderts entsteht hier unter anderem eine große Papierfabrik der Firma Rogers und Peiffer. Ob diese in Verbindung steht mit der Papierfabrik der Familie Schwarz-Murtfeldt im nahegelegenen Zarskoje-Selo, ist nicht sicher. Jedoch wegen möglicher beruflicher und geografischer Beziehungen und wegen praktischer Zugverbindungen auch hierher, liegt die Vermutung nahe, dass es sich bei diesem Ort Grafskaja um die beliebte Sommerresidenz handelt.

Einige Fotos stützen den Eindruck, dass die Familie Teil der gutbürgerlichen Petersburger Gesellschaft ist. Erna und Emilie, sowie die Damen an ihrer Seite, tragen große Hüte, weiße Spitzenblusen und lange Röcke – stolz präsentieren sie sich vor der Kamera.

Die Familie besitzt zudem eine Datscha in Dibuny. Dies ist zu jener Zeit ein Dorf im Norden von St. Petersburg, an der Grenze zur finnischen Provinz. Finnland wird erst 1917 eigenständig, ist bis dahin vom russischen Zarenreich besetzt. 1914 verbringen sie auch dort einen Teil des Sommers, bevor sie gegen Ende dieses Jahres St. Petersburg verlassen müssen und sich dafür entscheiden, nach Deutschland zu gehen. Über die Jahre und bis zu diesem Zeitpunkt führen sie in Russland offenbar ein Leben im Wohlstand.

Ernas Vater, Amandus Albert Murtfeldt, sei, wie JV es ausdrückt, mit 'konsularischen Aufgaben' betraut; er meint, er berate russische Firmen und Behörden in wirtschaftlichen Fragen und sei 'Verbindungsmann zu Berlin'. In verschiedenen Dokumenten steht zu seiner Tätigkeit 'Direktor einer Buch- und Verlagsgesellschaft'.

Hintergrund
St. Petersburg

1914 bis 1924 heißt die Stadt an der Mündung des Flusses Newa, der hier am Finnischen Meerbusen in die Ostsee fließt, Petrograd, 1924 – 1992 wird sie zu Leningrad, seitdem wieder, wie vor 1914, St. Petersburg. Diese Metropole im Nordwesten ist vom 18. Jahrhundert bis 1918 die Hauptstadt des Russischen Reiches. Ende des 18. und in der ersten Hälfte des 19. Jahrhunderts erlebt sie eine Blütezeit auf kulturellem, wirtschaftlichem und technischem Gebiet. Viele Emigranten lassen sich nieder – sie werden von diesem Aufschwung angezogen und fördern ihn wiederum durch ihre eigenen Impulse, vor allem im Bildungsbereich und Geschäftsleben.

Deutsche in Russland

Die Einwanderung Deutscher nach Russland geht bis ins 16. Jahrhundert zurück. Deutsche erhalten Land für ihre Kolonien und gehören meist zur Elite. Ihre Privilegien reichen von freier Religionsausübung über die Befreiung von Steuern und Militärdienst bis hin zur Selbstverwaltung ihrer Siedlungen. Sie können in den Kolonien und Gemeinden ihr traditionelles Leben mit deutschen Schulen, Kirchen und Gewohnheiten aufrechterhalten, sprechen weiterhin Deutsch, drucken und lesen eigene Zeitungen.

Deutsche in St. Petersburg

Die deutschen Immigranten tragen auch viel zur Entwicklung von St. Petersburg im 18. und 19. Jahrhundert bei. Etliche der ersten Professoren der Akademie der Wissenschaften und der Universität kommen aus Deutschland, sodass Deutsch hier lange Zeit die Sprache der Wissenschaften ist. Auch deutsche Verleger, Unternehmer und Handwerker sind willkommen, gefragt und erfolgreich. Die Firma Siemens entwickelt zum Beispiel die elektrische Beleuchtung für St. Petersburgs Hauptstraße, den Newski-Prospekt; deutsche Banken finanzieren die erste Eisenbahnlinie Petersburg-Moskau. Auch Zar Nikolaus II. (1894-1917) holt Deutsche in die Stadt und pflegt persönlichen

Kontakt mit ihnen. Sie sind gern gesehen, schaffen Arbeitsplätze, fördern das Schul-
und Bildungswesen.

1914 – Die deutsch-russischen Verhältnisse ändern sich

Es gibt durch die Jahrhunderte immer wieder den Verdacht und auch Hinweise, dass
die deutschen Einwanderer als Vorhut deutscher Kolonialpolitik das Feld für eine
Osterweiterung vorbereiten würden. Offenbar vertreten einige von ihnen tatsächlich
dieses Interesse. Es gibt aber auch viele, die in Russland sehr heimisch geworden sind
und sich selbst in schwierigen politischen Zeiten offen zum Zaren bekennen. Sie vertrauen
und folgen ihm. Zudem ist er mit einer deutschen Gräfin verheiratet und hofiert ihre
Landsleute. Seit Anfang des zwanzigsten Jahrhunderts wird jedoch das Zusammenleben
immer konfliktreicher, und schließlich beenden die politischen Ereignisse das zuvor meist
freundschaftliche deutsch-russische Miteinander. Am 1. August 1914 fallen in Berlin
die Entscheidungen für eine militärische Lösung der politischen Auseinandersetzungen:
Das Deutsche Reich erklärt Russland den Krieg. Der Kriegserklärung folgen offene
Feindseligkeiten der russischen Bevölkerung gegen Deutsche, auch in St. Petersburg.
Viele Russen sehen ihre Skepsis gegenüber den Absichten der Immigranten bestätigt.

Erster Weltkrieg und Februarrevolution

Der Krieg nimmt seinen Anfang am 28. Juli 1914 mit der Kriegserklärung Österreich-
Ungarns an Serbien. Am 30. Juli befiehlt Russland die Generalmobilmachung zur
Unterstützung Serbiens. Daraufhin erklärt das Deutsche Reich als Bündnispartner
Österreich-Ungarns Russland am 1. August den Krieg. Am Abend desselben Tages
überschreiten russische Kavallerie-Abteilungen die ostpreußische Grenze.

Das Jahr 1914 markiert den entscheidenden Wendepunkt der langen Geschichte
deutsch-russischen Zusammenlebens in der Hauptstadt des Russischen Reiches, St.
Petersburg: Russische Bürger stürmen und zerstören die Deutsche Botschaft sowie
deutsche Geschäfte, es wird das Verbot erlassen, die deutsche Sprache zu sprechen – die
bedrohliche Stimmung nimmt zu. Feindseligkeiten russischer Bürger gegen ihre deutschen
Nachbarn machen diesen das Leben schwer. Dazu kommen Streiks, zunehmender
Mangel an Nahrungsmitteln und anderen alltäglichen Bedarfsartikeln. Die antideutsche
Stimmung wird besonders in St. Petersburg immer manifester. Auch wenn die Deutschen
sich als Bürger meist zurückhalten, so sind sie doch als loyale Untertanen des Zaren, der
zunehmend in Bedrängnis gerät, zudem nun als 'Kriegserklärer', nicht mehr erwünscht.

A.4.2. 1914 – Die Heimat verlassen

Mitte 1914, als sich die politischen Ereignisse auf den 1. Weltkrieg zubewegen
und schon länger deutlich spürbare Feindseligkeiten gegenüber den Deutschen
weiter anwachsen, muss auch die Familie Murtfeldt planen, die Stadt und das
Land zu verlassen. Sie leben seit mehreren Generationen in St. Petersburg,
Russland ist ihre Heimat geworden. Aber nun können sie auf keinen Fall
länger bleiben. Zu bedrohlich ist die Lage. Es werden schon viele Deutsche

nach Sibirien umgesiedelt. Diese sind zwar nicht an Leib und Leben bedroht, können dort auch Häuser kaufen und ihr ganzes Hab und Gut mitnehmen, aber es bedeutet für sie dennoch eine Bestrafung, Abschiebung und ungewisse Zwangslage. Diesem Schicksal gehen die Murtfeldts mit ihrer Entscheidung für Deutschland aus dem Weg.

In dem oben zitierten Bericht für ihre Nichte Angela schreibt Erna des Weiteren über ihren Vater Amandus Albert: „Blieb deutscher Staatsangehöriger, wurde deswegen bei Ausbruch des ersten Weltkrieges kurz verhaftet. Nach anfänglichem Befehl nach Sibirien verschickt zu werden, wurde dieser Befehl durch Fürsprache von Grossfürst Konstantin abgewandelt in 'Ausweisung'. So kamen wir alle nach Stockholm, später Berlin."

Ernas Söhne JV und Klaus erinnern sich an Erzählungen ihrer Eltern, dass gleich zu Beginn des Kriegs 1914 aus zaristischen Kreisen die dringende Aufforderung auch an sie ergeht, die Stadt baldigst zu verlassen. Oder aber sie liefen Gefahr, wenn sie bleiben, von aufgebrachten russischen Bürgern interniert zu werden. Die Eltern wissen sicherlich, wie brenzlig es für sie wird. Die deutschsprachige 'St. Petersburger Zeitung' berichtet in mehreren Artikeln über die akute Kriegsgefahr, die Situation der Deutschen und drohende Ausweisungen. Jeder ist über die Entwicklung gut informiert und kennt die Notwendigkeit, sich zu entscheiden.

Murtfeldts beschließen also ihre Abreise Richtung Deutschland. Später erzählt Erna ihrem Sohn Klaus, sie hätten ihren zurückgebliebenen russischen Hausangestellten Anweisungen gegeben, alles gut zu hüten, bis sie wiederkommen. Dennoch nehmen sie viel von ihrem Haushalt mit, auch große Gegenstände wie Möbel, Teppiche und Geschirr, darunter viel Kristall. Man weiß heute nicht, ob sie alles gleichzeitig ausführen oder Stück für Stück irgendwann nachkommen lassen. Man weiß auch nicht, ob sie ihre Rückkehr nicht doch schon vor der Abreise bezweifeln und befürchten, die russische Heimat so bald oder gar nicht wiedersehen zu können. Allerdings sind ihre Wertsachen auch nicht mehr sicher in St. Petersburg, wo der in seiner Macht eh schon sehr geschwächte Zar den neuen Entwicklungen nichts entgegensetzt. Er ist bald selbst extrem in Not.

Die Familie Murtfeldt hat in jedem Fall Zeit, ihre 'Flucht' vorzubereiten, weshalb dieser Begriff nur bedingt zutrifft. Möglicherweise reisen sie mit einem Zug von St. Petersburg nach Hapsal. Sie kennen den Ort an der Ostseeküste.

Von dort kommt man mit einem Schiff auf dem kürzesten Weg nach Stockholm. Vielleicht nehmen sie aber auch den Weg über Königsberg nach Schweden. Das ist zumindest für Deutsche eine damals häufig gewählte Route. JV spricht später davon, dass die 'Flucht' sie über Schweden geführt hätte. Sicher ist, sie vebringen vor ihrer endgültigen Ausreise zunächst noch einen Teil des Sommers 1914 in Grafskaja, wie man aus den Bildern erfährt.

Ernas Mutter Emilie Murtfeldt (r.) in Grafskaja, Sommer 1914.

Und sie kommen in diesem Sommer auch noch einmal in ihre Datscha nach Dibuny, davon zeugen weitere Fotos – es sind die letzten in diesem Album zu ihrem Leben in Russland. Anschließend an ihre Tage in Dibuny kehren sie wieder nach Petersburg zurück, denn Erna wird am 26. Oktober dieses Jahres dort in der St.-Annen-Kirche konfirmiert, steht in ihrer Konfirmationsurkunde.

Erna teilt später einmal mit, sie seien auf dem Weg nach Deutschland in Stockholm gewesen. Ihre Großmutter Rosalie stirbt dort mit 70 Jahren, am 5. September 1915. Ob Murtfeldts in Stockholm Verwandte oder Freunde haben, ob sie ihr Ableben begleiten, ist nicht bekannt. Dokumente oder Fotos zu diesem Zeitabschnitt gibt es nicht. Es ist ebenso ungewiss, wann genau sie in Deutschland ankommen. In Ernas Fotoalbum finden sich nach dem Herbst

1914 keine weiteren Einträge oder Bilder zur russischen Epoche ihrer Familie. Erst in Deutschland, ab Frühjahr 1916, setzt sie darin den 'Fotobericht' fort.

Für Erna sei es sehr bitter gewesen, ihre russische Heimat hinter sich lassen zu müssen, sagen später ihre Söhne und andere Verwandte. Im Laufe der Jahrzehnte spricht sie selbst selten über diese Zeit, obwohl sie ihre ersten sechzehn Jahre in St. Petersburg zubrachte. Und sie antwortet auch nicht, wenn man sie danach fragt. Es besteht ein ungeschriebenes Gesetz in JVs eigener Familie, das Thema Russland in Gegenwart seiner Mutter Erna zu meiden. Gegen Ende ihres Lebens jedoch erzählt und schreibt sie immer wieder unbewusst auf Russisch, so dass die Menschen in ihrer Umgebung dann stutzen und sie darauf hinweisen, weil sie sie nicht verstehen.

Erna Murtfeldt 1915.

Weder Erna und Hans noch Ernas Eltern sind jemals wieder, auch nicht zu Besuch, nach St. Petersburg zurückgekehrt.

A.5. Wieder in Deutschland

Familie Murtfeldt lässt sich also offenbar zuerst in Berlin nieder.

Ihr Ziel in Deutschland sei allerdings Stella, Ernas Schwester in Köln. Sie hätte in der Zülpicher Straße gewohnt, sagt JV später. Stella sei dort mit dem Geschäftsmann Albert Hebbinghaus (Firma Danzas) zusammen. Sie heiraten einige Jahre später, im Juni 1919.

Doch ob Stella tatsächlich schon vor ihrer Familie St. Petersburg verlässt, wo und wann sie Albert Hebbinghaus kennenlernt, ist nicht bekannt. Sie ist zwei Jahre älter als Erna und 1914 auch erst 18 Jahre alt.

Da Ernas Eltern in Köln sterben, Amandus Albert 1936 und Emilie 1951, ist zumindest anzunehmen, dass sie irgendwann, nachdem sie in Berlin angekommen waren, dorthin gezogen sind.

Es dauert wohl einige Zeit, bis sie ihr Leben in Deutschland wieder geregelt führen können. Dann gibt es Bilder mit Familienmitgliedern und Freunden, aufgenommen in verschiedenen Regionen Deutschlands. Man sieht einzelne, die offensichtlich auf Reisen sind, dann auch mal viele von ihnen gemeinsam in unterschiedlichen Konstellationen.

JV erinnert sich an Berichte, dass seine Eltern zu Beginn ihrer Zeit in Deutschland vom Verkauf ihrer mitgebrachten Wertsachen aus Russland leben. Davon gibt es ja eine Menge. Auch heute noch befinden sich Schmuck, Kristallgläser sowie ein Schachspiel aus Elfenbein geschnitzt im Besitz verschiedener Familienmitglieder.

Familie Murtfeldt und Bekannte im Februar 1916 in Oberhof, Thüringen. Erna Murtfeldt steht hier rechts im weißen Pullover, hinten links sind ihre Eltern.

In Deutschland können sie offenbar, entweder durch Handel mit ihren Schätzen oder mithilfe eines angesparten Vermögens, durch familiäre Unterstützung oder neue Möglichkeiten zu eigenem Verdienst wieder ein sichtlich komfortables Leben aufnehmen. Zumindest lassen ihre Reisen sowie ihre äußere Erscheinung auf den Urlaubsfotos darauf schließen. Die Bilder zeigen sie in fröhlicher Runde an verschiedenen Erholungsorten, wohl auch mit Bediensteten. Mitten im Krieg posieren sie unter anderem bei Oberhof im thüringischen Wintersportgebiet vor der Kamera. Oberhof ist zu dieser Zeit ein beliebter Ort für Golfer und Urlauber.

Zwei Monate später, im April, lachen sie in die Kamera auf einer Wanderung bei Schellroda, dieser Ort liegt südöstlich von Erfurt. Fotos und Foto-Postkarten bezeugen zudem herzlichen Kontakt zu Freunden und Freundinnen, beispielsweise aus Thüringen. Ob sie jedoch der Erholung wegen dort unterwegs sind oder geschäftliche Kontakte pflegen, vielleicht auch beides zutrifft, wird mit den Bildern nicht erklärt.

Familie Murtfeldt und Freunde bei Schellroda, April 1916. Vorne links liegt Erna im Gras, hinter ihr rechts mit Hut und dunklem Gewand sitzt ihre Mutter Emilie. Stella sitzt hinter Erna links, sie trägt einen weißen Hut. Die zehn Jahre jüngere Schwester Edith könnte das Mädchen mit Zöpfen rechts von ihr sein. Hinten stehend, v. l.: Vermutlich Albert Hebbinghaus, neben ihm Ernas Vater Amandus. Dann kommen Georg Michael und Ida Vetter, die Eltern von Hans, der hier ganz rechts steht.

A.6. Erna Murtfeldt und Hans Vetter

Im April 1916 kennen sich Erna und Hans Vetter schon. Er ist auf mehreren Fotos, die in diesem Zeitraum entstehen, im Kreise der Familie Murtfeldt zu sehen. Sein Heimatort, das Dorf Schwarzwald in Thüringen, liegt etwas nördlich von Sonneberg und gehört zu Mengersgereuth-Hämmern. Dort lebt er mit seiner Familie.

Die Eltern Georg Michael und Ida Vetter betreiben bis einige Jahre zuvor eine Brauerei mit Gasthaus im Ortsteil Forschengereuth. Oberhof am Rennsteig und Schellroda, zwei von den Orten, die Murtfeldts auf ihren Reisen besuchen, sind nicht weit entfernt. Wann und wo genau Hans und Erna sich kennenlernen, konnte nicht in Erfahrung gebracht werden.

Zwischen Köln, Arys und Kassel

Hans hat eine Ausbildung als Brauer, studierte in Weihenstephan bei Freising in Oberbayern an der Hochschule für Landwirtschaft und Brauwesen. 1911/12 beendet er sein Studium als Diplom-Braumeister. Anschließend arbeitet er etwa ein Jahr in einer Brauerei in Kiew.

Als sich Hans und Erna kennenlernen, also spätestens im Frühjahr 1916, sind sie 30 und 18 Jahre alt. In den Kriegsjahren 1914 bis 1918 gehört er zum berittenen Heer und wird in verschiedenen östlichen Gebieten eingesetzt. Er lässt sich hoch zu Ross und in Uniform fotografieren.

Hans Vetter auf 'Vally', Galizien, Juni 1917.

Dabei macht er einen stolzen Eindruck. Sein Rang ist Ordonnanz-Offizier eines Reiterregiments, ein Kürassier der 'Gardes du Corps', das ist die Garde-Kavallerie der preußischen Armee. Auf den Fotos, die Erna und Hans in Thüringen zeigen, trägt er immer Uniform. Sie verleben viel Zeit ohne einander, er kommt sicherlich nur sporadisch in die Heimat, wofür beispielsweise seine Feldpostkarten und Fotos aus seinem Einsatz in Galizien im polnischukrainischen Grenzgebiet sprechen. Den Postkarten und den Stempeln, die sich darauf befinden, ist auch zu entnehmen, dass Hans der Scharfschützen-Abteilung angehört und mit dem Maschinengewehr im Einsatz ist. Einige Foto-Postkarten befinden sich in Ernas Album.

Seine Feldpost im Juni 1917 aus Galizien ist an sie in der Kasseler Mo-zartstraße adressiert. Warum sie zu diesem Zeitpunkt dort wohnt, ob sie dort jemanden kennt, ob dort Familienangehörige leben, ist nicht klar. JV erzählt einmal, dass seine Mutter in Kassel eine Dolmetscher-Ausbildung beim Militär gemacht hätte.

1917 sind Erna und Hans dann gemeinsam in Arys. Dies ist ein großes Militärlager mit Truppenübungsplatz in Ostpreußen-Masuren, an der Grenze zu Weißrussland. JV weiß von seiner Mutter, sie sei dorthin als Dolmetscherin kriegsverpflichtet worden, denn sie spricht fließend Deutsch, Russisch und Französisch.

1917 posieren Soldaten und Verwaltungsangestellte des Militärlagers Arys vor der Kamera. In der mittleren Reihe, die Zweite v. l., ist Erna Murtfeldt, Hans Vetter in heller Uniformjacke rechts von ihr. Oberleutnant Barth, der spätere Patenonkel von JV, steht rechts von Hans in vorderer Reihe.

Hintergrund
Arys – Ostpreußen – Ordonnanz-Offizier

Arys: Der Ort erhält mit seinem Bahnknotenpunkt und Truppenübungsplatz während des 1. Weltkriegs große Bedeutung als Militärstützpunkt für Reiterregimente und Infanterie in Ostpreußen. Heute heißt er Orzysz und liegt in der polnischen Woiwodschaft (Verwaltungsbezirk) Ermland-Masuren.

Preußen: Ein seit dem Spätmittelalter bestehendes Gebiet an der Ostsee, zwischen Pommern, Polen und Litauen. Dieser Begriff wird mit der Gründung des Königreichs Preußen 1701 auf ein weit größeres, aus Brandenburg-Preußen hervorgegangenes Staatswesen angewandt, das schließlich fast ganz Deutschland nördlich der Mainlinie einschließt und bis zum Ende des Zweiten Weltkriegs besteht. Ostpreußen ist bis 1945 die östlichste Provinz Preußens und erstreckt sich vom Weichseldelta an der Ostseeküste bis nördlich der Memel-Mündung. Ab der deutschen Reichsgründung 1871 ist es bis 1945 der östlichste Landesteil Deutschlands mit Königsberg als Provinzhauptstadt. Durch das Potsdamer Abkommen kommt nach dem Ende des Zweiten Weltkriegs das nördliche Ostpreußen einschließlich Königsberg unter Verwaltung der Sowjetunion und das südliche Ostpreußen unter polnische Verwaltung. Eine endgültige Regelung sollte einem gesamtdeutschen Friedensvertrag vorbehalten bleiben.

Ordonnanz-Offizier: Ein meist jüngerer Offizier mit niedrigem Dienstgrad. Er unterstützt unter anderem seine Befehlshaber vor allem bei der Erledigung alltäglicher Arbeiten wie Schriftverkehr oder Vorbereitung und Durchführung repräsentativer oder protokollarischer Aufgaben. Das entspricht in gewisser Weise der heutigen Tätigkeit eines persönlichen Referenten im zivilen Bereich.

Erna Murtfeldt und Hans Vetter, 1918.

Erna und Hans sind gemeinsam viel unterwegs im Dienst der Deutschen Armee, reisen auch nach Berlin, wo Hans eine zeitlang als Verwundeter im Lazarett liegt. Am 6. Juli 1918 heiraten sie in 'Cassel'. Es ist ein Sonntag und immer noch Krieg – der endet am 11. November.

Hans wohnt bis zur Hochzeit laut Heiratsurkunde als 'Leutnant der Reserve' in Mellrichstadt, Unterfranken, wo seine Truppe stationiert ist. Anschließend, im Juli 1918, führt sie der Militärdienst wieder gemeinsam nach Arys, zumindest bis Dezember. Am 8. November 1918 wird Kaiser Wilhelm II. gestürzt, am 11. November folgt der Waffenstillstand. Wegen Grenzregelungen und Abwehr bolschewistischer Truppen bleiben jedoch die deutschen militärischen Einheiten noch eine Weile in Ostpreußen – somit auch Hans und Erna.

Als sie ihre beruflichen Aufgaben beim Militär beenden, müssen sie sich wieder einmal neu orientieren. Welche Umstände sie nach Kassel führen, schildert JV in Gesprächen. Zusätzlich zu Ernas möglichen Bekanntschaften aus ihrer Ausbildungszeit, gibt es weitere Hinweise, die Kassel als Ziel verständlich machen.

A.7. 1919 – Arbeit bei Ponndorf in Kassel

Mit Hilfe des Kontakts zu Ingenieur Wilhelm Ponndorf, ein Freimaurer-Freund der Familie Vetter, kann Hans ab 1918/1919 in dessen Maschinenfabrik in der Leipziger Straße in Kassel arbeiten. Die Firma existiert seit 1902, baut Treber- und Hefetrockner für Brauereien. Als Brauingenieur nimmt Hans die Position eines brauereitechnischen Leiters ein und investiert sein ganzes Vermögen. Es entwickelt sich eine innige Freundschaft zwischen Hans Vetter und Wilhelm Ponndorf, der 1920 auch Pate des zweiten Sohns Jochen wird. 1923 baut sich Hans in der Kaiserstraße (heutige Goethestraße) ein Haus. Dabei erfährt er große Unterstützung von Ludwig Wurbs. Dieser ist ein weiterer Freund aus dem Freimaurer-Zirkel, Bauingenieur und Vater von Richard Wurbs, ein späterer Schulfreund und Kriegskamerad von JV. Richard Wurbs wird 1920 in Kassel geboren (+2018), Bundestagsabgeordneter der FDP und 1979 bis 1984 Vizepräsident des Deutschen Bundestags.

Einige Männer der Familie Vetter waren und sind aktive Freimaurer, damit aus Tradition ihren Logenbrüdern eng verbunden. Für die Familienangehörigen ist dieser Zusammenhang immer alltäglich und sehr vertraut. Hans, und später auch dessen zweiter Sohn Jochen, sind Zeit ihres erwachsenen Lebens Brüder

der Johannisloge 'Zur Freundschaft' in Kassel. Sie erreichen beide die höchste
'Erkenntnisstufe' der internen Hierarchie, sind sogenannte 'Meister' der Loge.
JV erzählt, er habe als Kind „zu Weihnachten in der Freimaurer-Loge Engel-
chen gespielt". Als er sich viele Jahre später mit seiner Familie in Wolfhagen
niederlässt, wird auch er eingeladen, Mitglied in der Johannisloge zu werden.
(Dazu mehr im 10. Kapitel.)

> Hintergrund
> Freimaurer
> Seit dem 13. Jahrhundert spricht man von 'Logen'. Das waren Steinmetz-Bruderschaften,
> denen es um Vollkommenheit ihrer Bauten im Äußeren sowie des eigenen 'Seelenge-
> bäudes' ging. Logen breiten sich in vielen Ländern aus, 1737 entsteht die erste in
> Deutschland. Was man allgemein zu Freimaurern sagen kann: Die Mitglieder sind meist
> weiße protestantische Männer, können aber allen Religionen angehören. Es gibt einige
> Frauen- und gemischte Logen. An ihren Zusammenkünften, Tempelarbeit genannt, neh-
> men Außenstehende nicht teil. Es gilt strikte Geheimhaltung über ihr Tun. Aufnahme
> neuer Mitglieder ist streng reglementiert. Es heißt, Freimaurer sichern sich gegenseitig
> wirtschaftliche und politische Unterstützung zu. Jeder Lebensabschnitt sowie die regel-
> mäßigen Zusammenkünfte im Alltag werden von besonderen Riten begleitet. Von der
> Aufnahme in die Loge bis in den Tod folgen die Mitglieder den Rechten und Pflichten
> ihres Bundes. Ihre Verschwiegenheit ist mit ein Grund, warum so viele unterschiedliche
> Informationen und Meinungen über Freimaurerei kursieren.

Die Firma Ponndorf in Kassel geht in Folge der Weltwirtschaftskrise Ende
1929 in Konkurs. Zu den Ereignissen in dieser Zeit berichtet JV schriftlich
und mündlich: „Mein Vater verlor dabei an Ponndorf privat verliehene 20.000
Goldmark, sein gesamtes Erspartes! Dann kaufte er 1930 ein Grundstück
mit Gebäuden in der Leipziger Straße und gründete seine eigene Firma. Da
praktisch alle Brauereibesitzer Bundesbrüder von der Studienzeit her sind, zur
Landsmannschaft Bavaria-Weihenstephan gehörten, hatte er gute Beziehungen
und einen guten Namen als Brauer und Ingenieur."

A.8. 1930 – Gründung Vetter Maschinenfabrik GmbH

Vater Hans macht sich 1930 mit Teilen von Ponndorf sowie zehn bis zwölf
Mitarbeitern aus der Fabrik selbstständig und gründet die Vetter Maschinen-
fabrik GmbH auf eigenem Gelände, nur einige hundert Meter von Ponndorf
entfernt, heute Leipziger Straße 104-108. JV erinnert sich weiter schriftlich:
„Meines Wissens wurden Grundstück und Gebäude von der Eisenhandlung
Frankfurth erworben, später diese Gebäude vergrößert und umgebaut." (Recher-

che der Autorin dazu: In der Leipziger Straße 106 befand sich ein 'Israelitisches Hospital', das 1740 dort errichtet und in Folge der Inflation 1929 geschlossen wurde.) Hans Vetter konzentriert sich in der neuen Fabrik auf das Design, die Entwicklung und Produktion von Trocknungsmaschinen sowie auf mechanische Entwässerungsprodukte. Das Unternehmen wird immer weiter ausgebaut. Anfangs sind zirka 20 Mitarbeiter dabei, dann 50 bis 70, je nach Auftragslage.

Frage der Autorin: Arbeitet die Firma während des Nationalsozialismus, während des Krieges und der Nachkriegszeit ununterbrochen und problemlos?

Schriftliche Antwort von JV: „Ja, bis auf schweren Bombenschaden gegen Ende des Krieges. Der Betrieb wurde in Eigenarbeit wieder aufgebaut. Politisch wurde die Arbeit nicht behindert, sie brachten ja Devisen nach Deutschland, und die waren sehr begehrt."

Frage: Wurden in der Firma Zwangsarbeiter eingesetzt?

JV: „Mir nicht bekannt, aber möglich. Es gab ja überall Zwangsarbeiter."

Frage: Gab es wirtschaftliche, existenzielle Not für die Familie Vetter?

JV: „Nein, aber es wurde gespart. Nach den schweren Zerstörungen in Kassel durch Bombenangriffe half die Firma anderen Betrieben bei Maschinenreparaturen, es wurde auch eine Waschmaschine für Wäschereien konstruiert und gebaut (dann wieder eingestellt)."

Frage: Brauchte es nach 1945 eine Zeit des Neuanfangs? Blieben die Produkte die gleichen?

JV: „Zu den Treber- und Hefetrocknern kamen Trockner für Lebensmittel von Hoffmann-Stärke, Maizena, Oetker sowie Schneckenpressen und Transportbänder."

Die Firmen von Ponndorf und Vetter entwickeln sich zukünftig getrennt und bestehen beide weiter, wenn auch unter wechselnden Namen und Besitzern. Ponndorf dient 1939 bis 1945 der Rüstungsindustrie „zwangsweise", wie es in der eigenen Firmenchronik heißt. 2010 findet unter Sohn Wolf Ponndorf Umfirmierung statt zu 'Ponndorf Anlagenbau GmbH'. Die Produktpalette der Vetter Maschinenfabrik GmbH erweitert sich mit den Anforderungen, im Zentrum stehen jedoch immer die Trocknungsanlagen für Brauereien. Im Laufe der Jahrzehnte erlebt das Unternehmen mehrere Besitzerwechsel: Amerikaner, Dänen, Franzosen. Nach entsprechend verschiedenen Firmennamen ist seit 2010 die VetterTec GmbH eine Tochter der Moret Industries und beschäftigt etwa 100 Mitarbeiter. Kassel ist der Hauptsitz, weitere Firmensitze gibt es inzwischen in England, Kanada und China: www.vettertec.com.

A.9. Einstellung zum Nationalsozialismus

JV erinnert sich an die politische Einstellung seines Vaters: „Er war altmodisch (konservativ), einer der Wenigen, der gegen die Hitler-Bewegung war. Vater hatte viele Kontakte, geschäftlich und privat, auch ins Ausland. Er unternahm auch Reisen, hatte daher mehr Informationen und kannte die internationale Stimmung. Er warnte vor Hitler." ... „Philosophisch folgte Vater dem 'Untergang des Abendlandes' von Oswald Spengler. Er war klassisch interessiert, beobachtete die nationalsozialistische Bewegung mit Skepsis."

Und dennoch bekomme sein Vater Hans, so berichtet JV, die angesehene Stellung als 'Blockwart' in der Kaiserstraße, wo sein Familienhaus steht. Dies wird allerdings von Bruder Klaus stark bezweifelt. Er hält es gar für unmöglich. Mit seinem offen artikulierten kritischen Verhalten gegenüber Angehörigen des Nationalsozialismus hätte Vater Hans niemals Blockwart werden können. Oftmals hätte er an seiner Haustür Spendensammler für die nationalsozialistische Bewegung mit der Begründung abgewiesen, sie würden von ihrem Feind sicherlich kein Geld annehmen wollen. Der Blockwart gehörte zur NSDAP-Parteiorganisation. Vater Hans war nicht Mitglied in der NSDAP. Dazu seine gesellschaftliche Stellung sowie seine politische Meinung – das lässt eher vermuten, dass er diese Arbeit weder angenommen noch bekommen hätte.

Hintergrund
Der Blockwart
Der Blockwart (oder Blockleiter) gehört zur Organisationsstruktur der NSDAP, bezeichnet einen Parteifunktionär am unteren Rand der Hierarchie. Eine Voraussetzung, um diesen offenbar nicht sonderlich attraktiven Posten zu bekommen, ist der 'Ariernachweis' zurück bis ins Jahr 1800. Seine Zuständigkeit umfasst etwa 170 Personen, 40 bis 60 Haushalte. Der Blockwart hat sich um alles in diesem Bereich zu kümmern, sich über alles und alle ausführliche Informationen zu verschaffen und sich einzuschalten, wo es möglich und nötig ist. Er ermittelt 'Judenfreunde', verteilt Lebensmittelkarten, betreut Ausgebombte, kontrolliert die Beflaggung und ob die Parteizeitung der 'Völkische Beobachter' bezogen wird. Ab Februar 1941 muss der Blockwart auch in die Wohnungen gehen und an allen Radioempfängern ein Schild mit dem Hinweis anbringen, dass das Abhören ausländischer Sender verboten ist und mit Zuchthaus bestraft wird. Der Blockwart war nicht beliebt, er wurde auch als 'Treppenterrier' beschimpft.

JV erinnert sich außerdem: „Vater war in der Strasse sehr angesehen, obwohl er keinen Hehl aus seiner politischen Einstellung machte, und wurde von der Partei in Ruhe gelassen." ... „Sogar während des Krieges trafen sich die Freimaurer-Freunde bei uns im Haus zu Logenarbeiten, geheim. Die Johannisloge 'Zur Freundschaft' ist eine christliche Loge, die Mitglieder werden auf die Bibel vereidigt, deswegen wurde sie von Hitler verboten." Auf die Frage, ob sich die Eltern Erna und Hans in der kritischen Einstellung zum Nationalsozialismus einig waren, antwortet JV: „Ziemlich, aber Mutter war eher unpolitisch."

Dank

Ich danke allen, die mich bei der Arbeit an dieser Chronik unterstützten, voran meinen Geschwistern Barbara und Axel. Sie füllten meine Erinnerungslücken, fanden noch Fotos und Dokumente. Ebenso bekam ich Informationen und Bilder von Ruth Vetter, Elke Hammersen, Klaus Möhring und Angela von Buchwaldt. Mit meinen Freundinnen Marlen Breitinger, Gabi Geller und Stephanie Palm konnte ich oft und ausführlich über meine Motive und die Inhalte diskutieren. Gabi danke ich ebenfalls für das Lektorat und ihr kritisches Mitdenken.

Ralph verdanke ich ausdauernde Gespräche, und er übernahm den technischen Part der Textverarbeitung sowie Satz und Fertigstellung des Buchs.

Literatur

Quellenverzeichnis

Buchmann, Bertrand Michael (2009). *Österreicher in der Deutschen Wehrmacht: Soldatenalltag im Zweiten Weltkrieg.* Wien: Böhlau Verlag.

Fischer, Ernst Peter (2009). *Die Charité - Ein Krankenhaus in Berlin - 1710 bis heute.* München: Siedler Verlag.

Fischer, Hubert (1975). *Die militärärztliche Akademie 1934-1945.* München: Gedon & Reuss.

Friedrichsgymnasium, Kassel (1996). *Vom Pennäler zum Flakhelfer. Schule und Jugend im Nationalsozialismus - Eine Dokumentation der Geschichtswerkstatt am Friedrichsgymnasium Kassel.* Friedrichsgymnasium Kassel. Kassel.

Hardinghaus, Christian (2019). *Ferdinand Sauerbruch und die Charité. Operationen gegen Hitler.* Berlin/München/Zürich/Wien: Europa Verlag.

Jütte, Robert (2011). *Medizin und Nationalsozialismus: Bilanz und Perspektiven der Forschung.* Göttingen: Wallstein.

Klinkhardt, Bernd (2004). *Lufthauptmunitionsanstalt Wolfhagen LHMa 1/XII Wn - Geschichte und Gegenwart einer ehemaligen Munitionsfabrik.* Wolfhagen.

Knust, Heinrich (1937). *Militärärztliche Akademie zu Berlin - Der Jahrgang 1933.* Berlin: Otto Elsner.

Kühne, Thomas (2006). *Kameradschaft. Die Soldaten des nationalsozialistischen Krieges und das 20. Jahrhundert - Kritische Studien zur Geschichtswissenschaft; Bd. 173.* Göttingen: Vandenhoeck & Ruprecht.

Mazower, Mark (1995). *Militärische Gewalt und nationalsozialistische Werte – Die Wehrmacht in Griechenland 1941 bis 1944. In: Hannes Heer, Klaus Naumann (Hg): Vernichtungskrieg. Verbrechen der Wehrmacht 1941 bis 1944.* Hamburg: Verlag Zweitausendeins.

Meyer, Hermann Frank (2008). *Blutiges Edelweiß – Die 1. Gebirgsdivision im Zweiten Weltkrieg.* Berlin: Ch. Links Verlag.

Schleiermacher, Sabine und Schlagen, Udo, Hrsg. (2008). *Die Charité im Dritten Reich*. München u.a.: Ferdinand Schöningh.

Vossen, Johannes (2008). "Willfährige Wissenschaft: Die medizinische Fakultät der Berliner Universität und der Nationalsozialismus". In: *Die Charité im Dritten Reich*. Hrsg. von Sabine Schleiermacher und Udo Schlagen. München u.a.: Ferdinand Schöningh.

Winkelmann, Andreas (2008). "Wann darf menschliches Material verwendet werden? Der Anatom Hermann Stieve und die Forschung an Leichen Hingerichteter". In: *Die Charité im Dritten Reich*. Hrsg. von Sabine Schleiermacher und Udo Schlagen. München u.a.: Ferdinand Schöningh.

Wolfgang Eckart, Hg. (2006). *Die Universität Heidelberg im Nationalsozialismus*. Heidelberg: Springer Medizin.

Online Quellen

Altenburger, Andreas (2019a). *Gebirgs-Korps Norwegen, XIX. Gebirgs-Armeekorps (19.), Armee-Abteilung Narvik, 1. Einsatz und Unterstellung:* URL: `http://www.lexikon-der-wehrmacht.de/Gliederungen/KorpsGeb/XIXGebKorps-R.htm` (besucht am 25.09.2019).

– (2019b). URL: `http://www.lexikon-der-wehrmacht.de/Gliederungen/KorpsGeb/XIXGebKorps-R.htm`) (besucht am 03.10.2019).

Deutsches Historisches Museum (2019). URL: `https://dhm.de/lemo/html/wk2/kriegsverlauf/besatzungpolen/index.html` (besucht am 15.10.2019).

Stiftung Deutsches Historisches Museum, Berlin (2019). URL: `https://www.dhm.de/lemo/kapitel/zweiter-weltkrieg/kriegsverlauf/wehrmacht` (besucht am 17.10.2019).

Universität Köln (2019). URL: `http://www.digitalis.uni-koeln.de/Mathaei/mathaei_1_400-409.pdf` (besucht am 19.09.2019).

Allgemeine Literatur

Ahrendt, Hannah (1986). *Elemente und Ursprünge totaler Herrschaft*. München: Piper.

Bode, Sabine (2011). *Nachkriegskinder - Die 1950er Jahrgänge und ihre Soldatenväter*. Stuttgart: Klett-Cotta.

Browning, Christopher R. (2005). *Das Reserve-Polizeibataillon 101 und die 'Endlösung' in Polen*. Hamburg: Rowohlt Verlag.

Bruhns, Wibke (2005). *Meines Vaters Land - Geschichte einer deutschen Familie.* Berlin: Ullstein.

Busch, Margarete (1995). *Deutsche in St. Petersburg 1865 - 1914.* Essen: Klartext Verlag.

Dönhoff, Marion Gräfin (1987). *Preußen - Maß und Maßlosigkeit.* Berlin: Wolf Jobst Siedler Verlag.

Fleischhauer, Ingeborg (1986). *Die Deutschen im Zarenreich.* Stuttgart: Deutsche Verlags-Anstalt.

Frank, Niklas (1987). *Der Vater - Eine Abrechnung.* München: C. Bertelsmann Verlag.

Giesecke, Hermann (1981). *Vom Wandervogel bis zur Hitlerjugend.* München: Juventa Verlag.

Goldhagen, Daniel Jonah (1998). *Hitlers willige Vollstrecker - Ganz gewöhnliche Deutsche und der Holocaust.* Berlin: Siedler Verlag.

Görlich, Paul (1980). *Wolffhagen – Geschichte einer nordhessischen Stadt.* Stadt Wolfhagen.

Götz, Aly (1998). *Endlösung - Völkerverschiebung und der Mord an den europäischen Juden.* Frankfurt a.M.: S. Fischer Verlag.

Grün, Arno (2002). *Der Fremde in uns.* Stuttgart: Klett-Cotta.

Haarer, Johanna (1934). *Die deutsche Mutter und ihr erstes Kind.* München: Lehmanns.

Haffner, Sebastian (2000). *Geschichte eines Deutschen. Die Erinnerungen 1914 – 1933.* München: DVA.

– (2002). *Das Gift der Kameradschaft.* Zeit Nr. 21.

Hartmann, Christian (2016). *Hitler, Mein Kampf - Eine kritische Edition.* München - Berlin IfZ: Institut für Zeitgeschichte.

Hauschild, Thomas (1995). *Lebenslust und Fremdenfurcht - Ethnologie im Dritten Reich.* Frankfurt a.M.: Suhrkamp Verlag.

Heer, Hannes (2004). *Vom Verschwinden der Täter - Der Vernichtungskrieg fand statt, aber keiner war dabei.* Berlin: Aufbau-Verlag.

Hohlfeld, Johannes (1953). *Ansprache Adolf Hitlers, Aufzeichnung Generaladmiral Boehm, in: Die Zeit der nationalsozialistischen Diktatur. Band V, S. 74–81.* Berlin: Dokumenten-Verlag.

Kaltenegger, Roland (1998). *Deutsche Gebirgsjäger im Zweiten Weltkrieg.* Stuttgart: Motorbuch Verlag.

Kinau, Rudolf (1939). *Kamerad und Kameradin.* Hamburg: Quickborn-Verlag.

Moser, Tilmann (1996). *Dämonische Figuren - Die Wiederkehr des Dritten Reiches in der Psychotherapie.* Frankfurt a.M.: Suhrkamp Verlag.

Nachtwey, Claudia (2015). "Kriegsende in Südniedersachsen: zwischen letzten Gefechten und weißen Fahnen". In: *Göttinger Tagblatt* 6. April 2015.

Salomon, Ernst von (1951). *Der Fragebogen.* Hamburg: Rowohlt.

Scheuer, Ute (2006). *Das falsche Leben - Eine Vatersuche.* München: Piper Verlag.

Scholl, Inge (1955). *Die Weiße Rose.* Frankfurt a.M.: Fischer Bücherei.

Senfft, Alexandra (2008). *Schweigen tut weh - Eine deutsche Familiengeschichte.* Berlin: List.

Sternheim-Peters, Eva (1997). *Die Zeit der großen Täuschung - Eine Jugend im Nationalsozialismus.* Köln: Verlag Wissenschaft und Politik.

Welzer, Harald (2005). *Täter. Wie aus ganz normalen Menschen Massenmörder werden.* Frankfurt a.M.: S. Fischer Verlag.

– (2008). *'Opa war kein Nazi' - Nationalsozialismus und Holocaust im Familiengedächtnis.* Frankfurt a.M.: S. Fischer Verlag.

Wette, Wolfram (2008). *Militarismus in Deutschland - Geschichte einer kriegerischen Kultur.* Frankfurt a.M.: S. Fischer Verlag.